Wilfried von Bredow

Demokratie und Streitkräfte

Wilfried von Bredow

Demokratie und Streitkräfte

*Militär, Staat und Gesellschaft
in der Bundesrepublik Deutschland*

Westdeutscher Verlag

Die Deutsche Bibliothek – CIP-Einheitsaufnahme
Ein Titeldatensatz für diese Publikation ist bei
Der Deutschen Bibliothek erhältlich

1. Auflage November 2000

www.westdeutschervlg.de

Höchste inhaltliche und technische Qualität unserer Produkte ist unser Ziel. Bei der
Produktion und Verbreitung unserer Bücher wollen wir die Umwelt schonen. Dieses
Buch ist auf säurefreiem und chlorfrei gebleichtem Papier gedruckt. Die Einschweiß-
folie besteht aus Polyäthylen und damit aus organischen Grundstoffen, die weder bei der
Herstellung noch bei der Verbrennung Schadstoffe freisetzen.

Umschlaggestaltung: Horst Dieter Bürkle, Darmstadt

ISBN-13:978-3-531-13547-2   e-ISBN-13:978-3-322-80385-6
DOI: 10.1007/978-3-322-80385-6

Inhaltsverzeichnis

Vorwort 9

1.   Die militärischen Mittel der Politik 13
1.1 Krieg und Politik 15
1.2 Krieg, Politik und Kultur 17
1.3 Streitkräfte als Mittel der Politik 21
1.4 Diplomatie und Militär als Mittel der Politik 22
1.5 Vom physischen Zwang zur kooperativen Einbindung 24
1.6 Post-militärische Gesellschaft 26
1.7 Fragestellungen und Ausgangsthesen 29

2.   Soldaten zwischen Krieg und Frieden 33
2.1 Konservierte Erfahrungen I: Krieg 33
2.2 Konservierte Erfahrungen II: Soldaten im Frieden 36
2.3 Erste soldatische Sozialisation 38
2.4 Antizipierte Erfahrung: Vor dem Einsatz 39
2.5 Sind Soldaten Mörder? 42
2.6 Medien-Erfahrung 47
2.7 Gewalt, Kampf und Krieg als Ur-Erfahrung 50

3.   Streitkräfte und Politik in Preußen und Deutschland bis 1945 52
3.1 Clausewitz und die Revolution des Krieges
     zu Beginn des 19. Jahrhunderts 53
3.2 Varianten des Militarismus 55
3.3 Die Entwicklung zum totalen Krieg 57
3.4 Staat im Staate 60
3.5 Wehrmacht und Nationalsozialismus 62
3.6 Der Ostfeldzug und das Überschreiten der Grenze zum Völkermord 65
3.7 Zäsur 1945 66

4.   Deutschland ohne Streitkräfte –
     Die Nachkriegskonstellation (1945-1955) 69
4.1 Nie wieder Krieg 69
4.2 Entmilitarisierung 71
4.3 Ost-West-Konflikt als Kalter Krieg 72

4.4 Vom Feind zum Verbündeten..74
4.5 Adenauers Konzept der Wiederbewaffnung.................................75
4.6 Europäische Verteidigungs-Gemeinschaft..................................76
4.7 Opposition zur Wiederbewaffnung..79

5. Das Kompatibilitäts-Problem...82
5.1 Streitkräfte in der und für die Demokratie...................................82
5.2 Das Inkompatibilitäts-Konzept (alte Version).............................84
5.3 Postmoderne Skepsis...85
5.4 Das Inkompatibilitäts-Konzept (neue Version)............................86
5.5 Das *sui-generis*-Konzept..88
5.6 Verflechtung von Staat und moderner Gesellschaft....................89
5.7 Politische Kultur und Streitkräfte..91

6. Verfassungsrechtliches Profil
   und personeller Bestand der Bundeswehr....................................93
6.1 Grundgesetz-Regelungen 1949..93
6.2 Grundgesetz-Änderungen nach 1955..94
6.3 Aus der Perspektive der Soldaten und Soldatinnen.....................98
6.4 Das Urteil des Bundesverfassungsgerichts vom 12. Juli 1994.....101
6.5 Personeller Umfang bis 1990..104
6.6 Personeller Umfang nach 1990...107
6.7 Verankerung im parlamentarischen politischen System..............109

7. Innere Führung...112
7.1 Ausgangsbedingungen in den fünfziger Jahren..........................112
7.2 Gebrauchs-Definitionen..113
7.3 Streit um die Innere Führung..115
7.4 Probleme der Umsetzung..118
7.5 Zentrale Dienstvorschrift für Innere Führung.............................119
7.6 Der Wehrbeauftragte des Deutschen Bundestages......................121
7.7 Neue Herausforderungen..123

8. Wehrpflicht, Kriegsdienstverweigerung, Zivildienst................127
8.1 Zu den Begriffen...127
8.2 Die Bundeswehr als (halbe) Wehrpflicht-Armee........................128
8.3 Demographische und andere Zwänge..131
8.4 Kriegsdienstverweigerung und Pazifismus.................................134
8.5 Entwicklung der Kriegsdienstverweigerung in Deutschland.......136
8.6 Zivildienst...139
8.7 Wertewandel und neues Kriegsbild...141

9. Bundeswehr, Finanzen und Wirtschaft 144
9.1 Entwicklung der Militärausgaben 145
9.2 Ausgaben für Personal, Betrieb und Investitionen 149
9.3 Internationaler Vergleich 151
9.4 Die Bundeswehr als Wirtschaftsfaktor 152
9.5 Rüstungsindustrie und Rüstungsexport 156
9.6 Westeuropäische Rüstungskooperation 159
9.7 Rüstungskonversion 162

10. Kriegsabschreckende Streitkräfte 164
10.1 Politische und militärische Aspekte nuklearer Sicherheitspolitik 165
10.2 Veränderungen des Kriegsbildes 167
10.3 Nukleare Abschreckung zwischen den Führungsmächten
und in Europa 170
10.4 Abschreckung und Verteidigung 173
10.5 Der Auftrag der Bundeswehr im Ost-West-Konflikt 175
10.6 Die Erosion nuklearer Abschreckung in den 80er Jahren 178
10.7 Symbolische Sicherheitspolitik? 181

11. Deeskalations-Streitkräfte 184
11.1 Veränderungen in der europäischen Sicherheits-Landschaft 184
11.2 Rückblick: Die Übernahme der Nationalen Volksarmee 186
11.3 Auftrag und Gestalt der Bundeswehr im Wandel 190
11.4 Multinationale Streitkräfte: Pilotprojekte 192
11.5 Bedrohungen/Risiken 195
11.6 Die Beteiligung der Bundeswehr an Friedensmissionen 197
11.7 Bundeswehr, Medien, Öffentlichkeit 199

Fazit: Kontinuität und Wandel: Die Reform geht weiter 201

Anhang 206
Literaturverzeichnis 206
Website-Verzeichnis 213
Verzeichnis der Übersichten und Tabellen 216

Vorwort

Die Stunde Null schlug im Mai 1945 nicht. Aber viel fehlte dazu nicht. Einen tieferen Bruch hat es in der deutschen Geschichte des 20. Jahrhunderts nicht gegeben, und er betraf nicht nur die äußere Gestalt Deutschlands und sein politisches Schicksal, sondern auch die Werte und die Mentalität der Deutschen selbst. Der Schock der Niederlage und, darin eingebettet, der Schock der kollektiven Selbsterkenntnis von den Untaten des nationalsozialistischen Regimes, für die alle Deutschen direkt oder indirekt verantwortlich gemacht wurden und auch waren, bewirkten diese Veränderung, von denen manche sich sogleich, andere erst in mit langen Verzögerungen anbahnten und durchsetzten. Aber selbst dort, wo in einem hinhaltenden Verdrängungsprozeß bei Individuen oder gesellschaftlichen Gruppen solche Selbsterkenntnis umgedeutet und verwässert wurde, hat sie sich schließlich durchgesetzt.

Das kann man im Rückblick nur als enormen Glücksfall bewerten. Daß Deutschland zu einer nach menschlichem Ermessen soliden Demokratie geworden ist, daß allenfalls eine kleine Minderheit unter den Deutschen an innen- und außenpolitische Denkmuster und Programme der vor-demokratischen Vergangenheit anknüpfen mochte und daß schließlich Deutschlands Nachbarstaaten zu Verbündeten geworden sind, das ist, aus der Perspektive von 1945 her betrachtet, als eine Art politisch-soziales Wunder anzusehen.

Der Mentalitäts-Bruch 1945 hat in der deutschen politischen Kultur nicht zuletzt alles Militärische einer drastischen Abwertung unterworfen, so stark, daß wir heute kaum noch nachvollziehen können, wie populär militärische Wert- und Weltvorstellungen, Ansprüche auf Wehr-Macht und Forderungen nach militärischer straffer Durchorganisation von Staat und Gesellschaft im Deutschland der zweiten Hälfte des 19. und der ersten Hälfte des 20. Jahrhunderts gewesen sind.

Gerade diese Veränderung, die Domestizierung imperial-militaristischer Macht- und Expansionsträume, war und ist entscheidend für das neue Bild Deutschlands als einer zivilen, demokratischen, friedlichen Gesellschaft. Eine kleine Ironie besteht nun allerdings darin, daß die relative Abwertung des Militärischen in der akademisch-publizistischen Sphäre, speziell in den Sozialwissenschaften, besonders vehement vor sich gegangen ist. Das hat zu einem Defizit in Lehre und Forschung geführt. Für die Soziologie hat das Hans Paul Bahrdt damit begründet, daß sich die Mehrzahl der deutschen Soziologen nach 1945 aufgrund ihrer politischen Einstellungen, so sehr diese auch sonst voneinander abwichen, in ihrer Ablehnung der Welt des Militärs und Militarismus, der deutschen Wiederbewaffnung und der Nuklearwaffen einig waren. Genau dasselbe trifft auf die Politikwissenschaft zu.

Das ist nun ziemlich bedenklich, wird so doch ein entscheidender Aspekt der Politik ignoriert. Die Auswirkung dieser Ignoranz kann man u. a. an den häufig nicht sehr argumentativ, vielmehr emotional geführten öffentlichen Debatten über Rüstung und Streitkräfte, über deren Platz in der Gesellschaft und demokratische Kontrolle und nicht zuletzt auch über militärstrategische Fragen und Probleme ablesen.

An öffentlichen Debatten über die Streitkräfte hat es in der Geschichte der Bundesrepublik Deutschland nicht gemangelt, im Gegenteil, sie spiegeln wichtige Aspekte binnen-gesellschaftlicher und außenpolitischer Entwicklungen des Gemeinwesens.

Einiges davon, in meiner Sicht das Wichtigste, möchte ich in der vorliegenden Darstellung aufgreifen. Sie ist keine „Geschichte" der Bundeswehr, obwohl man sie auch so lesen kann. Stattdessen geht es mir darum, die organisatorischen Grundstrukturen der Bundeswehr und ihre politischen Voraussetzungen, die Grundzüge des Verhältnisses zwischen Bundeswehr und demokratischer Gesellschaft sowie schließlich die militärstrategischen Doktrinen und die Auftragsveränderungen der Bundeswehr vorzustellen und kritisch zu analysieren.

Eine erste, inzwischen allerdings erheblich veränderte Fassung dieses Textes entstand als Kursus für die Fernuniversität Hagen. Der *Studienbuch*-Charakter ist auch für die jetzt vorliegende Fassung beibehalten worden. Damit soll auch ein Beitrag geleistet werden zum Abbau jenes von Bahrdt beklagten Defizits in der Lehre. Jedoch erschöpft sich der Text nicht in dieser Funktion. Er soll auch außerhalb von Kursen und Seminaren zu Reflexionen über ein Thema anregen, von dem eigentlich alle wissen, daß es politisch erheblich relevanter ist als manches andere Thema, das zu debattieren aber die leichtere Unterhaltung verspricht.

Für Anregungen und Kritik habe ich einer großen Zahl von Kollegen zu danken. Die mit dem Militär befaßten Sozialwissenschaftler, häufig der Einfachheit halber unter dem Etikett der Militärsoziologie versammelt, haben sich ein dichtes Netz inter-kollegialer Kommunikation geschaffen. In Deutschland gibt es so den *Arbeitskreis Militär und Sozialwissenschaften* (*AMS*), auf europäischer Ebene die *European Research Group on Military and Society* (*ERGOMAS*) und schließlich in den Vereinigten Staaten von Amerika mit sozusagen globaler Reichweite das *Inter-University Seminar on Armed Forces and Society* (*IUS*). Fachtagungen, permanenten Austausch von Forschungsergebnissen, gemeinsame Projekte und, über die Jahre hin, dadurch gewachsene persönliche Freundschaften haben ein kleines, aber weit verzweigtes Netzwerk von fachlichen Beziehungen geschaffen, aus denen sich, wie ich bei der Abfassung dieses Textes einmal mehr erfahren durfte, mannigfaltige Anregungen ergeben haben.

Statt einer sehr langen Liste von Personen, denen ich so zu danken habe, seien nur einige Namen stellvertretend aufgezählt: Paul Klein, Jürgen Kuhlmann, Gerhard Kümmel (Deutschland), Bernard Boëne, Michel Martin (Frankreich), Martin Edmonds, Christopher Dandeker (Großbritannien), Karl Haltiner, Ruth Meyer-Schweizer (Schweiz), Franz Kernic (Österreich), Charles Moskos, David Segal (USA). Sie und viele andere, nicht zuletzt auch die Studentinnen und Studenten in meinen militär- und sicherheitspolitischen Lehrveranstaltungen, darunter in der Schlußphase der Erstellung dieses Textes besonders hilfreich Dorle Hellmuth und Wolfgang Gissel, haben mich mit ihren An- und Nachfragen, mit Kritik und mit ihren eigenen Beiträgen zum Themenfeld Militär/Gesellschaft immer wieder neu inspiriert und motiviert.

1. Die militärischen Mittel der Politik

Am Anfang stand die vollständige Niederlage, die bedingungslose Kapitulation des nationalsozialistischen Dritten Reichs. Zwischen 1945 und 1990 war die Geschichte der Deutschen und der Bundesrepublik Deutschland auf zwar nachhaltige, aber eben doch nur indirekte Weise von Politik mit militärischen Mitteln und Krieg gekennzeichnet. Das Ausmaß an menschlichem Elend und Zerstörung, das der von Hitler und allen, die ihm willig, widerwillig oder gedankenlos folgten, entfesselte Weltkrieg angerichtet hat, übertraf die schlimmsten Befürchtungen. Ein nicht geringer Teil dieses Elends und dieser Zerstörung fielen auf die Deutschen zurück. Würde es, so fragten sich viele Überlebende im Frühjahr und Sommer 1945, jemals wieder einen selbständigen Staat, würde es je eine humane Gesellschaft, eine prosperierende Volkswirtschaft in Deutschland geben können?

In erster Linie wegen der Intensivierung des Ost-West-Konflikts zwischen den USA und der UdSSR als den Führungsmächten zweier antagonistischer politisch-ideologischer Lager oder Blöcke, wegen der Ausbildung des „Kalten Krieges" zwischen ihnen wurde aus dem besiegten Feindstaat Deutschland in erstaunlich kurzer Zeit zwei „verbündete", d. h. in Bündnissysteme eingebundene deutsche Staaten. Die Bundesrepublik wurde in das westliche, die DDR in das östliche Lager integriert. Dieses geteilte Land markierte eines der wichtigsten Felder für den „Wettkampf der Systeme".

Die Geschichte dieser „doppelten Staatsgründung" ist häufig erzählt worden, und sie braucht hier ebensowenig wiederholt zu werden wie die Entwicklung des eigentümlichen Gegen- und Miteinanders der beiden deutschen Staaten. Was die DDR betrifft, so wird sie hier nur nebenbei in den Blick genommen, mit verstärkter Aufmerksamkeit erst wieder ganz an ihrem Ende 1990. Aber manches, was über die Bundesrepublik gesagt wird, trifft, zuweilen mit einer kleinen Drehung der Argumentation, auch für die DDR zu.

Zum Beispiel die nach 1945 in den Besatzungszonen und seit 1949 in den neu gegründeten Staaten sehr weit verbreitete Vorstellung, daß die militärische Niederlage des nationalsozialistischen Regimes und der Wehrmacht für die Deutschen eine Lehre bereit hielt:– *Nie wieder deutsche Soldaten, nie wieder Krieg mit Deutschen und von Deutschland aus!*

Da wirkte es dann wie ein bitterer, jedenfalls unerwarteter Sarkasmus, daß der Ost-West-Konflikt in seiner Phase als Kalter Krieg die Bundesrepublik Deutschland als militärisch gerüsteten Verbündeten sofort aufzuwerten begann. Das kollektive politische Selbstverständnis der (West-)Deutschen ist in den vierziger und fünfziger Jahren durch eine Reihe tiefreichender und mit viel innerer Beteiligung geführter Auseinandersetzungen geprägt worden. In jeder dieser Auseinandersetzungen ging es um einen Aspekt der Frage, *ob* deutsche Streitkräfte aufgestellt und *wie* sie ausgerüstet werden sollten. Der Schatten der deutschen Vergangenheit machte die Debatten schwierig, aber auch ernsthafter und zuweilen sogar düster. Ihr Ergebnis, die Gründung der Bundeswehr, konnte man gleichermaßen unter dem Gesichtspunkt weitgehender (personeller und professioneller) *Kontinuität* der Reichswehr/Wehrmacht-Traditionen und als einen radikalen Bruch mit diesen Traditionen und einen ebenso radikalen *Neuanfang* interpretieren.

Beide Deutungen haben die Diskussion über die Bundeswehr und ihre Aufgaben bis heute mitbestimmt. Auch nach 1990 etwa äußerten manche Beobachter der deutschen Außen- und Sicherheitspolitik die Befürchtung, daß Deutschland nun in alte und gefährliche Muster einer *militarisierten Politik* zurückfallen könnte. Es war zwar nur eine Minderheit, die so dachte, aber sie konnte sich über öffentliche Resonanz im In- und Ausland nicht beklagen. Andere hingegen, auch ich selbst, sahen in den Veränderungen des internationalen Systems nach dem Ende des Ost-West-Konflikts auch die Notwendigkeit, den Aufgabenkatalog und dementsprechend die professionellen Prioritäten und die Ausbildungsziele der Bundeswehr so umzuformulieren, daß sie für das breite Spektrum multinationaler Deeskalations- und Friedens-Missionen zur Verfügung stehen kann.

In den frühen neunziger Jahren drehte sich die öffentliche Auseinandersetzung um die Frage, ob denn solche Einsätze außerhalb des NATO-Territoriums überhaupt mit dem Grundgesetz vereinbar seien und, falls nicht, ob und wie man das Grundgesetz ändern sollte. Dies wurde durch ein Urteil des Bundesverfassungsgerichts im Juli 1994 entschieden, und zwar in dem Sinne, daß solche Einsätze unter bestimmten Bedingungen vom Grundgesetz in seiner gültigen Fassung erlaubt werden. Danach versiegte die öffentliche Auseinandersetzung sogleich, und nicht zuletzt auch unter dem Eindruck der Teilnahme der Bundeswehr an den Friedens-Missionen in Bosnien-Herzegowina und im Kosovo erfreut sich die Sicherheitspolitik der Bundesregierungen seither hoher Zustimmungsraten.

Obwohl oder vielleicht gerade weil die Bundesrepublik Deutschland von ihrem Beginn an ein *ziviler Staat* war und sein wollte, weil sich ihr Selbstverständnis als politisches Gemeinwesen deutlich von dem früherer Regime in Deutschland unterscheiden sollte und mußte, erhielten die Fragen nach der Rolle militärischer Gewalt im politischen Instrumentarium des neuen Staates und nach der Position der Streitkräfte innerhalb des politischen Systems immer ein besonders Gewicht. **Wenn man sich mit der Entwicklung des Verhältnisses zwischen der zivilen Gesellschaft und der Bundeswehr beschäftigt, bekommt man entscheidende Aspekte der demokratischen politischen Kultur dieses Landes in den Blick.**

1.1 Krieg und Politik

In seiner berühmten Bestimmung der Natur des Krieges nennt Carl von Clausewitz (1780-1831) ihn einen „Akt der Gewalt, um den Gegner zur Erfüllung unseres Willens zu zwingen", wobei er deutlich betont, daß physische Gewalt zwischen Groß-Gruppen, bevorzugt also modernen Staaten, immer in ihrem Mittel-
Charakter gesehen werden muß. Wird sie zum Selbstzweck, ist sie schon degene-
riert. Die Zwecke werden aber von der Politik gesetzt.

Das muß noch weiter präzisiert werden, denn wer oder was ist *die Politik*? In
den politikwissenschaftlichen Lehrbüchern werden unzählige Definitionen dafür
angeboten. Die allermeisten laufen nach wie vor auf die inzwischen geradezu
klassisch zu nennende Formulierung von Max Weber (1864-1920) hinaus, wonach Politik Kampf um die Macht ist. Wenn aber Politik wesentlich von Kampf
und Kämpfen bestimmt wird, gleichviel, welche Mittel dabei ins Spiel kommen,
dann liegt es auf der Hand, daß physische Gewalt in der Regel für politische
Zwecke eingesetzt wird. Zwar gibt es auch ziellos eingesetzte, sozusagen aus sich
selbst heraus explodierende physische Gewalt, aber sie erreicht kaum jemals etwas anderes als sinnlosen Schrecken und Zerstörung.

Allerdings macht sich schon hier auf unbehagliche Weise bemerkbar, daß der
Diskurs über Krieg, Gewalt und Politik auch deshalb so schwierig ist, weil seine
tragenden Begriffe und Konzepte nur scheinbar klar und eindeutig sind. Wir haben z. B. kaum Schwierigkeiten, uns vorzustellen, was mit dem Ausdruck *sinnloser Schrecken und Zerstörung* gemeint ist, aber können wir uns ebenso einfach
sinnvollen Schrecken und Zerstörung vorstellen? Wenn Politik für die, die sie
machen (die Akteure), ein Kampf um die Macht und wenn diese Macht, wiederum nach Max Weber, die Chance zur Durchsetzung des eigenen Willens auch
gegen Widerstände (von anderen Akteuren) ist, dann fehlt immer noch eine
wichtige Angabe, nämlich das Ziel der Macht. Worum geht es denn? Wer Macht
erwerben will, tut das zu bestimmten Zwecken: Etablierung und Festigung der
eigenen Herrschaft, Gestaltung des Gemeinwesens, Einfluß auf die politische
Umwelt, psychische Selbsterhöhung. Manche dieser Zwecke erscheinen legitim,
andere nicht.

Es gibt aber, so gerne alle systematisch veranlagten Menschen das hätten, keine einheitlichen Vorstellungen darüber, was legitim ist und was nicht. In verschiedenen Gesellschaften und Kulturen fallen sie ganz unterschiedlich aus. Sie
verändern sich innerhalb einer Gesellschaft und eines Kulturkreises im Verlauf
der historischen Entwicklung. Und selbst innerhalb von Gesellschaften gibt es
jederzeit gegenläufige und einander widersprechende Auffassungen darüber.

Das große Problem der Politik besteht darin, den Macht-Kampf bestimmten
Grundregeln zu unterwerfen, die in der Hauptsache bewirken sollen, daß die politisch eingefaßte Groß-Gruppe auf Dauer existieren und sich entwickeln kann. In

der historischen Sequenz der Moderne war und ist eine der allerwichtigsten dieser Grundregeln für den Bereich der inner-gesellschaftlichen sozialen Beziehungen die Verankerung des Monopols physischer Gewalt beim *Staat*. Nur so ist der Schutz der Individuen voreinander mit einiger Sicherheit garantierbar. Nur so läßt sich eine Rechtsordnung aufrecht erhalten; nur so lassen sich die Menschen- und Bürgerrechte wirksam schützen.

Der Staat zieht das Monopol physischer Gewalt an sich. Wo er das nicht kann, steht es schlecht um ihn, denn dann ist sein Bestand von Bürgerkrieg und Zerfall bedroht. Der Staat organisiert physische Gewalt und schafft sich so Organisationen, die sie repräsentieren und gegebenenfalls ausüben. *Innerhalb* der Gesellschaft ist die *Polizei* die am deutlichsten in Erscheinung tretende Organisation physischer Gewalt.

In Ausnahmefällen werden auch die *Streitkräfte* zur Aufrechterhaltung der inneren Ordnung eingesetzt. Jedoch liegt ihr Hauptzweck woanders, nämlich im Bereich der *Außenpolitik* und der *internationalen Politik*. Die Streitkräfte sollen den Staat vor Aggressionen von außen schützen (traditionelle *nationale* außenpolitische Funktion) und im Kontext multilateraler Friedensbemühungen die legitime internationale Ordnung bewahren helfen oder wiederherstellen (neuerdings wichtiger werdende *internationale* Funktion).

Hier muß man zwei Einschränkungen machen:

Erstens: Der (bürokratisch organisierte Großflächen-)Staat und das nach und nach die gesamte Erdoberfläche einbeziehende internationale Staatensystem bildeten sich am Beginn der in unserer Geschichtseinteilung so genannten Neuzeit aus. Für beides hat sich in der Politikwissenschaft seit ein paar Jahren der Begriff des *Westfälischen Systems*[1] eingebürgert. Ob der Staat mit seinen jetzigen Funktionen, darunter die Verfolgung eines nationalen Interesses und der Schutz seiner Bürger, und ob das internationale System als Staatengemeinschaft im wesentlichen bestehen bleiben, sich nachhaltig verändern oder sogar völlig verschwinden werden, ist Gegenstand ausgiebiger politiktheoretischer Debatten. Die These vom Ende des Westfälischen Systems hat viele Befürworter, die allerdings zumeist auch nicht so genau wissen, was an dessen Stelle treten wird.[2]

---

[1] Gemeint ist damit die zunächst nur für europäische Staaten und ihre damaligen Kolonien geltende politische Ordnungsstruktur, wie sie am Ende des Dreißigjährigen Krieges im Friedensvertrag von Münster und Osnabrück festgehalten wurde. Dieses Westfälische System hat sich in den folgenden Jahrhunderten globalisiert.

[2] Eine unter Politikwissenschaftlern viel diskutierte Vorstellung über die Zukunft des Staatensystems ist von Ernst-Otto Czempiel entwickelt worden – diese Ablösung der Staatenwelt durch die Gesellschaftswelt, also durch ein inter/transnationales Handlungssystem, in dem nicht-staatliche Akteure eine immer mehr dominierende Rolle spielen und die Rolle der Staaten, ihr Souveränitätsanspruch (vor allem nach außen gerichtet) und ihr Loyalitätsanspruch (an die Adresse der Staatsbürger gerichtet) an Einfluß und Beachtung verlieren. Vgl. Ernst-Otto Czempiel: Kluge Macht. Außenpolitik für das 21. Jahrhundert. München (C. H. Beck) 1999.

Wenn aber beides, der moderne Staat und die u. a. auch durch völkerrechtliche Normen gestützte Staatenordnung zerfallen sollten, dann hat das erhebliche Auswirkungen auf die Art der Kriegführung.

Kriege nach dem Zerfall des Westfälischen Systems
Künftig werden keine Streitkräfte Krieg führen, sondern Gruppierungen, die wir heute Terroristen, Guerillas, Banditen und Räuber nennen. Sie selbst finden aber mit Sicherheit wohlklingendere Namen für ihre Organisationen. Sie stützen sich vermutlich stärker auf das Charisma eines Anführers als auf eine Institution, und ihr Ansporn ist weniger eine ‚Professionalität' als eine fanatische, ideologisch untermauerte Loyalität. Die Organisation wird zwar sicherlich einer Führerschaft unterstehen, die über Zwangsmittel verfügt, aber die Führerschaft selbst wird sich kaum von der Organisation insgesamt abheben.
Quelle: Martin van Creveld: Die Zukunft des Krieges. Stuttgart (Gerlin Akademie Verlag) 1998, S. 288.

Zweitens: Geschichte und Gegenwart sind voll von Beispielen, in denen die Inhaber der staatlichen Macht die Organisationen physischer Gewalt, Polizei und Streitkräfte, keineswegs nur im Sinne des Schutzes der Staatsbürger verwenden, sondern als Aggressions- und Repressions-Instrument. Die Ausbildung des modernen Staates und eines internationalen Staatensystems haben nicht automatisch zu einer Verminderung physischer Gewalt geführt, allenfalls zu ihrer Kanalisierung. Dies, mag ein Zyniker sagen, ist unvermeidbar, denn der Besitz von Macht korrumpiert. Anarchisten und militante Anhänger des Pazifismus kommen zu einem ähnlich pessimistischen Schluß – weil Macht korrumpiert, müssen Organisationen physischer Gewalt, insbesondere die Streitkräfte und am besten gleich auch die Staaten ganz abgeschafft werden. Ob damit die Voraussetzungen für eine friedliche Politik geschaffen wären, ist allerdings mehr als unwahrscheinlich.

1.2 Krieg, Politik, Kultur

Auch wenn es längerfristig zu einer anderen, nicht mehr staats-zentrierten internationalen Politik kommen sollte, die nächsten Jahrzehnte regionaler europäischer Politik und Weltpolitik spielen sich gewiß noch innerhalb des Westfälischen Systems ab.
    Kommen wir also noch einmal auf den Ausgangspunkt zurück, die Clausewitz'sche Bestimmung des Krieges. Zwei Punkte erscheinen hier besonderer Nachfrage wert. Der erste betrifft die Natur von politischem Handeln und der zweite die Rolle von Streitkräften für den Krieg.
    Bei dem ersten Punkt geht es um den Vorwurf an Clausewitz und alle kühl-distanzierten Beobachter von Politik, sie würden sich auf ein falsches, sozusagen

militarisiertes Menschenbild stützen. Wenn man formuliert, Krieg sei die Fortsetzung der Politik mit anderen Mitteln, so wäre im Umkehrschluß die Politik ohne militärische Mittel nichts anderes als eine zivile Fortsetzung des Krieges. Anders gesagt: Krieg sei immer, auch im zivilen Alltag. Nach dem Ende eines Krieges bereite man sich nur auf den nächsten vor.

Politik ist in dieser kritischen Sichtweise etwas anderes als Machtkampf, oder sollte es wenigstens sein. Aber was Politik sein könnte und wie man handeln sollte, um seine Interessen durchzusetzen, bleibt in dieser Perspektive unklar.

Pazifistisches Gegenbild: Politik ist anders
Wo geschossen wird, hört die Politik als die diskursive Suche nach Konfliktlösungen auf. Von Clausewitz haben wir gelernt, der Krieg sei ‚die Fortsetzung der Politik mit anderen Mitteln' – aber was ist das für eine Politik, die da ‚fortgesetzt' wird? Der Krieg – jeder Krieg – wirft ein grelles Licht auf die ihm vorangehende und zugrundeliegende Politik und enthüllt deren verborgene Wahrheit: Die Politik, die sich als Krieg fortsetzen läßt, ist selbst schon kriegerisch, ist gewalttätig...
Es sind dies die borniertene Mittel und Methoden fachidiotischer Herrschaftsmanager, die etwas vom Verhandeln verstehen, von Diplomatie, vielleicht auch etwas von Konferenzpsychologie und davon, wie ihresgleichen vermutlich auf solchen Druck reagiert. Aber wovon sie nichts verstehen, ist Politik.
Quelle: Ekkehart Krippendorff: Krieg gegen die Politik. In: Antimilitarismus-Information, 29. Jg. 1999. N° 6, S. 66 f.

Bei solch einem Plädoyer bleibt einem der Mund vor Staunen offen; aber die Argumentation, wiewohl nicht ohne Resonanz unter Intellektuellen, ist nicht nur kontrafaktisch, sondern kann das ihr zugrunde liegende Menschenbild auch nur postulieren. Wer sich darauf verließe, würde teuer bezahlen müssen.

Der zweite Punkt betrifft Clausewitz' Bezug auf den Krieg. Er ist dabei ein wenig mißverständlich. Das liegt daran, daß der soziale Gegenstand, für den Clausewitz sich besonders interessierte und dessen Untersuchung er ja auch sein berühmtes Buch gewidmet hat, der *Krieg* ist. Krieg findet statt zwischen Gruppen, in der Moderne bevorzugt Staaten, die untereinander Konflikte austragen und von einem bestimmten Moment an dazu das Mittel der organisierten physischen Gewalt einsetzen[3]. Krieg bezeichnet eine Interaktion, d.h. an einem Krieg sind immer mindestens zwei Akteure beteiligt, deren Politik vor Kriegsbeginn ganz unterschiedlich sein kann, aggressiv und expansionistisch die eine, defensiv und auf die (erfolglose) Vermeidung des Krieges erpicht die andere.

---

[3] Der Begriff *Krieg* wird in der politischen Umgangssprache auch als Metapher für besonders heftig erscheinende Konflikte zwischen Akteuren verwendet, ohne daß sie deshalb zu Mittel physischer Gewalt greifen (wollen). So spricht man etwa von *Handelskriegen* zwischen den USA und der EU. Da geht es dann um Einfuhrverbote, Zollanhebungen o. ä. Es versteht sich, daß all dies nicht Gegenstand der vorliegenden Studie ist.

Deshalb müßte die Aussage von Clausewitz eigentlich lauten: *Kriegführen* ist ein Mittel der Politik. In politisch-historischen Konstellationen, z. B. als im Sommer 1990 der Irak Kuweit überfiel, kann man deutlich (in vielen anderen Fällen auch nicht ganz so deutlich) zwischen einer auf den Krieg ausgerichteten und einer nicht auf den Krieg ausgerichteten Politik der Akteure unterscheiden. Ein älteres, aber uns in Deutschland noch immer gegenwärtiges Beispiel ist die Politik des nationalsozialistischen Deutschland: Hitlers Politik steuerte zielbewußt auf den Krieg hin, und das unterscheidet sie grundsätzlich von der anderer Mächte damals, selbst wenn diese schließlich (manche sagen ja auch: zu spät) auf Hitlers Kriegs-Kurs mit eigenen Kriegs-Vorbereitungen reagierten.

Die Erkenntnis, Politik ist Machtkampf, bedeutet keineswegs, daß „so etwas wie ein ununterbrochener Kampf den Frieden durchzieht und daß also die zivile Ordnung im Grunde und in ihren wesentlichen Mechanismen eine Schlachtordnung"sei.[4] Nicht jede Politik, die in einem Krieg mündet, ist deshalb wesensmäßig kriegerische Politik.

Eine Kriegs-Definition aus der Kriegsursachen-Forschung:
Krieg ist ein gewaltsamer Massenkonflikt, der alle folgenden Merkmale aufweist:
a) an den Kämpfen sind zwei oder mehr Streitkräfte beteiligt, bei denen es sich mindestens auf der einen Seite um reguläre Streitkräfte (Militär, paramilitärische Verbände, bewaffnete Polizeieinheiten) der Regierung handelt;
b) bei allen beteiligten Akteuren muß ein Mindestmaß an zentralgelenkter Organisation der Truppen und des Kampfes gegeben sein, selbst wenn es nicht mehr bedeutet als organisierte bewaffnete Verteidigung oder strategisch-taktisch planmäßige Überfälle (Guerillaoperationen, Partisanenkrieg usw.); entsprechend muß eine politische Verantwortlichkeit für den Gewalteinsatz erkennbar sein;
c) die bewaffneten Operationen ereignen sich mit einer gewissen Kontinuierlichkeit und nicht nur als gelegentliche spontane Zusammenstöße, d. h. alle Akteure operieren nach einer planmäßigen Strategie, gleichgültig ob die Kämpfe auf dem Gebiet einer oder mehrerer Gesellschaften stattfinden und wie lange sie dauern.
Quelle: Klaus-Jürgen Gantzel, Torsten Schwinghammer: Die Kriege nach dem Zweiten Weltkrieg 1945 bis 1992. Daten und Tendenzen. Münster (LIT-Verlag) 1995, S. 31 (von mir erweitert)

Solche Reflexionen und begriffliche Festlegungen beziehen sich freilich auf die Gegenwart. Auch Clausewitz blieb mit seinen die griechisch-römische und die abendländische Kriegsgeschichte berücksichtigenden Formulierungen zum Verhältnis Politik/Krieg im wesentlichen von Vorgängen seiner eigenen professio-

---

[4] Michel Foucault: Vom Licht des Krieges zur Geburt der Geschichte, hrsg. v. W. Seitter. Berlin (Merve Verlag) 1986, S. 7.

nellen Welt beeindruckt – wie auch anders. Immerhin sollten wir, bevor wir wieder zu unserer Gegenwart am Anfang des 21. Jahrhunderts zurückkehren, wenigstens einen kurzen Moment darüber nachdenken, daß Kriege im Sinne von gewaltsam ausgetragenen Konflikten zwischen menschlichen Gruppen so lange existieren, wie es menschliche Lebewesen auf der Erde gibt. Wenn man nun Politik nicht nur ganz allgemein als Machtkampf (um irgendetwas), sondern sehr viel enger als ein in bestimmten Institutionen und sozialen Systemen wie dem Staat ablaufendes, zweckrationales Handeln faßt, dann übersteigt der Krieg in vielen Gesellschaften und Kulturen früherer historischer Epochen die Sphäre der Politik.

Deswegen hat der britische Kriegsschriftsteller John Keegan die These aufgestellt, Krieg sei stets Ausdruck einer Kultur, oft sogar eine ihrer bestimmenden Größen, und in manchen Gesellschaften die Kultur selbst.[5] Das ist richtig, setzt aber die Clausewitz'sche Bestimmung nicht außer Kraft. Vielmehr ergänzt sie sie um eine ethnologische Dimension. Gruppen und Gesellschaften definieren sich auch immer über kulturelle Gemeinsamkeiten. Neben vielem anderen, auf das dabei Bezug genommen wird, gehört auch die Grenzerfahrung des Krieges zu diesen Gemeinsamkeiten, denn aus der Perspektive der daran beteiligten Individuen handelt es sich genau darum. Um eine *Grenzerfahrung* handelt es sich deshalb, weil im Krieg die menschliche Tötungshemmung (in Form von Tabus, religiösen Verboten, Strafgesetzen usw.) teilweise aufgehoben wird. Die einzelnen Kampfhandlungen sind aber nicht ein Rückfall in den Naturzustand. „Vielmehr wird ein bestimmtes kulturelles Konstrukt (das Tötungsverbot) für einen auf die Dauer des Krieges begrenzten Zeitraum vorübergehend durch ein anderes (das Tötungsgebot) ersetzt."[6]

Kulturelle Dispositionen bewirken eine geringere oder größere Bereitschaft, organisierte physische Gewalt zur Durchsetzung politischer Interessen einzusetzen. Gewiß – nur hebelt diese Einsicht nicht, wie John Keegan sich das vorstellt, den Kontext Krieg/Politik auf, sondern knotet ihn sogar noch fester zusammen. Denn auch die Art und Weise, wie eine Gruppe oder Gesellschaft ihre Interessen-Prioritäten festlegt und wie sie ihre politischen Institutionen gestaltet, ist abhängig von ihrer Kultur. Die „Kultur des Krieges" (oder die „Kultur der Gewalt") einer Gesellschaft ist nichts anderes als ein Seitenstück ihrer *politischen Kultur.*

---

[5] John Keegan: Die Kultur des Krieges. Berlin (Rowohlt Verlag) 1995, S. 34.

[6] Heinrich von Stietencron: Töten im Krieg: Grundlagen und Entwicklungen. In: H. von Stietencron, J. Rüpke (Hg.): Töten im Krieg. Freiburg u. München (Verlag Karl Alber) 1995, S. 21.

1.3 Streitkräfte als Mittel der Politik

Genau genommen, ist also nicht der Krieg ein Mittel der Politik, sondern die Streitkräfte sind es, weil man mit ihnen einen Krieg androhen, führen oder verhindern, weil man mit ihnen kriegerischen Bedrohungen und Aggressionen anderer Akteure begegnen kann. Alle Beteiligten verfolgen dabei ihre jeweils eigenen politischen Ziele.

In der Sphäre der Politik geht es um Macht, Einfluß, Herrschaft. Keiner dieser Begriffe ist denkbar ohne eine *ideologische* (Wahrnehmungs-) und eine *gestalterische* (Handlungs-) Dimension.

Erstere ist die Summe der Vorstellungen der politischen Akteure von sich selbst, ihren Konkurrenten (oder „Feinden" in der Carl Schmitt'schen Terminologie), von der Umwelt, in der sie und um deren Besitz, Ordnung, Veränderung usw. sie konkurrieren, und von der Welt und ihrer innersten Dynamik schlechthin. Deshalb spricht man hier auch manchmal von Weltanschauungen. Dabei eingeschlossen sind zudem bestimmte Werte, Wahrnehmungsmuster und Wissenstechniken, mit deren Hilfe Erkenntnisse (und Interessen) organisiert und zuweilen auch bewußt manipuliert werden.

Letztere umfaßt den gesamten Anwendungsbereich von Macht, Einfluß, Herrschaft. Welche Ordnung wird damit aufgebaut? Welche Institutionen mit welchen Zielvorgaben gibt es? Welche politischen Handlungen werden propagiert und eingeleitet? Auf dieser Ebene wird es also richtig konkret. Das bedeutet u. a. auch, daß das, was hier geschieht, in verdecktem oder manchmal auch eklatantem Widerspruch zur ideologischen Ebene stehen kann – in solchen Fällen setzen sich meist, vielfach gebrochen, die konkreteren, die unmittelbaren und die kurzfristigen Handlungsimpulse durch.

Die politische Macht, so steht es in dem kleinen roten Büchlein „Worte des Vorsitzenden Mao Tse-tung", kommt aus den Gewehrläufen. Dieses Bild stimmt natürlich nicht – denn aus Gewehrläufen werden Patronen verschossen, die, wenn sie treffen, Verletzung und Tod bringen. Die Drohung mit Waffen und ihr Einsatz verstärken aber erheblich die Durchsetzungskraft der politischen Absichten derjenigen, die darüber verfügen können. Und umgekehrt: wer nicht darüber verfügt, dessen Durchsetzungskraft bleibt vergleichsweise gering. Jedenfalls gilt das für die Extremfälle der Politik, die Neugründung eines politischen Gemeinwesens im Befreiungskampf, den Zerfall eines Gemeinwesens im Bürgerkrieg und die ausgedehnte Grauzone zwischenstaatlicher Politik, in welcher völkerrechtliche Normen der Kriegsverhinderung nicht greifen.

Die von Mao angeführten Gewehrläufe stehen stellvertretend für alle Waffen. Und in gewissem Sinne stehen sie auch stellvertretend für die Streitkräfte, wenngleich die Metapher hier ein wenig strapaziert wird. Gewehre schießen nicht von alleine, es braucht jemandem, der sich ihrer bedient. Der professionelle Gebrauch

von Waffen, das ist, ganz verkürzt gesagt, die Aufgabe der Streitkräfte. Dabei
geht es um all die Aspekte, die in früheren berufskundlichen Handbüchern für
Soldaten *Kriegskunst* oder *Kriegshandwerk* genannt wurden und die sich im Laufe der Jahrtausende mit der Entwicklung der Kriegswaffen verändert haben – und
mit der Entwicklung der Gesellschaften samt ihren zivilisatorischen Standards
auch. Diese Aspekte der Professionalität bleiben von politischen Zwecken unberührt. Sie verhalten sich zweck-neutral. Zwar gibt es in der Geschichte vieler
Völker und Nationen nicht wenige Führungspersonen, die in beiden Sphären, der
professionell-militärischen und der politischen, wirkten – Alexander etwa, Fried-
rich II Hohenzollern oder Napoleon I, um nur sie zu nennen. Aber sie und viele
andere, auch übrigens Mao Tse-tung, sind keine Beispiele für den Zusammenfall
von Politik und Krieg, vielmehr stehen sie nur für die Nähe beider Sphären und
für eine teils effiziente, teils auch zwiespältige Kurzschaltung der Ebene politischer Entscheidung mit der ihrer militärischen Durchsetzung.

1.4 Diplomatie und Militär als Mittel der Politik

Die Streitkräfte sind ein Instrument der *politischen* Entscheidungskräfte. Selbst
im Falle einer Militärdiktatur ändert sich an diesem Grundsatz nichts; allenfalls,
daß in diesem Fall die Organisations-Interessen der Streitkräfte zu nationalen Interessen aufgeblasen werden, was in längerer Perspektive erfahrungsgemäß weder
den Streitkräften noch dem Land insgesamt Nutzen bringt, jedenfalls in der modernen Welt. Im übrigen entzieht sich dieser Grundsatz einer simplen normativen
Bewertung. Gerade auch in totalitären Diktaturen wie der UdSSR und dem nationalsozialistischen Deutschland wurden die Streitkräfte von den obersten Herr-
schern als ihre Instrumente betrachtet, die sie nach Belieben „säubern", als So-
zialisations-Agentur oder als außenpolitisches Machtmittel einsetzen konnten.
    Die Streitkräfte sind freilich nicht das *einzige* Instrument der politischen Ent-
scheidungskräfte. Jedenfalls, wenn es sich, und darauf konzentrieren wir uns ja in
dieser Darstellung, um Staatsführungen handelt (bei Bürgerkriegsparteien, Re-
volutions- und „Befreiungs"-Kämpfern mag es manchmal keine anderen gegeben
haben[7]).
    Staatsführungen verfügen für den Verkehr mit anderen Staaten noch über ein
anderes Instrument, genauer gesagt: ein ganzes Instrumenten-Arsenal, nämlich
die Diplomatie. In der Sichtweise von konservativ-aufgeklärten Theoretikern der

---

[7] Wenn eine Revolution oder ein antikolonialistischer Kampf ausschließlich oder so gut wie ausschließlich mit dem Instrument militärischer Gewalt siegreich beendet wurden, dann kann es leicht zur
Glorifizierung und Mythenbildung um diese „revolutionäre" (= gute) Gewalt kommen. Das erschwert
in der Regel nachhaltig den Aufbau eines zivil orientierten Gemeinwesens, wie man anhand vieler
Beispiele unter den früheren Kolonien in Afrika, Lateinamerika oder Asien studieren kann.

zwischenstaatlichen Politik (in der Regel zuverlässige Beobachter) bilden Streitkräfte und Diplomatie die beiden entscheidenden, einander ergänzenden Mittel
der Außenpolitik eines Staates.

Militär und Diplomatie als Mittel der Außenpolitik
Nennen wir fortan Strategie die Gesamtführung militärischer Operationen, nennen
wir Diplomatie das Verhalten im Verkehr mit anderen politischen Einheiten. Beide, Strategie und Diplomatie, werden immer der Politik untergeordnet sein, das
heißt der Konzeption, die sich das Kollektiv oder diejenigen, die für dieses verantwortlich sind, von dem ‚nationalen Interesse' bilden. In Friedenszeiten bedient sich
die Politik diplomatischer Mittel, ohne deshalb den Rückgriff auf die Waffen –
zumindest als Drohmittel – auszuschließen. In Kriegszeiten schaltet die Politik die
Diplomatie nicht aus, da diese die Beziehungen zu den Verbündeten und Neutralen
aufrechterhält und da sie damit weiter auf den Feind einwirkt, sei es, daß sie ihm
mit Vernichtung droht, sei es daß sie ihm eine Friedensaussicht eröffnet...
Die Unterscheidung von Diplomatie und Strategie ist ganz relativ. Die beiden Be-
zeichnungen sind komplementäre Aspekte der einen Kunst der Politik – einer
Kunst, den Verkehr mit den anderen Staaten zum Besten des ‚nationalen Interesses' zu führen.
*Quelle: Raymond Aron: Frieden und Krieg. Eine Theorie der Staatenwelt, Frank-
furt/M. (S. Fischer Verlag) 1963, S. 36 f.*

In den letzten beiden Jahrhunderten ist von Sozial- und Geschichtsphilosophen,
von Intellektuellen und nicht zuletzt auch von Politikwissenschaftlern immer
wieder öffentlich darüber reflektiert worden, ob und wie sich das Verhältnis der
politischen Großkollektive auf der Erde so entwickeln könnte, daß Streitkräfte
und Kriegführung als Mittel der Politik obsolet werden. Es gibt diese Reflexionen
in den verschiedensten Versionen und mit den unterschiedlichsten Antworten,
mal eher optimistisch, mal eher pessimistisch. Dabei hatten es die Pessimisten
leichter, also diejenigen, die eine kriegs- und gewaltfreie internationale Gesellschaftsordnung als unerreichbare Utopie ansahen, konnten sie doch einfach auf
die Weltgeschichte des 19. und 20. Jahrhunderts verweisen. Es waren Jahrhunderte des Krieges und der Gewalt.
    Aber es waren auch, kontern die Optimisten, Jahrhunderte, in denen die krie-
gerische Gewalt kanalisiert wurde, was u. a. in den wichtigen Unterscheidungen
zwischen Soldat (Kombattant) und Zivilist (Nicht-Kombattant) zum Ausdruck
kommt, und, wichtiger noch, in denen die Umgangsformen zwischen Staaten sich
tendenziell mehr und mehr auf friedliche Bahnen zuzubewegen scheinen. Krieg
und Gewalt werden in dieser Sichtweise zwar nicht ausgeblendet. Aber sie werden (normativ betrachtet) mehr und mehr als anachronistisch eingestuft und (empirisch betrachtet) als auslaufendes Modell des politischen Verkehrs. Zumindest
zwischen demokratisch verfaßten Gesellschaften, wird behauptet, ist Kriegführen
kein Mittel der Konfliktaustragung mehr.

Wer so argumentiert, muß seinen Optimismus allerdings mit einer kräftigen Portion Wunschdenken würzen. Denn zur ‚Modernisierung' moderner Gesellschaften gehörte immer auch die ‚Modernisierung' ihrer Streitkräfte und deren Ausrüstung mit immer ‚besseren' Waffen. Während man inzwischen ein wenig unsicherer über die Inhalte von ‚Modernisierung' als makro-soziologischem Konzept geworden ist, besteht kein Zweifel über den Inhalt der militärischen Modernisierung: Dabei handelt es sich um die qualitative und quantitative Perfektionierung des gesamten Arsenals der Gewalt-Instrumente, einschließlich der zu ihrem möglichst zielgerechten Einsatz notwendigen Transport-, Kommunikations- und Steuerungsmittel.

Und trotzdem – es gibt auch eine Reihe von Anzeichen dafür, daß im Umgang der Staaten miteinander nicht-militärische Mittel an Bedeutung gewinnen.

1.5 Vom physischen Zwang zur kooperativen Einbindung

Es gibt eine relativ umfangreiche Literatur mit dem wiederkehrenden Leitmotiv vom Ende des Krieges und der Ersetzung organisierter Gewalt durch andere Formen der Konfliktbearbeitung, auch im Umgang von Kollektiven miteinander. Dieses Motiv ist sozusagen von allen Seiten betrachtet und in den verschiedensten Arrangements gespielt worden. Zwar hat es immer schon, wenn auch zumeist nur sehr leise Stimmen gegeben, die der Hoffnung ihrer Träger nach einem immerwährenden Frieden Ausdruck gaben. Jedoch wurde sie erst im Rahmen des nach-revolutionären frühbürgerlichen Optimismus in Frankreich virulent, als sich dessen Verkünder, allen voran Auguste Comte (1798-1857), in ihren geschichtsphilosophisch-soziologischen Spekulationen eine Welt ausmalten, in welcher industriell produzierter Wohlstand und Frieden herrschen.

Von Comte bis zu den Gesellschafts- und Geschichtstheoretikern heute, die wie Richard Rosecrance den Aufstieg des Handelsstaates und eines friedlichen gewordenen internationalen Systems proklamieren, zieht sich ein großer Bogen. Ob man auf die friedensstiftende Macht internationaler Wirtschafts- und Handelsbeziehungen setzt, auf die universale Ausbreitung von Demokratie und Menschenrechten, oder ob man auf die der gesamten Menschheit drohenden ökologischen Katastrophen hinweist – in all diesen Diskursen spielt militärische Macht keine oder nur eine Nebenrolle.

Der erweiterte Sicherheits-Begriff und das soft power-Konzept
In herkömmlicher Perspektive bauen Staaten ihre Streitkräfte aus, um ihr Überleben zu sichern. Heute müssen Staaten aber neue Dimensionen von Sicherheit beachten...Eine moderne nationale Sicherheitspolitik will nicht einfach das Überleben des Staates in seinen Grenzen garantieren, sondern darüber hinaus auch das wirtschaftliche Wohlergehen befördern sowie die Unabhängigkeit des Staates und

seinen internationalen Rangplatz sichern...Nationale Sicherheit ist in dem Maße komplizierter geworden, in dem Bedrohungen sich von der militärischen (d. h. die Integrität des Territoriums betreffende) Ebene auf die der Ökonomie und Ökologie verlagert haben...Die Verwundbarkeit eines Staates ist größer geworden... In herkömmlicher Perspektive sind die Streitkräfte das entscheidende Instrument der Macht. Obwohl Gewalt nach wie vor die ultimative Form von Macht in einem internationalen System ist, das auf dem Prinzip der Selbsthilfe der Staaten aufgebaut ist, ist es für die heutigen Großmächte viel zu kostspielig geworden, dieses Instrument so zu benutzen, wie das in früheren Jahrhunderten üblich war. Andere Instrumente wie Kommunikation, organisatorische und administrative Kompetenzen und die Fähigkeit, bei wachsender Interdependenz die eigenen Interessen zur Geltung zu bringen, sind zu wichtigen Machtinstrumenten geworden. Macht ist heute weniger leicht einsetzbar, beruht nicht mehr hauptsächlich auf Zwangsinstrumenten und ist immaterieller als früher.
Quelle: Joseph S. Nye, Jr.: Bound to Lead. The Changing Nature of American Power. New York (Basic Books) 1990. S. 179 ff. (eigene Übersetzung)

Diese Beobachtungen treffen zu. Jedoch darf man daraus nicht schließen, sie zeigten einen Trend an, der immer weiter und weiter expandiert, bis am Schluß die Bedeutung von Streitkräften in der Politik auf Null gesunken sein wird. Davon kann keine Rede sein, auch Nye schließt das eindeutig aus, wenn er darauf hinweist, daß physische Gewalt nach wie vor die ultimative Form der Macht sei.

Aber man kann am Verlauf der gesellschaftlichen Entwicklung der Moderne immerhin feststellen, daß der Bedarf nach kooperativeren Formen der Konfliktaustragung gestiegen ist, normativ sowieso (aber damit allein hat sich noch nicht viel verändert), vor allem aber auch als Konsequenz der größer gewordenen Verwundbarkeit moderner Gesellschaften. Diesem Bedarf ist man bis in die Mitte des 20. Jahrhunderts nur ansatzweise gerecht geworden, etwa in Nordamerika. Nach dem Zweiten Weltkrieg haben sich aber auch in Westeuropa strukturelle politische Veränderungen ergeben, welche Kriege zwischen den Staaten hier so gut wie ausschließen. Als bemerkenswertestes Beispiel hierfür gelten die deutsch-französischen Beziehungen. Sie sind in den letzten fünfzig Jahren keineswegs immer konfliktfrei verlaufen; aber welch ein Unterschied zur Zwischenkriegszeit! Auch damals gab es Annäherungen, und viele Menschen in beiden Ländern wollten von der nationalistischen und chauvinistischen Propaganda einer Erbfeindschaft nichts wissen. Dennoch dominierten zuletzt die aus den vorigen Jahrhunderten, vor allem dem 19., überlieferten Feindbilder.

Was sich im Kontext des Ost-West-Konflikts in Europa vollzog, nämlich der Übergang einer Großregion mit zahlreichen untereinander verfeindeten Staaten von einer Politik, in welcher militärische Mittel hohe Priorität besaßen, zu einer Politik der kooperativen Einbindung, das könnte und sollte sich nach dem Ende des Ost-West-Konflikts auch in der östlichen Hälfte Europas und in anderen Regionen vollziehen. Darauf hofften viele Beobachter der internationalen Politik.

Andere sahen allerdings das genaue Gegenteil voraus, ein Zurückgleiten Europas in Politikmuster des frühen 20. Jahrhunderts, wobei Streitkräfte, Rüstungswettläufe und gegenseitige Bedrohungen im Vordergrund der europäischen Politik stehen würden. Die einen wie die anderen hatten Recht und Unrecht zugleich. Einerseits ist „der Krieg nach Europa zurückgekehrt", wenn auch nur an bestimmte Orte Europas, wo das Zusammenleben verschiedener ethnischer und religiöser Gruppen seit vielen Generationen besonders konfliktreich war und wo die Herrschaft des Kommunismus diese Konflikte nicht aufgelöst, sondern lediglich mittels Repression ruhiggestellt hatte. Andererseits hat sich in Europa eine Sicherheits-Landschaft herauszubilden begonnen, in welcher inner-europäische Kriege (mit Ausnahme der Balkan-Kriege und jener auf dem Gebiet der ehemaligen UdSSR) wenn nicht undenkbar, so doch immer unwahrscheinlicher geworden sind. Vielleicht liegt in dieser Feststellung immer noch ein Rest Wunschdenken. Jedoch sind es vor allem die schon erwähnten sozio-strukturellen Gründe, die ihr Plausibilität verleihen.

1.6 Post-militärische Gesellschaft

In den sozialwissenschaftlichen Disziplinen, die sich mit dem Militär befassen, sind in den letzten Jahren von verschiedenen Autoren verallgemeinernde Überlegungen zum „Ende eines militärischen Jahrhunderts"[8] angestellt worden. Der amerikanische Militärsoziologie Charles C. Moskos stellte im November 1989 in Moskau einen Text mit einer Dreier-Typologie des Verhältnisses Streitkräfte und (moderner) Gesellschaft zur Diskussion. Dem Typus der *kriegsbereiten* Gesellschaft des 19. und 20. Jahrhunderts folgte mit dem Aufkommen der Nuklearwaffen in der bipolaren Ost-West-Konfliktstruktur der Typus der *kriegsabschreckenden* Gesellschaft. Parallel zum Verschwinden dieser Konfliktstruktur steigt der Typus der *kriegsfreien* Gesellschaft auf.

Diese drei Typen moderner Gesellschaften sind durch ihr Verhältnis zu den Streitkräften als Mittel der Politik und zum Krieg unterschieden. In typologischer, also kräftig vereinfachter Betrachtungsweise weisen die Organisationsform der Streitkräfte, das Leitbild des professionellen Offiziers, die Struktur des Verteidigungshaushalts, die Einstellung der Öffentlichkeit zu den Streitkräften und viele andere Aspekte des zivil-militärischen Verhältnisses charakteristische Unterschiede auf. Das folgende Tableau beruht auf Moskos' Typologie, verändert und erweitert sie jedoch nicht unerheblich.

---

[8] Albert Legault: The End of a Military Century? Ottawa, Ontario (International Development Research Centre) 1992.

Übersicht 1: *Streitkräfte und Gesellschaft*

Variable/ Streitkräfte	Typus der Gesellschaft		
	kriegsbereit	kriegsabschreckend	kriegsfrei
Organisationsform	Massenheer (Wehrpflicht)	Berufsheer	Kadertruppe und Reservekräfte
Hauptposten im Militärhaushalt	Personalgesamtkosten; *Low-tech*-Waffen	Pro-Kopf-Personalkosten; *High-tech*-Waffensysteme	Ausbildung und Reserve-Infrastruktur
Zugehörigkeitsgefühl	Streitkräfte als besondere Institution (*sui generis*)	Streitkräfte als normaler Arbeitgeber	Geteilt: Loyalität gegenüber den Werten der Gesellschaft, aber auch besonderes Gruppenbewußtsein
Ursachen von Spannungen in den Streitkräften	Rolle der Teilstreitkräfte	Etatverteilungskämpfe	Zielverlagerung und Auftragspalette
Kriegsdienstverweigerung aus Gewissensgründen	begrenzt bzw. zulässig	generell erlaubt	eingeordnet unter Zivildienst (als Problem obsolet)
Militärische Rekrutierung	repräsentativ aus jungen Männern aller Schichten (Wehrpflicht)	von Angebot und Nachfrage auf dem Arbeitsmarkt abhängig (Berufsarmee)	repräsentativ aus jungen Erwachsenen aller Schichten (Berufsarmee)
Einstellung der Öffentlichkeit gegenüber dem Militär	stützend	teilnahmslos	wechselhaft
Einstellung der Intellektuellen gegenüber dem Militär	feindlich	skeptisch bis ablehnend	skeptisch bis teilnahmslos
Vorherrschender Typ des Berufssoldaten	Truppenführer (Kämpfer)	Techniker als Führungskraft (Manager)	Wissenschaftlich gebildeter Soldat/Kämpfer
Einstellung des Militärs gegenüber Rüstungskontrolle und Abrüstung	feindlich	skeptisch	teilnahmslos
Distanz zwischen ziviler Gesellschaft und den Streitkräften	gering (klare Feindbilder	abhängig von der Glaubwürdigkeit der Strategie und der Intensität des Feindbildes	groß (außer zu Zeiten humanitärer Erregung)

Quelle: Charles C. Moskos: Streitkräfte in einer kriegsfreien Gesellschaft. In: S+F Sicherheit und Frieden, 8. Jg. 1990, N° 2, S. 111 (von mir verändert und erweitert)

Diese Typologie lädt, das haben solche Versuche nun einmal an sich, zu kritischen Nachfragen und Einwänden ein. So liegt auf der Hand, daß Moskos, wenn er die Streitkräfte in den *kriegsabschreckenden* Gesellschaften als Berufsheere charakterisiert, vor allem die US- und die britischen Streitkräfte im Visier hat. Ein anderer Einwand bezieht sich z. B. auf die Kennzeichnung der Bewaffnung von Streitkräften in *kriegsbereiten* Gesellschaften als „*low-tech*" – tatsächlich haben sich die Streitkräfte der sich industrialisierenden Länder im 19. und 20. Jahrhundert immer der jeweils modernsten Techniken bedient. In der politischen Wirklichkeit vermischen sich die Typen im übrigen.

Jedoch erfassen die Differenzierungen von Moskos viele wichtige Veränderungen im Verhältnis Zivilgesellschaft/Streitkräfte, gerade auch im Blick auf die Bundeswehr. Man kann hier nämlich feststellen, daß die Gründungsüberlegungen und die ersten Aufbaupläne für die Bundeswehr noch weitgehend von der Vorstellung diktiert wurden, man benötige Streitkräfte für eine *kriegsbereite* Gesellschaft. Allmählich begann dann die Perspektive der Kriegsabschreckung zu dominieren, und ab 1990 werden die Züge der Bundesrepublik als *kriegsfreier* Gesellschaft ganz deutlich erkennbar, die, wie es in einem hübschen *bonmot* ausgedrückt wurde, „von Freunden umzingelt" sei.

Die allmähliche Ausbildung eines westlichen Gesellschaftstyps, für den es funktional ist, möglichst wenig mit Krieg in Berührung zu kommen, und in dem infolgedessen die Streitkräfte zwar nicht abgeschafft, aber doch gewissermaßen an den Rand der Gesellschaft geschoben werden, konstatiert auch der britische Soziologe Martin Shaw. Auch für ihn sind das Verblassen und die Beendigung des Ost-West-Konflikts ein fundamentaler historischer Einschnitt. Daß sich moderne Gesellschaften, wenn auch keineswegs im gleichen Tempo, auf einen postmilitärischen Zustand hinbewegen, läßt sich seiner Vorstellung nach empirisch beobachten. Diese Entwicklung hat schon unter dem Vorzeichen der gegenseitigen Nuklearbedrohung im Ost-West-Konflikt eingesetzt. Schon damals begann ein Prozeß, in dessen Verlauf die Streitkräfte dieser Gesellschaften kleiner wurden, das Rekrutierungsmittel der allgemeinen Wehrpflicht obsolet zu werden begann und die eigentlichen kriegerischen Aufgaben von den kämpfenden Soldaten auf die Kriegstechnik verlagert wurden. All dies hat sich in den letzten Jahren weiter beschleunigt.

Die Marginalisierung des Militärischen im sozialen Alltag
Der andere Aspekt der post-militärischen Gesellschaft liegt in der Öffnung und Expansion eines Raums für ein vom Militärischen unberührt bleibendes Leben. Wirtschaft und Kultur sind im Laufe des Nuklearzeitalters immer wichtiger geworden und haben den Individuen und sozialen Gruppen erlaubt, ihre entscheidenden Interessen weitgehend unabhängig vom Staat zu verfolgen. Die hochtechnologische Kriegsvorbereitung hat die Ansprüche des Staates an die Gesell-

schaft reduziert. Junge Männer brauchen nicht wie frühere Generationen den Tod auf dem Schlachtfeld in der Blüte ihrer Jahre zu befürchten.
Quelle: Martin Shaw: Post-Military Society. Philadelphia 1991, S. 184 (eigene Übersetzung)

An dieser Stelle sind zwei wichtige Einschränkungen zu machen:

- Ob *kriegsfrei* oder *post-militärisch* genannt, moderne Gesellschaften sind weder gegenwärtig durch und durch *friedliche* Gesellschaften, noch werden sie es in absehbarer Zukunft werden. Intern und untereinander gibt es Interessendivergenzen und Konflikte. Die Vorstellung eines friedlich-paradiesischen Miteinanders von Individuen, Gruppen und Staaten bleibt außerhalb des Bereichs verwirklichbarer Politik, bleibt Utopie (und deswegen zwar verführerisch, aber wegen ihrer unsichtbaren Kosten nicht eigentlich wünschbar).
- Auch wenn sich am Ausgang des 20. Jahrhunderts die Zahl der Gesellschaften und Staaten, auf die man die Adjektive *kriegsfrei* und *post-militärisch* mit einiger Berechtigung anwenden kann, noch einmal erhöht hat[9], bleiben es doch relativ wenige. Das internationale System ist alles andere als kriegsfrei; im Gegenteil: auch die Zahl der in der Terminologie von Moskos *kriegbereiten* Gruppen und Gesellschaften hat zugenommen. Es wäre also völlig illusionär, den *kriegsfreien* Gesellschaften die Abschaffung oder auch nur drastische Reduzierung ihrer Streitkräfte zu empfehlen. Sie benötigen sie allerdings nicht zuletzt auch für eine andere Kategorie von Aufgaben.

1.7 Fragestellungen und Ausgangsthesen

These 1: Die Geschichte der Bundeswehr und die Entwicklung des zivilmilitärischen Verhältnisses in der Bundesrepublik Deutschland lassen sich angemessen nur verstehen, wenn man beides als Konsequenz eines Bruchs mit der alles Militärische betonenden deutschen Geschichte vor 1945 versteht.
Die deutsche Politik stand seit der Reichsgründung 1871 bis 1945 unter dem Vorzeichen einer Überbetonung der Bedeutung des Militärischen für die innere und die auswärtige Politik. Daß andere Gesellschaften ein ähnliches Vorzugs-Verhältnis zu den militärischen Mitteln der Politik entwickelten und daß die politische Kultur in Deutschland immer auch eine militär-skeptische Seite aufwies, soll hier nur angemerkt werden, um Simplifizierungen zuvorzukommen.

---

[9] Samuel P. Huntington hat diesen Veränderungsprozeß in einer etwas anderen Perspektive und zweifellos viel zu euphorisch als „dritte Welle der Demokratisierung" bezeichnet. Vgl. Samuel P. Huntington: The Third Wave. Democratization in the Late 20th Century. Norman (University of Oklahoma Press) 1991.

Mehr als nur ein Exkurs in die subjektive Seite der Militärwelt soll die Gegenüberstellung bestimmter Arten von Erfahrungen und Erwartungen an Militär und Streitkräfte sein (Kap. 2). Die Geschichte der Bundeswehr ist von drei unterschiedlichen Erfahrungsarten geprägt, den Kriegserfahrungen der Jahre 1939-1945, den Erfahrungen der Kriegsabschreckung von 1956 bis 1990 und schließlich den Erfahrungen einer Kriegsführungs-Strategie zum Zwecke der Deeskalation im Rahmen von Friedensmissionen nach 1991/92.

Je weiter der Zweite Weltkrieg zurückliegt, desto weniger prägt er das professionelle Selbstbild der Bundeswehr. Aber in ihren ersten Jahren stand die Bundeswehr, teils in Fortführung dort gesammelter Erfahrungen, teils in Abgrenzung dazu, unter dem Eindruck dieses Krieges. Ein knapper Rückblick auf die preußisch-deutsche Geschichte des Verhältnisses zwischen Streitkräften und Politik (Kap. 3) bildet deshalb die Folie, vor welcher die nationale und internationale Nachkriegskonstellation und der Aufbau der Bundeswehr (Kap. 4) dargestellt werden.

These 2: Der Neuaufbau der Streitkräfte war ein Unternehmen, das die deutsche Öffentlichkeit ungern begann, weniger aus einer pazifistischen und anti-militärischen Einstellung, vielmehr vor allem aus einer Art politischem Quietismus heraus. Das ist die vielzitierte „Ohne mich"-Haltung.

These 3: Es war vor allem der Ost-West-Konflikt und damit eine internationale und sicherheitspolitische Konstellation, welche die deutsche Wiederbewaffnung bewirkte. Sie konnte aber nur in Gang gebracht werden, weil die neuen Streitkräfte von außen, aber auch von innen auf überzeugende Weise demokratisch kontrolliert werden würden. Westdeutsche Streitkräfte würden anders sein müssen als ihre Vorgänger-Organisationen, oder es würde sie nicht geben.
Deshalb muß zunächst einmal das Verhältnis zwischen Streitkräften und Demokratie analysiert werden. Lassen sie sich überhaupt in Einklang miteinander bringen oder bleiben Streitkräfte immer und grundsätzlich ein organisatorischer Fremdkörper in der Demokratie (Kap.5)? Danach werden werden im mittleren Teil der Untersuchung wichtige binnen-gesellschaftliche Aspekte der neuen deutschen Streitkräfte zur Sprache gebracht: das verfassungsrechtliche Profil der Bundeswehr (Kap. 6), das Konzept oder Konzept-Gefüge der Inneren Führung (Kap.7) und das Rekrutierungssystem der Wehrpflicht samt dem Recht auf Kriegsdienstverweigerung (Kap. 8).

These 4: Die Konzeption der Innere Führung gehörte in den fünfziger Jahren und sie gehört auch noch heute zu den innovativsten und kreativsten politischen Neuerungen der Bundesrepublik Deutschland, in ihrer Bedeutung

vergleichbar etwa dem wirtschafts- und gesellschaftspolitischen Konzept der Sozialen Marktwirtschaft.
In diesem Mittelteil der Untersuchung müssen auch die finanziellen und ökonomischen Aspekte von Rüstung und Streitkräften in den Blick genommen werden (Kap. 9).

These 5: Trotz vieler Probleme beim Aufbau der Bundeswehr, auch einiger öffentlich vehement diskutierter Skandale, ist die Implementierung eines neuen zivil-militärischen Verhältnisses erfolgreich gewesen. Ja, gerade der nicht abreißende Streit zwischen den Reformern und den Traditionalisten innerhalb und außerhalb der Bundeswehr ist ein erfreuliches Zeichen dieser demokratischen Öffnung.

These 6: Außerdem hat die Bundeswehr in einem für nationale Streitkräfte ungewöhnlich hohen Maße ein multilaterales Bündnis-Bewußtsein ausgebildet.
Das war nun alles andere als selbstverständlich. Nahegelegen hätte doch ein national-konservatives und sich mit der deutschen Teilung nicht abfindendes politisch-militärisches Sonderbewußtsein, eine Art Trotzhaltung gegenüber der internationalen Konstellation, wie es die Reichswehr nach 1918 ausgebildet hatte. Dazu hat es in den Streitkräften so gut wie keine Ansätze gegeben. Obwohl doch die verschiedenen Versionen der Doktrin nuklearer Abschreckung eine für Deutschland ungemein ungünstige Situation im nuklearen Ernstfall absehen ließen.
Auf diese Probleme und Widersprüche wird im folgenden Block eingegangen, wo es um außen- und sicherheitspolitische Aspekte der Bundeswehr geht. Zunächst wird, unter Rückgriff auf die oben vorgestellte Typologie von Moskos, die Bundeswehr als Muster für *kriegsabschreckende* Streitkräfte untersucht, wobei eine pointierte Diskussion wichtiger Abschnitte der Entwicklungsgeschichte nuklearer Abschreckungsdoktrinen im westlichen Bündnis nicht fehlen darf (Kap. 10).

These 7: Die Raison der Bundeswehr lag bis zum Ende des Ost-West-Konflikts eindeutig in ihrem Beitrag zur Abschreckung.
Seit dem Beginn der achtziger Jahre zerbröckelten die Fundamente der Strategie nuklearer Abschreckung langsam, dann immer rascher, ein Prozeß, der auch das Selbstverständnis der Bundeswehr und ihrer Soldaten nachhaltig beeinflußte. Der Erosionsprozeß verlief allerdings völlig anders, als es die Kritiker der westlichen Militärstrategie wünschten und voraussahen – am Ende dieses Jahrzehnts kam, weil das östliche Lager kollabierte, der Ost-West-Konflikt an sein Ende. Eine Folge davon war die Vereinigung Deutschlands und davon ein Teilvorgang die Übernahme der Nationalen Volksarmee (NVA) der DDR durch die Bundeswehr.

These 8: Die Übernahme der NVA glückte trotz erheblicher dienstrechtlicher und finanzieller Schwierigkeiten und gefährdete die demokratische Kompatibilität der Bundeswehr zu keinem Zeitpunkt.
Mit dem Ende des Ost-West-Konflikts veränderten sich die Prämissen der Sicherheitspolitik. Dies gilt für alle Länder, aber in ganz besonderem Maße für das vereinigte Deutschland, von dem nun die Beteiligung an multinationalen Ordnungsmaßnahmen erwartet wird. Die Umformulierung der deutschen Sicherheitspolitik, die entsprechenden organisatorischen Veränderungen der Bundeswehr und die Weiterführung gegenwärtiger, in der Diskussion befindlicher Reformvorstellungen ins 21. Jahrhundert hinein sollen zum Schluß behandelt werden (Kap. 11).

These 9: Mit dem Ende des Ost-West-Konflikts verlor sich der Charakter der Bundeswehr als Abschreckungsstreitmacht. Der Korb mit neuen militärischen Aufgaben und Einsatzarten, allesamt Variationen der Deeskalations-Strategie, verlangt eine grundlegende Neuorientierung der gesamten Organisation, des Bildes vom Soldaten, seiner Ausbildung und Ausrüstung und seiner Kooperations-Flexibilität in multinationalen zivil-militärischen Kontexten.
Als Fazit werden eine Reihe aktueller Kontroversen aufgegriffen und unter dem Gesichtspunkt analysiert, ob das Mischungsverhältnis von herkömmlichem soldatischen Professionalismus und dem neuen Selbstverständnis als Soldaten in einer *kriegsfreien* Gesellschaft den normativen Vorgaben einer demokratischen Politik im 21. Jahrhundert gerecht wird.

These 10: Es sind gerade die Erfahrungen mit der Inneren Führung sowie das europäische und transatlantische Bündnis-Bewußtsein in der Bundeswehr, die ihr die Umstellung auf die neuen sicherheitspolitischen Aufgaben erleichtern. Beides, in den fünfziger Jahren den deutschen Streitkräften als geradezu avantgardistische Konzepte aus politischen Gründen aufgedrungen und eingeprägt, erweist sich heute als wie geschaffen für die neuen Herausforderungen an die Streitkräfte in den vor uns liegenden Jahrzehnten.
Diese Thesen werden in den folgenden Kapiteln überprüft werden. Zwei Fragestellungen sollen dabei den Prüfvorgang voranbringen, eine empirische und eine normative. Die empirische Fragestellung lautet: **Wo liegen die entscheidenden Gründe für die „demokratische Erfolgsgeschichte" der Bundeswehr in Deutschland?** Und die normative Fragestellung läßt sich so formulieren: **Wie lassen sich militärische Effizienz und Demokratie-Kompatibilität deutscher Streitkräfte optimieren?**

2. Soldaten zwischen Krieg und Frieden

Nur ein kleiner Teil aller Menschen, Zeitgenossen wie Vorfahren, hat keinerlei direkte Erfahrungen mit dem Krieg und mit organisierter physischer Gewalt zu machen brauchen. Deshalb erscheint es sinnvoll, die eher abstrakte Ebene soziopolitischer Strukturen erst einmal zu verlassen und auch die persönliche Erfahrungsebene in den Blick zu nehmen.

Die Erfahrungen mit Krieg, von Männern, Frauen und Kindern, von Soldaten und Nicht-Soldaten, von Kommandierenden und von in der militärischen Hierarchie eher unten angesiedelten Soldaten, sind allerdings so vielfältig, daß sie sich nicht zusammenfassen lassen. Es handelt sich im Gedächtnis der Betroffenen nicht nur um negativ akzentuierte Erfahrungen. Ob ein Krieg im Bewußtsein derjenigen, die ihn durchgemacht haben, als gewonnen oder verloren gedeutet wird, hat großen Einfluß auf ihre rückwirkende Einstellung zum Sinn dieses Krieges (wobei es keineswegs so ist, daß verlorene Kriege immer nur als sinnlos erscheinen müssen).

2.1 Konservierte Erfahrungen I: Krieg

Jedem Menschen begegnet irgendwann in seinem Leben der Krieg. Die Kulturgeschichte der Menschheit verfügt über ein schier unermeßliches Archiv an mündlich oder schriftlich, seit neuestem auch mittels photographischen Bildern überlieferten Erfahrungen mit dem Krieg. Solche Zeugnisse sind ganz verschieden, kunstlos-unmittelbar, das Ergebnis von künstlerischer Verarbeitung der Kriegserfahrung oder der Versuch einer historisch systematischen Reflexion darüber. In der Früh-Geschichte des okzidentalen Europa stellen etwa die *Ilias* des Homer oder die Darstellung des Peleponnesischen Krieges zwischen Athen und Sparta aus der Feder von Thukydides besonders aufschlußreiche Dokumente zur Kriegsführung dar. Aber konservierte Kriegs-Erfahrungen gibt es seither bis zur Gegenwart in Überfülle, man denke nur an Jakob Christoffel von Grimmelshausens Schilderung des Dreißigjährigen Krieges in seinem Werk *Simplicius Simplicissimus*, an Ernst Jüngers Bücher über den Ersten Weltkrieg oder, um ein etwas trivialeres Beispiel aus den 50er Jahren anzuführen, die *0/8/15-Trilogie* von Hans-Hellmut Kirst.

Erwähnt wird das hier auch deshalb, weil es in Deutschland seit 1945 keinen Krieg gegeben hat. Deutsche Streitkräfte wurden nach 1990 zwar einige Male bei multinationalen Friedensmissionen eingesetzt, von denen allenfalls der NATO-Einsatz im Kosovo im Frühjahr 1999 als Kriegseinsatz bezeichnet werden kann. Fast zwei Generationen von Deutschen haben nur indirekt vom Krieg erfahren, aus den Erzählungen ihrer Eltern und Großeltern und aus den Medien.

Dieser (wenn man so will) Erfahrungsmangel ist ein Privileg, eines, das in der Geschichte nicht nur Europas ganz und gar untypisch ist. Wenn wir, und das schließt den Autor dieses Textes ein, über Militär und Krieg nachdenken und darüber reden, dann tun wir das in der Regel ohne eigene Erfahrungen mit dem Krieg (sei es als Soldat oder als Zivilist). Das macht unsere Überlegungen nicht weniger relevant oder gar falsch, aber es scheint manchmal eine kleine Versuchung zur Selbstgerechtigkeit mit sich zu bringen. Der wollen wir widerstehen. Freilich wäre es auch ganz verrückt, würde dieser Erfahrungsmangel als persönliches oder kollektives Defizit empfunden. Wir müssen uns jedenfalls darüber klar bleiben, daß uns eine Dimension persönlicher Erfahrung fehlt, die Millionen von Zeitgenossen in anderen Ländern und auf anderen Kontinenten gemacht haben und auch heute und morgen durchstehen müssen.

Für die politische Kultur der Bundesrepublik Deutschland und das Verständnis von Krieg und Soldatenberuf sind – bis heute – in erster Linie die Erfahrungen aus dem Zweiten Weltkrieg wichtig, weil sie, gleichviel ob formuliert oder verdrängt, heroisiert oder verdammt, die öffentlichen Vorstellungen darüber geprägt haben, wie die Bundeswehr werden (oder auf keinen Fall werden) sollte. Alle soldatische Gegenwart und Zukunft wird in Deutschland heute und noch auf längere Zukunft vor allem an den Erfahrungen der Wehrmacht im Zweiten Weltkrieg gemessen. Und die grellsten dieser Erfahrungen sind solche des Zusammenbruchs.

Aus einem Tagebuch
5. September 1944 / Dienstag
Der militärische Zusammenbruch im Westen hat nicht seinesgleichen. Invasion und innerer Aufstand breiten sich aus wie eine Flut, schon sind Frankreich und Belgien zum größten Teil davon überschwemmt. ...Wie im eigenen Körper spürt man das Fieber der Krise. Eilends zusammengerafft, wurden vor einigen Tagen die Vierzehn-bis Sechzehnjährigen zum Schanzen in die Grenzgebiete am ‚Westwall' geworfen, wo sie wie Frontsoldaten den Geschoßgarben und Bomben der Tieffflieger ausgesetzt sind; die Alten folgen ihnen...
Quelle: Emil Barth: Lemuria. Aufzeichnungen und Meditationen. Gesammelte Werke, Bd. II. Wiebaden (Limes Verlag) 1960, S. 488.

Aus der Perspektive eines Sechzehnjährigen
Im Sommer 1944 wurde ich, sechzehn Jahre alt, Soldat. In kurzen Hosen mit meinem Pappkoffer reiste ich an. Als die Ausbildung abgeschlossen war, kam ich –

jetzt siebzehn Jahre alt – zum Einsatz an der Ostfront. Nach mehrtägigem, sinnlos anmutendem Hin und Her, schließlich nach Absatzbewegungen, geriet die gesamte Kompanie unter Beschuß einer sowjetischen Werferbatterie, auch Stalinorgel genannt. Die Kompanie – Sturmgeschütze und Panzergrenadiere – hatten in einem Jungwald, so hieß es, Bereitstellung bezogen. Der sowjetische Beschuß mag drei Minuten lang gedauert haben. Danach war über die Hälfte der Kompanie tot, zerfetzt, verstümmelt. Die meisten Toten, die Zerfetzten, Verstümmelten waren wie ich siebzehn Jahre alt. Seitdem kenne ich die Angst. Seitdem weiß ich, daß ich nur zufällig lebe. Jeder Krieg ist mir seitdem vorstellbar. Leicht kam meiner Generation nach dem Krieg die beschwörende Formel über die Lippen: ‚Nie wieder Krieg!'

Quelle: Günter Grass: Den Widerstand lernen, ihn leisten und zu ihm auffordern, in: F.H.U. Borkenhagen (Hg.): ‚Wehrkraftzersetzung'. Offiziere äußern sich zur Heilbronner Erklärung. Reinbek (Rowohlt Taschenbuch Verlag) 1984, S. 10 f.

Streitkräfte im Krieg und Soldaten im Kampf – aus den Zeugnissen derer, die dabei gewesen sind, die selbst als Kriegsopfer starben, den Krieg als Versehrte und Krüppel überlebt haben oder, wie die häufig benutzte Formel lautet, *die noch einmal davongekommen sind*, geht als durchgängiges Merkmal eine besondere Intensität, Erfahrungsdichte hervor. Das Erlebnis des *totalen Krieges* als Soldat, aber auch oft genug als Zivilist bedeutet eine Umprägung des Menschen. Wer überlebt, in dem bleibt dieses Erlebnis sozusagen glühend präsent, auch wenn er es aus dem Bewußtsein verbannen möchte. Dabei macht es keinen großen Unterschied, ob die Erinnerung an den Krieg das eigene Erleben verklärt oder zur bitteren Überzeugung von der Sinnlosigkeit und der Destruktivität jenes Geschehens und vielleicht dann auch jeglichen Krieges wird. Beide Arten der Erinnerung widersprechen einander scharf, aber die eine wie die andere können für sich Authentizität reklamieren.

Freilich verändert sich die Erinnerung mit der Zeit. Es werden Umdeutungen vorgenommen, die herrschende Meinung interpretiert bestimmte Züge der Vergangenheit neu, und wenn das nur nachdrücklich genug geschieht, folgt ihr das Gedächtnis der Individuen. Deswegen ist das resonanzreiche Unternehmen einer Foto-Ausstellung über die Verbrechen der Wehrmacht – das Hamburger Institut für Sozialforschung hat damit in der zweiten Hälfte der neunziger Jahre in Deutschland Schlagzeilen gemacht – zu einer Art Gedächtnis-Archäologie geworden. Die ehemaligen Soldaten der Wehrmacht, die mit dem Material und der darauf aufbauenden These vom verbrecherischen Charakter der Streitkräfte im sogenannten Ostfeldzug konfrontiert wurden, haben darauf ganz unterschiedlich reagiert. Manche holten Verdrängtes in ihre Erinnerung zurück, manche hielten sich Einsprüche gegen ihr Erinnerungsvermögen und ihre Erinnerungsversionen vehement vom Leibe. Die Vielfalt der Reaktionen derjenigen, die den Krieg mitgemacht haben, wäre einer besonderen Untersuchung wert. Hier geht es nur darum festzuhalten: Wer Militär und Krieg miterlebt hat, bleibt davon gezeichnet.

Man ist versucht zu denken, daß Militär und Krieg spezifisch männliche Erlebniswelten sind. Daran ist richtig, daß es meist Männer sind, die sich in Organisationen physischer Gewalt auf den Krieg vorbereiten (müssen) und die in den Krieg ziehen. Dennoch wurden auch Frauen immer wieder in das Kriegsgeschehen hineingezogen: – als Opfer persönlicher Attacken, als Hinterbliebene, als Pflegepersonal in offizieller und privater Funktion, in militärischen Hilfsdiensten und in der Gegenwart zunehmend auch als ganz normale Angehörige der Streitkräfte. (Hinter diesem *ganz normal* verbirgt sich eine langanhaltende Diskussion, auf die noch zurückzukommen ist.) Für Frauen stand immer die Rolle der Zurückbleibenden zur Verfügung, die in der Kriegszeit vermehrt Verantwortung für die Abwicklung der Erfordernisse des Alltags übernahmen (was man schon bei dem griechischen Komödiendichter Aristophanes nachlesen kann). Frauen haben ihre Version der Intensität des Kriegserlebens wohl fast immer als Mehrbelastung verspürt.

2.2 Konservierte Erfahrungen II: Soldat im Frieden

Es gibt für Soldaten aber noch eine andere Art Militär-Erfahrung, die sich erheblich vom Erlebnis des Krieges unterscheidet, nämlich die Erfahrung militärischen Alltags in der Kaserne im Frieden. Eine Erfahrung also, die bis zur Übernahme der ersten Friedens-Missionen seitens der Bundeswehr die Berufs- und Lebenswelt ihrer Angehörigen während ihrer Dienstzeit bestimmt hat.

Moderne Streitkräfte im Frieden können sich weitgehend so verhalten wie andere bürokratische Groß-Organisationen auch; sie müssen es sogar. Am ehesten noch finden sich Besonderheiten auf der untersten Hierarchie-Ebene, bei den neu einrückenden Soldaten, Rekruten genannt. Diese, gleichviel ob als freiwillige Berufsanfänger oder als Wehrpflichtige, werden mit ziemlichem Nachdruck aus ihrer zivilen Lebenswelt heraus- und in die Kasernenwelt hineinversetzt. Diesem Vorgang, die Anfangsphase militärischer Sozialisation, scheint etwas geradezu Überzeitliches anzuhaften. Jedenfalls unterscheiden sich hier die Streitkräfte unterschiedlicher Epochen und unterschiedlicher Gesellschaften der Moderne am wenigsten.

Rekrut 1985
Am allerersten Abend, man ist kaum angekommen, hallen mehrere Stunden lang die Befehle ‚Rührt Euch' – ‚Stillgestanden' durch den Gang. Und wehe, es klappt nicht bald haargenau, zentimetergenau – dann donnert's. Am nächsten Morgen heißt es Betten machen; nicht einfach ordentlich, nein, ein Muster muß es schon sein: Das Kopfkissen eingeklappt und die Kanten astrein, natürlich keine Welle im Bettuch. Und ‚hoffentlich läuft das bald'. Es fragt einer, ob er mal auf die Toilette gehen darf. Der Unteroffizier sagt ja, der Rekrut geht. ‚Aaachtung' tönt es sogleich

und ‚Was haben wir vergessen?'. Dem Armen fällt zu seinem Glück ein, daß es heißen muß: ‚Flieger X, Herr Unteroffizier, ich melde mich ab zur Toilette' und der Vorgesetzte darauf: ‚Na bitte und jetzt weg'. Will man zur Sanitätsstaffel, und sei es zu zweit, so dröhnt es bald hinter einem her: ‚Reihe aufmachen und im Gleichschritt!' Nicht zu vergessen die Spinde. Ordentliches Falten genügt nicht. Nein alles auf DIN A 4 und kantig – versteht sich.

Quelle: Claus Kreß, in: F. H. U. Borkenhagen (Hg.): Bundeswehr – Demokratie in Oliv? Streitkräfte im Wandel. Bonn (J.H.W. Dietz Nachf.) 1986, S. 91.

Für Wehrpflichtige, die zur Bundeswehr einrücken (man beachte die aus früherer Zeit stammende Vokabel!), gehören die ersten Wochen und Monate – eben die Rekrutenzeit – in der Regel zu den tief einschneidenden Erfahrungen. Denn ‚beim Barras' ist für sie zunächst einmal alles anders; selbst so elementares Verhalten wie Gehen, Stehen oder Grüßen muß neu gelernt werden. Der Rekrut, der seine Unterhosen im Spind auf DIN A 4-Format faltet oder sich eine zweite Zahnbürste zulegt, die er niemals benutzen, aber immer vorzeigen wird, wenn der *Spieß* (Kompanie-Feldwebel) die Sauberkeit der Waschsachen der Rekruten kontrolliert, hat in diesen Augenblicken gewiß andere Sorgen als die, welche im Vordergrund der öffentlichen politischen Debatten über die Streitkräfte stehen.

Ob die Bundeswehr zu viel Geld kostet, ob sie mit den richtigen Waffen ausgerüstet ist, ob ihr Umfang angesichts der finanziellen Knappheit im Bundeshaushalt und der allgemeinen demographischen Entwicklung Deutschlands reduziert werden muß, ob man die Wehrform grundsätzlich ändern und die allgemeine Wehrpflicht abschaffen soll – lauter Fragen, für die er zu Beginn seiner Wehrpflicht-Zeit meist nur ein Achselzucken übrig haben dürfte.

Vielleicht mit Ausnahme der letzten Frage – denn ohne die Wehrpflicht wäre er ja nicht in der Bundeswehr. Wenn er dann den Umgewöhnungsprozeß schon einigermaßen überstanden hat, in einer späteren Phase seiner Ausbildung, wird sich mancher Wehrpflichtige oder auch freiwillig auf längere Zeit dienender Soldat wohl schon eher damit beschäftigen herauszufinden, warum alles so ist, wie es ist: die militärische Disziplin, die im soldatischen Alltag zwar abgemilderte, aber im Grundsätzlichen eben doch rigoros die Beziehungen zwischen Vorgesetzten und Untergebenen prägende *Befehl-Gehorsam-Struktur*, bestimmte Rituale und Zeremonien vom Marschgesang über das öffentliche Gelöbnis und den Großen Zapfenstreich bis hin zu den Symbolen militärischer Tradition wie Fahnen, Kasernen-Namen, Ehrenzeichen usw. Aus der zivilen, bürgerlichen Perspektive betrachtet, haftet dieser Militärwelt leicht etwas Exotisches an. Das ist das Ergebnis des Zusammentreffens größerer, das soldatische Bewußtsein und das Verhalten der Soldaten prägenden Traditionsbestände mit der hochmodernen Technologie von Waffen und Geräten. Die Integration dieser beiden Seiten der Militärwelt ist eine alltägliche Herausforderung für die Streitkräfte.

2.3 Erste soldatische Sozialisation

Nicht nur wehrpflichtige, sondern alle Soldaten, die in ihrer Rekrutenzeit ja militärische Lehrlinge oder, wie es jetzt heißt, Auszubildende sind, empfinden die ersten Tage und Wochen in den Streitkräften zumeist als verwirrend und schwierig. Im Übergang von der Schule ins Berufsleben gibt es zwar immer einen mehr oder weniger großen Praxisschock. Der ist aber besonders dramatisch, wenn man Soldat wird.

Rekrut in einer ‚totalen Institution'?
Die soziale Situation des Rekruten zeichnet sich zunächst aus durch die zwangsweise Ausgliederung aus der bisherigen sozialen Umwelt und die Eingliederung in ein mehr oder weniger geschlossenes soziales System, das ihm die Übernahme bestimmter Einstellungen und Verhaltensweisen aufzwingt. Den institutionellen Rahmen hierfür stellt die totale Institution bereit, wie sie von Goffman ausführlich beschrieben wurde: Vereinigung aller Lebensbereiche der Insassen (Arbeits-, Wohn- und Freizeitbereiche) an einem Ort, Regulierung aller Aktivitäten nach einem Plan und durch eine einheitliche Autorität (vorwiegend als Gruppenaktivität), Reglementierung dieser Aktivitäten bis ins Detail durch ein System formaler Regeln und Vorschriften, Isolierung von der Umwelt (was zugleich die zeitweilige Aufhebung von anderen Rollenverpflichtungen bedeutet), die Unmöglichkeit einer privaten Lebensweise bei der Unterbringung in Gemeinschaftsräumen sowie die scharfe Trennung von Vorgesetzten und Untergebenen durch die Errichtung einer Kommunikationsbarriere zwischen beiden Gruppen.
Die totale Institution weist den Neuling durch eine Reihe von Eintrittsprozeduren drastisch auf seine neue Situation hin. Der ‚Mortifikationsprozeß', wie Goffman diese Eintrittsprozeduren nennt, weist zwar auch Beziehungen auf zu organisatorisch-technischen Erfordernissen des Systems, hat aber vor allem die Funktion, dem Neuling klarzumachen, daß von nun an für ihn ein ‚neues Leben' beginnt und er sein altes hinter sich zu lassen hat. Symbolisiert wird dieser Prozeß der Entkleidung von bisher gewohnten Rollenverpflichtungen durch die Vertauschung der zivilen Kleidung mit der Uniform.
Quelle: Hubert Treiber: Wie man Soldaten macht. Sozialisation in ‚kasernierter Vergesellschaftung'. Düsseldorf (Bertelsmann Universitätsverlag) 1973, S. 99.

Leser, die selbst diese Umbruchphase durchlebt haben, werden sich vermutlich durch diese Passage trotz ihrer soziologischen Fachterminologie lebhaft an ihre eigenen Erfahrungen als Rekruten erinnert fühlen. Der Umstellungs-Schock ist weitgehend unabhängig davon, ob man der Bundeswehr und allem Militärischen gegenüber eher positiv oder eher skeptisch eingestellt ist. Zwar mag die Einführung des Konzepts der ‚totalen Institution' (Goffman reklamierte diesen idealtypischen Begriff für Einrichtungen wie Gefängnisse, psychiatrische Anstalten, Klöster und eben Kasernen) auf Nicht-Soziologen irritierend und vielleicht sogar beleidigend wirken. Das war übrigens keineswegs beabsichtigt. Aber an dieser Charakterisierung ist auch dann noch etwas Richtiges, wenn man im Blick auf die Bundeswehr eine relativ große Zahl von Lockerungen konstatiert, die eingeführt worden sind, um den Umbruch vom Zivil- ins Militärleben sanfter zu machen. (Eine davon besteht schlicht in der Abkürzung der Rekrutenzeit. Wenn der Wehrdienst insgesamt kürzer wird, wird es auch die Rekrutenzeit – gegenwärtig umfaßt sie gerade noch die ersten beide Monate in der Kaserne, weitere Verkürzungen sind nicht ausgeschlossen.)

Nach einigen Ausbildungswochen, in denen der Rekrut nicht zuletzt eine Reihe individueller und sozialer Basis-Fertigkeiten ‚neu erlernt', z. B. das Gehen, das Grüßen, die Ordnung der persönlichen Dinge, mutiert er zum jungen Soldaten, und danach verliert sich viel von dem „besonders hohen Maß an Restriktivität"[1] der ersten Wochen. Viele Soldaten der Bundeswehr, es kursiert die Zahl von 50 %, gehören z.B. in die halb formale, halb informelle Kategorie der *Heimschläfer*. Dieses etwas tumbe Wort besagt, daß die Soldaten nach Dienstschluß die Kaserne verlassen und bis zum Dienstbeginn am nächsten Tag zu Hause sind. Vielleicht ist auch das ein Grund dafür, daß sich viele Wehrpflichtige ein paar Monate später gar nicht ungerne an den „Drill" der Rekrutenzeit erinnern.

Und am Ende ihrer aktiven Wehrdienstzeit, das meist ziemlich lautstark und poltrig gefeiert wird (auch das ein traditionelles Ritual), gerät der Rückblick manchmal schon ein wenig nostalgisch. Sieht man einmal von den Berufssoldaten und den längerdienenden Freiwilligen ab, sowie von denen, die später über Reserveübungen mit der Bundeswehr in engerem Kontakt bleiben, dann wird man von der großen Mehrheit der jungen Männer, die in der Bundeswehr gedient haben, sagen können, daß die Erfahrungswelt des Militärs bald in den Hintergrund tritt. Übrigens ohne daß sich die Einstellungen und Verhaltensweisen dieser jungen Männer durch den Wehrdienst groß verändert hätten.

Daß die hier geschilderte Militärwelt eine durch und durch männlich geprägte Sphäre ist, die sich jedoch durch die wachsende Zahl weiblicher Soldaten langsam verändert, sei am Rande erwähnt. Man kann sich auf jeden Fall vorstellen, daß dieser Veränderungsprozeß nicht ohne beträchtliche inner-organisatorische Widerstände abläuft.

2.4 Antizipierte Erfahrung: Vor dem Einsatz

Als die Bundeswehr zu Beginn des Jahres 1956 ihren Dienst aufnahm, verfügten alle ihre Angehörigen, insbesondere die Offiziere und Unteroffiziere, über Erfahrungen aus dem Zweiten Weltkrieg. Diese (individuell unterschiedlichen und

---

[1] Wolfgang R. Vogt: Vorwort. In: Ders. (Hg.): Militär als Lebenswelt. Streitkräfte im Wandel der Gesellschaft (II). Opladen (Leske & Budrich) 1988, S. 5.

unterschiedlich bewerteten) Erfahrungen mußten sozusagen gegen den Strich
gebürstet werden, weil die Bundeswehr *kriegsabschreckend* fungieren sollte. In
den nächsten Jahrzehnten kamen dann die Soldaten mit Reichswehr- und Wehr-
machterfahrungen nach und nach in das Ruhestandsalter. Ohnehin waren diese
Erfahrungen in der Konstellation des Ost-West-Konflikt als nuklearer Konfrontation nur bedingt verwertbar.

Mehr und mehr setzte sich in der Bundeswehr der siebziger und achtziger Jahre das kollektive Selbstverständnis einer *Armee im und für den Frieden* durch.
Der Slogan *Der Frieden ist der Ernstfall* drückt dieses Selbstverständnis gut aus
– war doch die Bundeswehr und waren ihre Soldaten (entgegen allen freilich
nicht ausbleibenden Verdächtigungen linker Militär-Gegner) doch zur Kriegsverhinderung da und nicht eigentlich zur Kriegsführung (Näheres dazu in Kapitel
10).

Dieses kollektive Selbstverständnis spiegelte für viele Soldaten zwischenzeitlich ganz selbstverständlich den Sinn ihres Berufs. Deshalb waren sie auch so
irritiert, als nach dem Ende des Ost-West-Konflikts eine neue Art der Kriegsfüh-
rungs-Fähigkeit von ihnen verlangt wurde. Die Welt war gerade weniger gefährlich geworden, weil die nukleare Konfrontation abgebaut wurde. Die Sicherheits-
Landschaft in Europa veränderte sich dergestalt, daß die europäischen Nationen
mit einigem Recht als *kriegsfreie* Gesellschaften bezeichnet werden konnten.
Trotzdem aber warteten auf die Bundeswehr neue militärische Aufträge, die jetzt
nicht mehr auf Kriegsabschreckung, sondern auf Kriegsführungs-Fähigkeiten
hinausliefen. War das nicht ein Paradox? Viele Soldaten haben ihre Irritation
sogleich weggesteckt, so daß nur wenig davon öffentlich sichtbar wurde, einiges
aber doch, z. B. während des zweiten Golfkriegs 1990/91.

Inzwischen hat sich das Paradox weitgehend aufgelöst, und die Bundeswehr,
jedenfalls ein bestimmter Teil von ihr (die Krisen-Reaktions-Kräfte) übt Kriegsführungs-Fähigkeiten ein. Es handelt sich allerdings um bestimmte Arten der
Kriegsführung, die man mit dem Sammelbegriff der *Deeskalations-Strategie*
bezeichnen kann (Näheres dazu in Kapitel 11).

Einsatz-Vorbereitung
Start. Ein Lager auf der Wiese. Eine Granate explodiert. Ein Soldat hat sich den
Unterschenkel hochgebunden und beschmiert das, was wie der Stumpf eines Bei-
nes aussieht, mit roter Farbe. Andere haben aus Gips und Stoff blutende Gedärme
geformt, die unter den Kleidern hervorquellen. Die Soldaten rennen aufgeregt herum, versuchen zu helfen. Ein Rettungshubschrauber landet.
Stop. „Die Verwundungen sollen realitätsnah aussehen. Wir dürfen die Augen vor
nichts verschließen." Einige Soldaten kotzten ins Gras, als sie die Granatszene zum
ersten Mal spielten. Andere standen nur da, erstarrt, unfähig zu handeln. Gegrinst
hat niemand.

Oberst Folkerts schaltet den Videorecorder aus. „Wenn mir vor zehn Jahren jemand erzählt hätte, daß ich mal für Soldaten Kassetten mit Entspannungsübungen besprechen würde, ich weiß nicht, ich hätte...“ Er tippt sich an die Stirn.... Der ideale Kämpfer schießt gut, ist körperlich fit, schuldenfrei, gehorsam, insgesamt eher unauffällig. Der Trend, sagt Bernhard Fleckenstein von der Bundeswehr-Universität München, geht aber zu „derberen Typen“. Das klingt nach amerikanischen Marines, nach Rambos. Werden die gezielt gesucht? „Offiziell nicht.“ Oberstleutnant Evers aus Köln, zur Zeit Truppenpsychologe im mazedonischen Tetovo, druckst ein wenig herum. Wenn er Freiwillige für das Kosovo aussucht, hält Evers sich an seine „Nomenklatura“: „Kameradschaft, Risikobereitschaft, Power mit intelligentem Repertoire. Die Belastbarkeit ist sehr wichtig, aber es muß nicht unbedingt ein Intelligenzquotient von 139 sein.“ Evers ist ein verbindlicher Mann... Er denkt noch einmal über die Frage nach und sagt dann:“Doch, wir meinen denselben Personentyp. In der Praxis ist es der Rambo.“
Quelle: Dossier: Aus Dienst wird Ernst. Krieg, Verwundung, Tod. Eine neue Generation von Soldaten bereitet sich auf den Einsatz in einer gewandelten Bundeswehr vor. Ein Truppenbesuch. Die ZEIT v. 8. 4. 1999.

Der Journalist und die von ihm interviewten Soldaten gehören offensichtlich nicht zur Gruppe der eifrigen Kinogänger. Die von Sylvester Stallone gespielte Filmfigur Rambo paßt nämlich überhaupt nicht in diesen Zusammenhang, denn dieses überlebens-instinkt-sichere Muskelpaket ist vom Haß auf seine zivilen Vorgesetzten getrieben, von denen er und seinesgleichen sich verraten glaubt. Unter den auf körperlichen Kampf fixierten Soldaten und Möchtegern-Soldaten aller Nationen mag Rambo zu einer Art Kultfigur geworden sein – als Rollenmodell für den Soldaten in Deeskalations-Szenarien taugt er überhaupt nicht.

Und doch ist es kein Zufall, daß sich für solche militärischen Aufgaben „derbere Typen“ interessieren und qualifizieren. Wir stoßen hier auf ein weiteres Paradox, das in besonders krassem Maße für die Bundeswehr gilt. Als ihre Hauptfunktion nämlich Kriegsabschreckung war, benötigte man den Soldaten als Kämpfer nicht so sehr. Unter dem Schatten der nuklearen Abschreckung waren Techniker, Manager, Motivationspsychologen und Bündnisspezialisten gefragt. Auch jene europäischen Streitkräfte, die anders als die Bundeswehr immerhin eine beachtliche Komponente an Kampfverbänden für Einsätze in Kolonien und auf anderen Kontinenten besaßen, machten diesen Veränderungsprozeß durch[2].

Ausgerechnet Soldaten in *kriegsfreien* Gesellschaften müssen nun in ihrer Ausbildung und in ihren Einsätzen auf viel direktere Weise mit physischer Gewalt umgehen lernen. Sie müssen sich immer *auch* als Kämpfer verstehen. Da liegt es nahe, daß der eine oder andere, der diesen Aspekt besonders attraktiv findet, die in diesem *auch* zusammengefaßten weiteren Aspekte der Soldatenrolle aus seinem Blickfeld schiebt.

---

[2] Vgl. die umfangreiche Studie von Michel L. Martin: Warriors to Managers. The French Military Establishment Since 1945, Chapel Hill (The University of North Carolina Press) 1981.

Man erkennt an dieser Schilderung die Umrisse einer gesellschaftlichen Problematik. Eine *kriegsfreie* Gesellschaft tendiert dazu, ihre Streitkräfte als eine Ansammlung von Spezialisten für physische Gewalt zu betrachten, die eigentlich keinen richtigen Platz in dieser Gesellschaft haben. Konzepte wie die von der (möglichst weitgehenden) Integration der Streitkräfte in die zivile Gesellschaft, von der demokratischen Kompatibilität ihrer Strukturen und Grundsätze und von der staatsbürgerlichen Pflicht zur Verteidigung der Gesellschaft gegen Bedrohungen von außen verlieren dann aber an Bedeutung oder fallen sogar in sich zusammen. Mit anderen Worten: In der *kriegsfreien* Gesellschaft droht eine Vergrößerung der sozialen Distanz zwischen der Zivilgesellschaft und ihren Streitkräften.

2.5 Sind Soldaten Mörder?

Ganz allgemein kann man sagen, daß die Distanz zwischen der Zivilgesellschaft und ihren Streitkräften in dem Maße wächst, wie diese Gesellschaften sich von *kriegsbereiten* zu *kriegsfreien* Gesellschaften wandeln. Freilich muß man, um Genaueres aussagen zu können, jeden Fall gesondert ansehen. Gesellschaften, die politisch stark polarisiert sind, wie es z. B. die Weimarer Republik war, weisen gleichzeitig hohe Zustimmungs- und Ablehnungsraten gegenüber den eigenen Streitkräften auf. Die Daumenregel, wonach jemand, der eine *linke* politische Einstellung hat, allem Militärischen eher distanziert bis ablehnend gegenübersteht, wohingegen *rechte* politische Einstellungen eher Streitkräfte-freundlich sind, ist zwar vage und muß eine Menge Ausnahmen zulassen. Aber als erste Orientierung hilft sie doch. In Deutschland konnte sie jedenfalls während der Weimarer Republik Geltung beanspruchen, und auch in der Bundesrepublik Deutschland trifft sie *cum grano salis* zu. Auf individueller Ebene ist das zunächst einmal nur eine Sache des einzelnen. In dem Tableau von Moskos wird jedoch zu Recht eine Unterscheidung zwischen der Einstellung der Öffentlichkeit und der von Intellektuellen gemacht. Hier ist impliziert, daß die große Mehrheit der Intellektuellen in modernen Gesellschaften eher *linke* und anti-militärische Einstellungen haben und, was wichtiger ist, propagieren.

In der Bundesrepublik hat es vor ein paar Jahren, in Wiederaufnahme einer Auseinandersetzung aus den Spätjahren der Weimarer Republik, einen öffentlichen Streit über die Aussage *Soldaten sind Mörder* und darüber gegeben, ob es zulässig und vom Grundrecht der Meinungsfreiheit geschützt ist, diese Aussage, gleichviel ob sie richtig oder falsch ist, öffentlich vorzutragen. Dieser Streit und die darin eingenommenen Positionen bietet ein gutes Beobachtungsfeld für die Distanz verschiedener politischer Gruppen zur Bundeswehr und für die Distanz zwischen der *kriegsfreien* Gesellschaft und ihren Streitkräften.

Ihrem beruflichen Selbstverständnis nach sind Soldaten dazu da, die Gesellschaft gegen Bedrohungen von außen zu schützen und, in Ausnahmefällen, die Ordnung der Gesellschaft gegen Bedrohungen von innen heraus aufrecht zu erhalten. Dies klingt hehr und abgehoben von den Alltagsbeschäftigungen der Soldaten im Frieden wie im Krieg. Außerdem ist die Geschichte voll von Beispielen dafür, wie solche konstruktiven Ziele durch die Destruktivität militärischen Handelns zerstört wurden. Sei es, daß die Gewalt unversehens ,außer Kontrolle' gerät, sei es daß sie zum Instrument von expansiver und repressiver Politik wird. Unabhängig von den Zielen und Zwecken des Einsatzes militärischer Gewalt ist der Sachverhalt, daß er mindestens virtuell, meist aber ganz real mit Vernichtung und Tod, mit Opfern unter allen Beteiligten verbunden ist.

Im 20. Jahrhundert, der Erste Weltkrieg stellt hier eine Zäsur für die daran beteiligten Gesellschaften dar, ist der Krieg oft genug zur Massenvernichtung geworden, wobei die Getöteten und Verstümmelten häufig mit den eigentlichen Kriegshandlungen nichts oder nur indirekt zu tun hatten. Man denke etwa an die Flächenbombardements auf Städte während des Zweiten Weltkriegs oder an die Massenvertreibungen, versuchten Völkermorde und ,ethnischen Säuberungen', die die Geschichte des 20. Jahrhunderts mitgeprägt haben.

Vor dem Hintergrund solcher und ähnlicher Erfahrungen wird der antimilitärische und pazifistische Vorwurf, Soldaten seien im Prinzip nichts anderes als staatlich bezahlte Mörder, gedanklich nachvollziehbar. In diesem weltanschaulichen Denkrahmen kann es keinerlei rechtliche oder politische Legitimation für das Umbringen von Menschen geben, schon gar nicht für ein systematisch geübtes Anwenden physischer Gewalt mit dem Ziel, den Widerstand anderer Menschen zu brechen, und sei es dadurch, daß man sie tötet.

Diese Vorstellung läßt sich im übrigen auch relativ einfach in ein Welt- und Menschenbild einordnen, das den Umgang der Menschen untereinander im Sinne der anthropo-skeptischen politischen Philosophie Europas[3] (Machiavelli, Hobbes) als gewalttätig und ,wölfisch' charakterisiert. Jedoch akzeptieren die Pazifisten und rigorosen Militär-Gegner diesen Anthropo-Skeptizismus keineswegs, sondern sie wollen die Welt und die Menschen darin so verändern, daß Gewalt als zwischen-menschliches Verhalten verschwindet.

Es spricht nun viel dafür, daß der Schluß von der Identifizierung der Soldaten als Träger und Exekutoren organisierter Gewalt auf die Notwendigkeit totaler Abrüstung und Abschaffung des Militärs, was dann die ersehnte Friedenswelt nach sich zöge, ein Kurzschluß ist. Darüber kann man lange diskutieren, was allerdings in der Regel wenig bringt, weil ihre den einzelnen politischen Urteilen und Handlungsempfehlungen zugrunde liegenden Welt- und Menschenbilder von

---

[3] Daß solcher Anthropo-Skeptizismus nicht nur ein europäisches oder abendländisches Phänomen ist, lehrt u. a, das Buch von Brian (Daizen) A. Victoria: Zen, Nationalismus und Krieg. Eine unheimliche Allianz. Berlin (Theseus Verlag) 1999.

den beteiligten Diskutanten entweder gar nicht oder nur ganz wenig in Frage gestellt werden.

Doch geht es hier nicht darum, sondern um eine gerichtliche Kontroverse im vereinigten Deutschland. Am 25. August 1994 verkündete nämlich das Bundesverfassungsgericht (BVG) in einem Urteil, gegen das keine Revision eingelegt werden kann, daß, wenn jemand sein Auto mit einem Aufkleber verziert, auf dem der Slogan *Soldaten sind Mörder* steht, dies in Deutschland eine grundgesetzlich geschützte freie Meinungsäußerung ist, die also straf- oder zivilrechtlich nicht geahndet werden darf. Der Slogan selbst stammt aus einem Artikel von Kurt Tucholsky in der *Weltbühne* aus dem Jahr 1931.

Die längere Vorgeschichte des BVG-Urteils von 1994 braucht hier nicht im einzelnen aufgezählt zu werden. Schon in der Weimarer Republik war es wegen dieser drei Worte zu einem Prozeß wegen Beleidigung der Reichswehr (gegen den Herausgeber der *Weltbühne* als dem presserechtlich Verantwortlichen) gekommen, angestrengt vom damaligen Reichswehrminister Groener. Damals gab es einen Freispruch. Die Verteidiger brachten nämlich jede Menge Äußerungen von Staatsführern und Schriftstellern vor, in denen der Krieg beklagt und geächtet wird. Tucholskys Behauptung richte sich wie diese gegen den Krieg, eine Beleidigung der Reichswehr und ihrer Angehöriger sei gar nicht beabsichtigt worden.

Das BVG hat sich in seinem Urteil von 1994 zu dem Inhalt des Slogans nicht geäußert. Vielmehr interpretiert es diese Behauptung als ein moralisches Werturteil (und nicht als eine juristische Qualifikation), das den Ausdruck *Mörder* im umgangssprachlichen Sinne verwendet und keine Gleichsetzung mit Straftätern beinhaltet, die sich einer vorsätzlichen Tötung unter Verwirklichung eines der Mordmerkmale des entsprechenden Paragraphen im Strafgesetzbuch schuldig gemacht haben. In Abwägung des Rechts auf Schutz der Persönlichkeit vor harschen moralischen Werturteilen und des Rechts auf freie Meinungsäußerung hat das BVG sich allerdings mit Nachdruck und unzweideutig für das letztere entschieden[4].

Wie schon früher bei einem ähnlichen Vorfall (Urteil des Frankfurter Landgerichts vom 20. Oktober 1989 mit demselben Tenor) hat das Urteil bei der Bundeswehr und ihren Angehörigen Empörung ausgelöst. „Für mich", hat der damalige Bundesminister der Verteidigung Volker Rühe in einem Tagesbefehl am 21. September 1994 geschrieben, „ist es unerträglich und nicht hinnehmbar, wenn öffentlich der Eindruck entsteht, daß der Dienst des Soldaten mit der Tat von Kriminellen auf eine Stufe gestellt wird."[5] Die Bundeswehr mußte es aber hinnehmen. Das BVG hat in einem weiteren Beschluß vom November 1995, in dem es um vier Verfassungsbeschwerden von Militär-Gegnern ging, die von unteren

---

[4] Der Beschluß des BVG vom 25. 8. 1994 („Karlsruher Soldaten-Urteil") ist u. a. abgedruckt in: Information für die Truppe, H. 11/12 – 1994, S. 18-23.
[5] a. a. O., S. 24.

Gerichten wegen der Benutzung des Tucholsky-Slogans verurteilt worden waren, die Verurteilungen dieser Beschwerdeführer aufgehoben.

Wer Soldat ist, muß die Kränkung hinnehmen, Mörder genannt zu werden, wenn es nicht persönlich gemeint ist
Der Entscheidung des Bundesverfassungsgerichts liegen vor allem drei Erwägungen zugrunde:
1. Das Bundesverfassungsgericht hat...in der wertenden Gleichstellung eines Soldaten mit einem Mörder eine tiefe Kränkung gesehen.
Die Gerichte haben sich aber nicht hinreichend vergewissert, daß die umstrittenen Äußerungen diesen Sinn auch wirklich hatten. In allen vier Fällen ergaben sich aus dem Kontext oder den Begleitumständen der Äußerungen Anhaltspunkte, die eine andere Deutung zumindest als möglich erscheinen ließen, nach der es nicht um die Herabwürdigung von Soldaten als Personen, sondern um die Verurteilung von Soldatentum und Kriegshandwerk ging, weil diese im Ernstfall mit dem Töten anderer Menschen verbunden sind...
2. Art 5 Abs 2 GG erlaubt Beschränkungen der Meinungsfreiheit zum Schutz der persönlichen Ehre. Die herabsetzenden Äußerungen müssen also einzelne Personen betreffen. Daran konnten hier Zweifel bestehen, weil es in sämtlichen Äußerungen ihrem Text nach um Soldaten schlechthin, nicht um einzelne Soldaten oder um Soldaten eines bestimmten Staates ging...
3. Kommt es zu einem Konflikt zwischen Meinungsfreiheit und Ehrenschutz, so muß nach der ständigen Rechtsprechung des Bundesverfassungsgerichts eine Abwägung zwischen der Schwere der Beeinträchtigung vorgenommen werden, die jedem der beiden Rechtsgüter droht...Eine solche Abwägung erübrigt sich allerdings, wenn es sich bei der Äußerung um Schmähkritik handelt. In diesen Fällen geht der Ehrenschutz nach der Rechtsprechung des Bundesverfassungsgerichts regelmäßig der Meinungsfreiheit vor. Schmähkritik, die eine Abwägung überflüssig macht, liegt...aber nicht schon vor, wenn eine Äußerung überzogen oder ausfällig ist. Zur Schmähkritik wird sie vielmehr erst dann, wenn in ihr nicht mehr die Auseinandersetzung in der Sache, sondern die Diffamierung einer Person im Vordergrund steht.
Bei den umstrittenen Äußerungen standen dagegen die Auseinandersetzung mit Soldatentum und Kriegshandwerk und das Bekenntnis zum Pazifismus im Vordergrund.
Quelle: *Verlautbarung der Pressestelle des BVG Nr. 46/95 vom 7. 11. 1995, abgedruckt in: M. Hepp, V. Otto (Hg.): „Soldaten sind Mörder". Dokumentation einer Debatte 1931-1996, Berlin (Chr. Links Verlag) 1996, S. 235 f.*

Die Politiker der Regierungskoalition ventilierten als Reaktion auf diese Bekräftigung des ihnen unliebsamen Soldaten-Urteils die Möglichkeit, ein besonderes Gesetz zum Ehrenschutz der Bundeswehr und ihrer Angehöriger zu erlassen. Aber sie haben davon schnell wieder Abstand genommen.
    Wie schon angedeutet, läßt sich die Aussage *Soldaten sind Mörder* in dieser Allgemeinheit weder verifizieren noch widerlegen; das gilt auch, wenn auch

sozusagen andersherum, für die abgeschwächte Version *Soldaten sind potentielle Mörder*. Mit der zweiten Variante hat man es einfach – ‚potentiell' heißt ja ‚der Möglichkeit nach'. Daß jeder Mensch, auch der schwächste oder der friedlichste, in die Lage kommen kann, einen anderen Menschen zu töten, gleichviel, ob er das dann auch tut oder nicht, das ist Teil der *condition humaine*. Also kann man nur bestätigen: Gewiß, Soldaten sind potentielle Mörder, aber alle anderen Menschen auch.

Der Streit über diese Formulierung ist also ein Scheingefecht. Wer freilich behauptet, Soldaten seien, eben weil sie Soldaten sind, automatisch auch Mörder, will nicht die *condition humaine* beklagen, sondern eine Tätigkeit (ab)qualifizieren, einen Beruf und zugleich alle, die ihn ausüben. Wenn man das so allgemein behauptet, ebnet man alle Unterschiede innerhalb des Soldatenberufs und ebenso alle Unterschiede im soldatischen Kampfverhalten ein. Ein Koch in einer Bundeswehr-Kantine fällt unter dieses Verdikt, wenn er Uniformträger ist. (Ist er aber Zivilist, betrifft es ihn nicht.) Ein Historiker des Militärhistorischen Forschungsamtes in Potsdam, wenn Soldat, ist von dem Ausspruch mitbetroffen. Wenn er Zivilist ist, entgeht er ihm. Soldaten der Bundeswehr oder irgendeiner anderen Streitmacht, die in ihrer militärischen Karriere das Privileg hatten, nie an einem Krieg oder bei einem Einsatz unter kriegsmäßigen Bedingungen teilnehmen zu müssen, tragen trotzdem das Etikett *Mörder*. Und schließlich werden in dieser *Soldaten sind Mörder*-Perspektive auch Bemühungen wie die des UNO-Kriegsverbrecher-Tribunals für das ehemalige Jugoslawien und Ruanda nebensächlich bis sinnlos, weil sie allenfalls graduelle Unterschiede in einem generell als mörderisch angesehenen Verhalten feststellen können.

Der Pazifist Albert Einstein, vor die Wahl gestellt, den in Europa siegreichen Nationalsozialismus gewaltfrei und mit wenig Aussicht auf Erfolg zu bekämpfen oder seinen moralischen, politischen und wissenschaftlichen Beitrag zur Stärkung der militärischen Macht der USA zu leisten, entschied sich für letzteres. Auch er also ein Mörder, so wie die Physiker und die anderen Wissenschaftler, die im Wettlauf mit dem Nationalsozialismus die erste Atombombe konstruierten? Ein rigoroses moralisches Urteil in der Wert-Perspektive der Pazifisten muß diese Frage bejahen. Wenn damit aber die Differenzierung zwischen Gewalt und Gewalt-Vorbereitung zum Zwecke der Unterwerfung und rassistisch inspirierten Massenvernichtung einerseits und Gewalt zum Widerstand dagegen eingeebnet werden, dann ist dieses rigorose moralische Urteil ganz und gar lebensfremd.

Daß in einer auf Grund ihrer Verfassung und ihrem Selbstverständnis nach offenen Gesellschaft auch lebensfremde und nicht sehr hilfreiche rigorose moralische Urteile öffentlich ausgesprochen werden dürfen, das eben macht ihren offenen Charakter aus. Die Soldaten, ohne daß man ihnen zumuten kann, an derartigen Aussagen freudig interessiert zu sein, brauchen sich den Schuh der kollektiven Verunglimpfung aber auch gar nicht anzuziehen. Denn wenn man schon rigoros sein will, muß man es konsequent sein, und das heißt ja doch nichts anderes, als daß der Terminus *Soldaten* in dem Slogan stellvertretend für ein viel größeres Kollektiv steht, nämlich *wir alle*.

Für den Sozialwissenschaftler ist an solchen öffentlichen Kontroversen nicht so sehr das Werturteil an sich von Belang, vielmehr die Balance der Debatte. Wenn ich es richtig sehe, waren außer den verständlicherweise gekränkten Soldaten und ihren Fürsprechern auf der einen Seite und den Anhängern des Pazifismus sowie den pazifistische Parolen sich ausleihenden, eigentlich aber von anderen Gründen bewegten Militär-Gegnern auf der anderen Seite nur wenige an dieser Debatte beteiligt. Die relative Gleichgültigkeit der Öffentlichkeit gegenüber dieser Kontroverse kann als Zeichen dafür gedeutet werden, daß der Beruf des Soldaten und die Streitkräfte in der deutschen Gesellschaft als nicht besonders hochwertige Institutionen angesehen werden und daß die Bemühungen von Spitzenpolitikern aus Regierung und Opposition, diesen Eindruck wegzuwischen, nicht sehr erfolgreich sind.

Es ist im übrigen auch nicht verwunderlich, daß zu den Zeiten, in denen die allgemeine Zustimmung zur Bundeswehr aktuell anwächst (die Bundeswehr im Kampf gegen das Oder-Hochwasser im Sommer 1997 oder im Kosovo im Sommer 1999), keine *Soldaten sind Mörder*-Rufe zu hören sind.

Die Menschen, hat der Soziologe Norbert Elias (1897 – 1990) geschrieben, seien nicht in der Lage, den Tod, aber sie seien ganz gewiß in der Lage, das gegenseitige Töten abzuschaffen. Es ist nicht so ganz eindeutig, was er dabei mit *zu etwas in der Lage sein* gemeint hat. Der sperrige Ausdruck wird im Umgangsdeutsch als Synonym für das Hilfsverb *können* verwendet. Jedoch wird Elias es so einfach nicht gemeint haben, sondern eher im Sinne eines *Könnens unter bestimmten Bedingungen*. Welche Bedingungen das sind, anders gesagt: wie man die Menschen dahin bringt, auf physische Gewalt und Krieg und damit das kollektive gegenseitige Töten zu verzichten, das ist allerdings eine sehr ernste Frage – und eine, bei deren Beantwortung wir alle miteinander noch nicht sehr weit gekommen sind[6].

2.6 Medien-Erfahrung

Die Menschen leben heutzutage viel mit Erfahrungen aus zweiter Hand, solchen zum Beispiel, die ihnen die Massenmedien vermitteln. Dieses meist kulturkritisch eingefärbte Argument hört man gar nicht selten, und mit besonderer Schärfe wird es im Kontext Krieg/Medien verwendet. So hat der französische Philosoph Baudrillard anläßlich des zweiten Golfkriegs 1991 einfach behauptet, dieser Krieg habe gar

---

[6] Vgl. Peter Reinhart Gleichmann: Sind Menschen in der Lage, das kollektive gegenseitige Töten abzuschaffen? In: Berliner Debatte INITIAL, H. 2/1996, S. 93-101.

nicht stattgefunden. Ein echter Krieg sei durch eine Medienveranstaltung simuliert worden. Er wollte mit dieser Behauptung freilich nicht leugnen, daß im Irak „irgendetwas" passiert sei, das mit physischer Gewalt und Destruktion zu tun hat, vielmehr die Aufmerksamkeit seiner Leser darauf lenken, daß die Erscheinungsweise dieses Krieges in den Medien zu einem Phänomen *sui generis* geworden sei.

Hinter der etwas ausgefallenen Argumentation Baudrillards verbergen sich gleich mehrere gewichtige Probleme. Zwei davon sollen hier kurz aufgegriffen werden, *erstens* das schwierige und konfliktreiche Verhältnis zwischen den kriegführenden Streitkräften und den Massenmedien; *zweitens* die durch die Berichterstattung umgestaltete Kriegswahrnehmung der Medien-Konsumenten.

Das erste dieser beiden Probleme hat eine alt-überlieferte und eine gegenwarts-bezogene Komponente. Alt-überliefert ist der Grundsatz, daß *vor* und *nach* einem kriegerischen Konflikt die miteinander rivalisierenden und kämpfenden Parteien einander nicht nur mit Waffen bedrohen, sondern daß sie auch darum ringen, sich selbst, dem Gegner, der Umwelt und schließlich der Nachwelt ein Bild von diesem Konflikt zu vermitteln, in dem die eigene Seite möglichst gut wegkommt. *Während* des Krieges gehören Informationen über die eigenen und die anderen Kräfte sogar gewissermaßen selbst zu den Waffen. Wer einen Krieg mit Waffen führt, führt immer auch einen Informationskrieg. Mit der Entwicklung der modernen Massenmedien, insbesondere des Fernsehens, ist dieser Aspekt wichtiger denn je geworden. Die Medien-Berichterstatter gehen ihrerseits teils mit den Anforderungen der Kriegsparteien konform (mal freiwillig, mal unfreiwillig), teils stellen sie quer dazu. Beispiele aus Deutschland gibt es dazu noch nicht, aber dafür sehr einprägsame aus den USA..

Amerikanische Medien und der Vietnam-Krieg
Untersucht man den Vietnam-Krieg, drängt sich die Schlußfolgerung auf, daß in begrenzten Konflikten, wo die Medien die Wahrheit, so wie sie sie sehen, unbehindert berichten können und wo diese Berichterstattung von den Medien-Konsumenten auch als akkurat wahrgenommen wird, wo schließlich die Bevölkerung sich ihr Urteil über den Krieg unabhängig von Überlegungen des persönlichen oder nationalen Überlebens bilden können, daß hier also die Regierung und die Streitkräfte praktisch keine Möglichkeit zur Beeinflussung der Bevölkerung haben. Im Fall des Vietnam-Kriegs verlor die US-Regierung die Unterstützung der Öffentlichkeit nicht so sehr wegen der Medien, sondern weil diese sich über Angelegenheiten der nationalen Sicherheit und Außenpolitik ein eigenes Urteil zu bilden begannen. Für die Regierung und die Militärs war das ein Schock, denn sie hatten den Krieg begonnen mit der überholten sozialen Vorstellung, daß das amerikanische Volk den Kriegszielen in Vietnam genauso automatisch zustimmen würde wie bei früheren Kriegen.
Quelle: Peter Young, Peter Jesser: The Media and the Military from the Crimea to Desert Strike. London (Macmillan) 1997, S. 94 (eigene Übersetzung)

Man kann einen Bogen spannen vom Vietnam-Krieg Ende der sechziger, Anfang der siebziger Jahre zum Golf-Krieg 1991. Die US-Streitkräfte hatten dort gelernt, daß die Medienvertreter, wenn sie ‚unbeaufsichtigt' vom Kriegsschauplatz berichten, den eigenen militärischen und politischen Absichten großen Schaden zufügen können. Sie fühlten sich von den Medien ausgetrickst. Deshalb wurden die Medien im Golf-Krieg sozusagen an die Kandare genommen. Das Ergebnis war hinterher eine große Unzufriedenheit unter den Text- und Bild-Journalisten und den kritischen Medien-Beobachtern. Jetzt waren sie es, die sich ausgetrickst fühlten, von den Presse-Offizieren und Medien-Abteilungen der Streitkräfte.

Künftig wird sich die Medien-Berichterstattung über Kriege zwischen diesen beiden Extremen abspielen.

Noch folgenreicher als das (auch von der Entwicklung der Kriegs- und der Medien-Technologien beeinflußte) Verhältnis Medien/Streitkräfte ist die sozusagen jenseits irgendwelcher Manipulations-Absichten irgendwelcher Akteure angesiedelte Umgestaltung der Wahrnehmung des Krieges einfach dadurch, daß man ihn über ein Massenmedium wahrnimmt oder, wie man manchmal lesen kann, ‚ins Haus geliefert bekommt'.

Nach dem kanadischen Medien-Philosophen Marshall MacLuhan *sind* die Medien die Botschaften. Er hat im Grunde also dasselbe gesagt (und auch auf ähnliche Weise zugespitzt) wie später Baudrillard: Jedes Medium vermittelt nicht einfach Informationen von A nach B, sondern es re-figuriert sie, verändert sie im Verlauf dieses Transports. Das ist unvermeidlich. Für moderne Massenmedien trifft das nicht nur genauso zu wie für Medien früherer Epochen. Wegen der gewachsenen Bedeutung dieser Medien für das Alltagsleben ihrer Konsumenten (und deren Zahl ist raketenhaft angestiegen) ist ihr Einfluß auf die Wahrnehmung dieser Menschen von ihrer Umwelt kaum zu überschätzen.

Die wirtschaftlichen und die technischen Imperative der modernen Massenmedien bewirken auch eine Umgestaltung der Kriegs-Erfahrung (des Kriegs-Erlebnisses) ihrer Konsumenten. Wie das im einzelnen vor sich geht, braucht hier nicht weiter erörtert zu werden. Vielleicht nur ein paar Stichworte:
- das Kriegsgeschehen wird über die Bildmedien in Aktionssequenzen zerlegt, die sich den Aktionsszenen von Kriegsfilmen angleichen;
- es wird auf eine Reihe „attraktiver" Bilder zugespitzt;
- durch die Sendekraft der Medien wird es global verbreitet, oft sogar in *Echtzeit* („CNN-Effekt", Teil 1);
- bestimmte Medienkonzerne können über ihren privilegierten Zugang zu den Kriegsschauplätzen den Tenor der Berichterstattung darüber bestimmen („CNN-Effekt", Teil 2);
- die Medien konzentrieren sich auf Aspekte eines Krieges, die hohe Einschaltquoten versprechen; die Haltung des Kriegs-Betrachters vor dem Bildschirm ist zugleich materiell gemütlich und moralisch ungemütlich;

– es kommt zu Abstumpfungseffekten.

Streng genommen, sind Medien-Kriegs-Erfahrungen keine Erfahrungen. Jedoch ist inzwischen ein so großer Teil unseres Alltags über die modernen Massenmedien zeitlich und inhaltlich mitgestaltet, daß solche Nicht-Erfahrungen wie Erfahrungen erscheinen und als solche auf unsere Urteile und Entschlüsse einwirken.

Vielfach wird dies alles beklagt, ohne daß es doch ein Rückkehr zu vormassenmedialen Erfahrungsgewohnheiten gäbe.

2.7 Gewalt, Kampf und Krieg als Ur-Erfahrung

Könnte man die Ergebnisse einer Befragung aller Menschen simulieren, die auf der Erde gelebt haben, seit es uns als Gattung gibt, und würde man aus einer solchen Befragung die Umrisse des am tiefsten wirkenden kollektiven Erlebnisses der gesamten Menschheit über die Jahrtausende und Zivilisationen hinweg rekonstruieren, käme man mit großer Wahrscheinlichkeit genau darauf: *Gewalt, Kampf, Krieg*. Die Kehrseite davon sind das *Leiden*, die *Verstümmelung* und der *Tod* als etwas, das den Menschen von ihresgleichen zugefügt wird.

Norbert Elias, der davon überzeugt war, die Menschen könnten es erreichen, das kollektive gegenseitige Töten abzuschaffen, hat auch geschrieben, es könne durchaus sein, „daß die Menschheit sich heute dem Ende der Ausscheidungskämpfe in der Form von Kriegen nähert." Aber er hat hinzugefügt: „...noch kann man dessen nicht sicher sein."[7] Das kann man wirklich nicht, ja es wird schwer sein, nach den ernüchternden Erfahrungen der Jahre nach dem Ende des Ost-West-Konflikts Gründe für den geschichtsphilosophischen Optimismus von Elias dingfest zu machen. Es mag wohl sein, daß man davon eine gewisse Portion braucht, um unverdrossen und hartnäckig für Milderungen des Kriegselends und für schrittweise Verbesserungen des humanitären Völkerrechts einzutreten. Jedoch sollte man sich davor hüten, die eigenen Analysen durch Wunschdenken überwuchern zu lassen. Das Gegenbild zu dem Elias'schen Optimismus ist der dunkle Pessimismus von Wolfgang Sofsky.

Ubiquitäre Gewalt und der Hang zur Selbsttäuschung
Der Krieg ist stets eine Möglichkeit des Politischen. Er ist kein Ausnahmezustand in einer sonst friedfertigen Entwicklung zur Vervollkommnung des *animal sociale*. Untrennbar gehört er zur Geschichte der menschlichen Gesellschaft und ihrer Staaten. Zumal die Signatur des 20. Jahrhunderts ist geprägt von einer beispiellosen Entfesselung der Destruktivkräfte und Potenzierung menschlichen Leids. Die Geschichte der Kultur hat Krieg und Gewalt nicht eingehegt, sondern das Hand-

---

[7] Norbert Elias: Studien über die Deutschen. Machtkämpfe und Habitusentwicklung im 19. Und 20. Jahrhundert. Frankfurt/M. (Suhrkamp) 1989, S. 10.

werk der Zerstörung vervollkommnet, die Kriegskunst, die Kunst des Tötens. Dieser beunruhigenden Einsicht stehen jedoch die Bedürfnisse des alltäglichen Optimismus entgegen. Noch immer glauben viele, ein Prozeß der Zivilisation habe die Kampfeslust gebändigt und die Gewalt durch Gewissensbildung eingehegt. Vermutlich geht es nicht ohne derartige Vorstellungen. Gesellschaften und ihre Wissenschaften pflegen ihre Mythen, um die Berechtigung ihrer Existenz zu bekräftigen. Menschen, die stets zum Ärgsten fähig sind, schieben die Wirklichkeit beiseite, um die Episoden des Zusammenstimmens mit moralischem Fortschritt verwechseln zu können...Je größer aber die Katastrophen, desto tiefer sitzt die Angst und desto mächtiger das Bedürfnis nach Illusion und Selbsttäuschung.
Quelle: Wolfgang Sofsky: Der Kampf. Zur Anthropologie des Krieges. In: Berliner Debatte INITIAL, H. 6/1995, S. 68.

Eigentlich wissen ja alle, daß Gewalt und Krieg, daß die Organisationen kollektiver Gewalt und ihre Kontrolle, daß Mittel und Wege der Kriegsverhinderung und der Friedenssicherung die entscheidenden Themen jeder systematischen Reflexion über den Menschen als Individuum und als Gattungswesen sind. Die Unverfrorenheiten des nationalistischen und sozialdarwinistischen Militär-Enthusiasmus sind zwar (weitgehend) überwunden. Die zyklisch aufwachsenden und wieder verwelkenden Friedensutopien pazifistischer und anderer Prägung finden zwar immer wieder gläubige Anhänger, nicht zuletzt auch unter den Intellektuellen, aber sie sind im Grunde auch schon *passé*. Es mag sein, daß über dem Thema eine Düsternis liegt, die vor der voraussetzungslosen Beschäftigung mit ihm abschreckt. Wenn das so ist, dann bedarf es einer besonderen Konzentration, um sich dem zu widersetzen.

3. Streitkräfte und Politik in Preußen und Deutschland bis 1945

Der Unterhalt von Streitkräften ist enorm teuer. Das war schon früher so, ist aber heutzutage noch deutlicher sichtbar geworden. Welche Rolle die Streitkräfte für einen Staat und in einer Gesellschaft einnehmen sollen, wieviel sie sie kosten dürfen, welche Dienste sie ihr erweisen müssen, das ist, genau besehen, in jeder einzelnen Gesellschaft ein besonderes Problem. Aber ein Problem ist es mehr oder weniger deutlich überall. Auch wenn man Vergleichsmaterial aus anderen Epochen und aus anderen Gesellschaftsordnungen heranzieht, bringt es die Ideallösung nicht näher. Allenfalls kann man lernen, welche Lösungen ganz bestimmt falsch sind.

Um das Problem wenigstens etwas übersichtlicher zu machen, soll es in zwei Aspekte unterteilt werden:

– In *soziologischer* Perspektive interessieren vor allem die sozialen (Haupt- und Neben- oder manifesten und latenten) Funktionen sowie das Maß an gesellschafts-bestimmendem Einfluß, der den Streitkräften zugestanden wird.
– In *politikwissenschaftlicher* Perspektive geht es vor allem um den Einfluß militärischer Denkgewohnheiten auf die Wahrnehmungsmuster und Entscheidungsprozesse im politischen System.

Beide Aspekte ergänzen einander, allerdings nicht ohne gelegentliche Widersprüche. Dies läßt sich gut an der Entwicklung des Verhältnisses von Militär und Politik in Preußen und Deutschland bis 1945 studieren. Das Thema ist darüber hinaus freilich auch in sich selbst wichtig genug. Außerdem kann man die Brisanz der Neuansätze militärischen Selbstverständnisses, wie sie für die Bundeswehr entworfen und mit Abstrichen auch durchgesetzt worden sind, nur begreifen, wenn man sie vor dem Hintergrund des zivil-militärischen Verhältnisses und den herrschenden Traditionen des militärischen Denkens in Preußen und Deutschland analysiert.

3.1 Clausewitz und die Revolution des Krieges zu Beginn des 19. Jahrhunderts

Eine einfache Lektüre ist es nicht, das in den Jahren 1832 bis 1834 kurz nach dem Tode des Autors veröffentliche Buch „Vom Kriege" von Karl von Clausewitz. Aber es steht, zweifellos zu Recht, in dem Rufe, eines der großen politischen Bücher deutscher Sprache im 19. Jahrhundert zu sein. Jedoch geht seine Bedeutung noch darüber hinaus, denn anders als viele seiner Kritiker behaupten, haben die Gedanken von Clausewitz über die Natur und die Formen des Krieges ihre Schärfe und Frische bis heute bewahrt.

Der Krieg als ein Akt der Gewalt, der einen Gegner zur Erfüllung des eigenen Willens zwingen soll, ist kein Selbstzweck. Die Zwecke, also das, worauf der eigene Wille sich gerichtet hat, werden in der Sphäre der Politik gesetzt. In dieser Sphäre werden nun nicht einfach solche Zielvorgaben gemacht, deren Erreichung ganz und gar und ausschließlich den Streitkräften überlassen bleibt. Vielmehr, sagt Clausewitz, wird die Politik „den ganzen kriegerischen Akt durchziehen und einen fortwährenden Einfluß auf ihn ausüben, soweit es die Natur der in ihm explodierenden Kräfte zuläßt". Dieser Grundgedanke führt zu der berühmten Bestimmung: „So sehen wir also, daß der Krieg nicht bloß ein politischer Akt, sondern ein wahres politisches Instrument ist, eine Fortsetzung des politischen Verkehrs, ein Durchführen desselben mit anderen Mitteln."[1]

Krieg: eigene Grammatik, aber keine eigene Logik
Nachdem wir uns bis jetzt bei dem Zwiespalt, in dem die Natur des Krieges mit anderen Interessen des einzelnen Menschen und des gesellschaftlichen Verbandes steht, bald nach der einen, bald nach der anderen Seite haben umsehen müssen, um keines dieser entgegengesetzten Elemente zu vernachlässigen, ein Zwiespalt, der in dem Menschen selbst gegründet ist, und den der philosophische Verstand also nicht lösen kann, wollen wir nun diejenige Einheit suchen, zu welcher sich im praktischen Leben diese widersprechenden Elemente verbinden, indem sie sich teilweise gegenseitig neutralisieren. Diese Einheit nun ist der *Begriff, daß der Krieg nur ein Teil des politischen Verkehrs sei, also durchaus nichts Selbständiges.*
Man weiß freilich, daß der Krieg nur durch den politischen Verkehr der Regierungen und der Völker hervorgerufen wird; aber gewöhnlich denkt man sich die Sache so, daß mit ihm jener Verkehr aufhöre und ein ganz anderer Zustand eintrete, welcher nur seinen eigenen Gesetzen unterworfen sei.
Wir behaupten dagegen, der Krieg ist nichts als eine Fortsetzung des politischen Verkehrs mit Einmischung anderer Mittel. Wir sagen mit Einmischung anderer Mittel, um damit zugleich zu behaupten, daß dieser politische Verkehr durch den Krieg selbst nicht aufhört, nicht in etwas ganz anderes verwandelt wird, sondern daß er in seinem Wesen fortbesteht, wie auch seine Mittel gestaltet sein mögen, de-

---

[1] Karl von Clausewitz: Vom Kriege. Hg. v. W. Hahlweg. Bonn (Dümmler) 1973, 18. Aufl., S. 210.

ren er sich bedient, und daß die Hauptlinien, an welchen die kriegerischen Ereignisse fortlaufen und gebunden sind, nur seine Lineamente sind, die sich zwischen den Krieg durch bis zum Frieden fortziehen. Und wie wäre es anders denkbar? Hören denn mit den diplomatischen Noten je die politischen Verhältnisse verschiedener Völker und Regierungen auf? Ist nicht der Krieg bloß eine andere Art von Schrift und Sprache ihres Denkens? Er hat freilich seine eigene Grammatik, aber nicht seine eigene Logik.

Quelle: Karl von Clausewitz: Vom Kriege, hg. v. Werner Hahlweg. Bonn (F. Dümmler) 1973, 18. Aufl., S. 990/991.

Natürlich reduziert sich das umfangreiche, Fragment gebliebene Werk nicht auf diese wenigen Sätze. Aber sie bilden nicht nur das Fundament für die Kriegslehre von Clausewitz, sondern auch den Stein des Anstoßes aller späteren Debatten darüber, ob denn Clausewitz ,noch gilt'. Das ist freilich keine besonders ergiebige Fragestellung, denn es versteht sich von selbst, daß der zeitliche Zusammenhang, in dem ein Autor und sein Werk stehen, dieses durch die Erlebnisse und Prägungen, die jener durchgemacht bzw. erfahren hat, tief imprägniert. Und zwar um so tiefer, je dramatischer diese Ereignisse sind und je nachhaltiger sie sich als Motivation zur Niederschrift eines Werkes auswirken. Im Falle von Clausewitz waren es die „Wiedergeburt des Krieges"[2] aus dem Geiste der Französischen Revolution und die Napoleonischen Kriege, die seine äußere und innere Biographie zutiefst beeinflußt haben. Die patriotische Leidenschaft hat aber der Klarheit seines Denkens nicht geschadet. Könnte man doch dasselbe von allen bekannten Philosophen der letzten zwei Jahrhunderte sagen!

Clausewitz thematisierte und analysierte die Veränderungen des Kriegsbildes, welche die *Nationalisierung*, ja *Demokratisierung* des Krieges mit sich brachten, vom Aufstieg der Massenarmeen bis zum veränderten Kampfverhalten der Soldaten. Er stand dieser Entwicklung mit Melancholie und Skepsis gegenüber. Er war bekümmert über den „entscheidenden Widerspruch, den ,ein und dieselbe' Entwicklung von bürgerlichen, rationalen und interessengeleiteten gesellschaftlichen Verhältnissen und Denkformen produzierte: die Begrenzung der Gewalt gegenüber vorbürgerlichen Verhältnissen in Opposition zu ihrer Entgrenzung durch eben dieselben Entwicklungen."[3] Die Rezeption von Clausewitz' kriegstheoretischen Schriften ist jedenfalls bis heute nicht abgerissen. Er „wirkt auch heute als Klassiker fort."[4]

---

[2] Vgl. Johannes Kunisch, Herfried Münkler (Hg.): Die Wiedergeburt des Krieges aus dem Geist der Revolution. Studien zum bellizistischen Diskurs des ausgehenden 18. und beginnenden 19. Jahrhunderts. Berlin (Duncker & Humblot) 1999.

[3] Andreas Herberg-Rothe: Die Entgrenzung des Krieges bei Clausewitz. In: Kunisch, Münkler (Hg.). a.a.O., S. 209.

[4] So Reinhard Stumpf in seinem Kommentar zu der von ihm herausgegebenen Auswahl der Schriften von Karl von Clausewitz und Helmuth von Moltke: Kriegstheorie und Kriegsgeschichte. Carl von Clausewitz und Helmuth von Moltke. Frankfurt/M. (Deutscher Klassiker Verlag) 1993, S. 725.

3.2 Varianten des Militarismus

Wenn man an die preußisch-deutsche Geschichte und die Rolle der Streitkräfte darin denkt, dann fallen den meisten allerdings zunächst nicht Clausewitz und seine (nicht normative, vielmehr empirische) Bestimmung des Verhältnisses von Krieg und Politik, vielmehr das Vorherrschen militärischer Denkgewohnheiten und Umgangsformen im zivilen Alltag und damit der Begriff des Militarismus ein. Dieser Begriff trägt heute ein deutlich erkennbares negatives Vorzeichen – das damit Gemeinte paßt nicht in den Rahmen einer modernen demokratischen Gesellschaft. Das schließt aber nicht aus, daß Erscheinungsformen des Militarismus auch heute noch auf vielen Kontinenten der Erde zu beobachten sind.

Militarismus kann man in sehr allgemeiner Weise definieren als *die Dominanz militärisch-kriegerischer Prinzipien in Staat und Gesellschaft sowie als entscheidender Einfluß der militärischen auf die politische Führung eines Landes.* In früherer Zeit, die Trennscheibe bildet hier wie bei so vielen anderen politischen Entwicklungen der Erste Weltkrieg, war Militarismus in der einen oder anderen Form nichts Ungewöhnliches in der Politik. Formen und Funktionen der Dominanz militärisch-kriegerischer Prinzipien haben sich im Verlauf der Geschichte häufig verwandelt. „Der Staat der absoluten Monarchie, der aufgeklärte Absolutismus, die konstitutionelle Monarchie, die Weimarer parlamentarische Demokratie und Hitlers Führerstaat sind durch jeweils unterschiedliche Gewichtungen im Dreiecksverhältnis von Staat – Gesellschaft – Militär gekennzeichnet und mitbedingt durch historische Entwicklungen gesamteuropäischer Dimension."[5]

Militarismus ist beileibe kein Phänomen, das nur in Deutschland zur Blüte gekommen ist. Jedoch hat er sich hier im Vergleich zu anderen europäischen Staaten besonders kräftig entwickeln können. In Preußen ergab sich so im 17. Jahrhundert ein Gefüge geopolitischer, wirtschaftlicher (Ressourcenknappheit) und sozialer (‚Bündnis' von Adel und Monarch) Bedingungen, die in ihrem Zusammenspiel das politische Geschick dieser *Streusandbüchse des Heiligen Römischen reiches deutscher Nation* bestimmten. Preußen wurde zu einem straff und effizient von oben nach unten durchorganisierten Militärstaat. Der preußenfreundliche Historiker Otto Hintze hat die Auswirkungen dieser Entwicklung im Jahre 1906 so beschrieben:

Preußen: Machtpolitik, Merkantilismus und Militarismus
In der Armee verkörpert sich der neue Staatsgedanke am deutlichsten und greifbarsten, der Gedanke des machtvollen, zentralisierten, absolutistischen Großstaats. Die Unterhaltung der Armee wird die Hauptaufgabe der staatlichen Finanzverwaltung; sie führt zu einer bis dahin unerhörten Anspannung der Steuerschraube

---

[5] Manfred Messerschmidt: Militärgeschichtliche Aspekte der Entwicklung des deutschen Nationalstaats. Düsseldorf (Droste) 1988, S. 13.

und in Verbindung damit zu einem eigentümlichen Wirtschaftssystem, das die Vermehrung der baren Geldmittel und zugleich die künstliche Beförderung und Anreizung zur Produktion, namentlich auf dem gewerblichen Gebiet bezweckt...Machtpolitik, Merkantilismus und Militarismus hängen unter sich zusammen; der absolute Militärstaat entwickelt sich zum bevormundenden Polizeistaat, der die *salus publica*, die er auf seine Fahne schreibt, nicht im Sinne der individuellen Glückseligkeit seiner Untertanen, sondern im Sinne der Erhaltung und Kräftigung der staatlichen Gesamtheit versteht. Und zugleich dringen die Einrichtungen der Armee maßgebend in die Sphäre der bürgerlichen Verwaltung ein.

Quelle: Otto Hintze: Staatsverfassung und Herresverfassung. (1906). In: Volker R. Berghahn (Hg.): Militarismus. Köln (Kiepenheuer & Witsch) 1975, S. 75/76.

Dieses System, damals in ähnlicher, jedoch weniger perfektionierter Form auch in anderen Staaten Europas vorfindbar, erodiert unter dem Druck der sozialen und politischen Wandlungsprozesse gegen Ende des 18. Jahrhundert. Die *Industrielle Revolution* macht andere Sozialbeziehungen, andere politische Verhältnisse und eben auch andere Organisationsformen für die Streitkräfte notwendig.

In idealtypischer Verkürzung lassen sich zwei unterschiedliche *Entwicklungswege* im Wandel des Verhältnisses der modernen oder sich nach den Mustern der Industriellen Revolution modernisierenden Gesellschaft zu ihren Streitkräften gegeneinanderstellen:

– Die Streitkräfte bleiben im gesellschaftlichen Alltagsleben sozusagen *potentiell* oder *virtuell*. Nur im Falle der Bedrohung werden sie *aktuell*. Eine auf Distanz bleibende Hochschätzung der professionellen Soldaten und deren Integration in die Gesellschaft über Einrichtungen wie die (mehr oder weniger) allgemeine Wehrpflicht bewirken, daß es zu keinen ernsthaften Friktionen zwischen dem politischen System und seinen Repräsentanten auf der einen und den Streitkräften, d. h. ihrer militärischen Führung, auf der anderen Seite kommt. Im militärischen Ernstfall erscheint es den Bürgern als patriotische Pflicht, die Uniform anzuziehen und das Land zu verteidigen, so daß nach kurzer Eingewöhnungsphase die Militärorganisation funktioniert. Dieses Modell liegt in unterschiedlichen Varianten etwa den Militärorganisationen in den USA und in der Schweiz zu Grunde.

– Die Streitkräfte werden zu einem sichtbaren und wirksamen Motor der allgemeinen gesellschaftlichen Entwicklung. Militärische Fachüberlegungen greifen in den Gang politischer Entscheidungen ein. Militärische Werte und soldatische Verhaltensweisen bestimmen auch zivile Handlungen und Entscheidungen. Den Streitkräften kommt neben ihren außenpolitischen auch eine Reihe binnengesellschaftlicher Funktionen zu: etwa *Schule der Nation* zu sein, die unteren Schichten zu zähmen und den gesellschaftlichen Führungs-

anspruch bestimmter Gruppen zu sichern. Dies ist das Modell des *Militaris-*
mus in modernen oder sich modernisierenden Gesellschaften. Es hat sich im
19. Jahrhundert herausgebildet und im wilhelminischen Deutschland eine spezifische Ausprägung erfahren.

Im 20. Jahrhundert hat sich die klare Trennung zwischen dem demokratie-
konformen und dem militaristischen Modell des zivil-militärischen Verhältnisses
verwischt. In vielen Ländern, die sich im Kampf gegen ihre früheren Kolonial-
mächte als selbständige Staaten etabliert haben, wird die Politik, auch die Innen-
politik, von Führungsgruppen in den Streitkräften bestimmt − oft im Namen der
Demokratie.

Zur Zeit von Kaiser Wilhelm II (er lebte von 1859 bis 1941 und regierte von
1888 bis 1918) war der hier gewissermaßen mit beiden Händen greifbare Militarismus in sich selbst mehrfach gebrochen. Die Streitkräfte, besonders das Heer,
wurde in der Tat vom preußischen Adel, den Junkern, dominiert. Und die sich
allerdings rasch verflachenden Wertvorstellungen − und Verhaltenscodes − dieser
kleinen sozialen Schicht mit ihrer eigentlich nur noch vorgespiegelten Homogenität wurden zudem maßgebend für wichtige Teile der zivilen Gesellschaft. Das
soziale Instrument dafür war übrigens die Institution des Reserveoffiziers. Jedoch
lag dieser *Militarismus von oben* quer zu einem vom Bürgertum, insbesondere
dem Kleinbürgertum entwickelten *Militarismus von unten*, der bis zum Extrem
nationalistisch, populistisch (= demokratisch im schlechten Sinne des Wortes) und
kriegslüstern war. Beide Formen des Militarismus haben sich im Kaiserreich miteinander verflochten, standen aber nicht selten auch im Widerspruch zueinander.[6]

3.3 Die Entwicklung zum totalen Krieg

Der Krieg, sagt Clausewitz, habe seine eigene Grammatik, aber nicht seine eigene
Logik. In der zweiten Hälfte des 19. Jahrhunderts und weiter ins frühe 20. Jahrhundert hinein, kulminierend mit dem Ersten Weltkrieg, entwickeln sich die gegeneinander stehenden außenpolitischen Interessen der europäischen Mächte,
aber eben auch die Rüstungstechnologie und das Kriegsbild mit so großer Dynamik, daß viele Militärstrategen meinten, der Krieg besitze *doch* eine eigene Logik. Und manche populären Sozialphilosophen, politischen Schriftsteller und
bornierte Ideologen wollten diese Kriegs-Logik zur Maxime der staatlichen Politik machen.

Erstens machten die neuen, gegensätzlichen Integrations-Ideologien für Groß-
gruppen, *Nationalismus* und *Sozialismus,* die Politik insgesamt militanter, zu-

---

[6] Vgl. Stig Förster: Der doppelte Militarismus. Die deutsche Heeresrüstungspolitik zwischen status-
quo-Sicherung und Aggression 1890-1913. Stuttgart (Franz Steiner) 1985.

nächst rhetorisch, dann aber auch faktisch. Die Anhänger von Sozialismus und Anarchismus warteten mehr oder weniger aktiv auf den Untergang der bestehenden Ordnung, was deren Repräsentanten freilich als Bedrohung ansahen und sich ihrerseits Gegenmaßnahmen einfallen ließen. Die Zeugnisse sozial-darwinistischen, imperialistischen und völkischen Denkens in der Spätphase des 19. Jahrhunderts und danach können uns heute das Gruseln lehren. Organisierte physische Gewalt als politisches Mittel wurde nur von einer kleinen Minderheit kategorisch abgelehnt, von den meisten Zeitgenossen als selbstverständlich akzeptiert und von einer anderen Minderheit sogar als gesellschaftliches Heilmittel gepriesen.

Zweitens verlangte das sich über rüstungs-industrielle Entwicklungsschübe rapide verändernde Kriegsbild die Mobilisierung von Massenarmeen. Die immer weiter getriebene Technisierung von Ausrüstung, Bewaffnung und Infrastruktur der Streitkräfte machte schließlich sogar den Zugriff auf alle sächlichen und menschlichen Ressourcen des Landes nötig. Kriegsvorbereitung und Kriegführung waren deshalb zunehmend auf langfristige Dispositionen im politischen System angewiesen.

Beide Entwicklungen drängten auf eine Amalgamierung von Militär und Politik. Diesem Druck hielt das politische System des deutschen Kaiserreichs im Ersten Weltkrieg nicht stand, und so kam es, daß in den letzten Phasen dieses Krieges die Oberste Heeresleitung die politischen und militärischen Belange gleichermaßen autoritativ regelte. Der bestimmende Kopf in dieser quasi-diktatorischen Militärregierung war der General Erich Ludendorff. Er hat später eine kleine Schrift mit dem programmatischen Titel *Der totale Krieg* veröffentlicht, in welcher er diesen Zusammenfall von Politik und Krieg(sführung) zu rechtfertigen, theoretisch zu begründen und dabei das Diktum von Clausewitz geradezu auf den Kopf zu stellen versucht.

Der totale Krieg, so lautet seine Argumentation, sei ein Ringen von tiefer sittlicher Berechtigung. Es gehe dabei um die Lebenserhaltung eines ganzen Volkes. Deshalb müsse sich schon in der Vorbereitungsphase eines solchen Krieges jedes Individuum und vor allem auch jedes wirtschaftliche Handeln seinen Vorgaben unterordnen.

Krieg als höchste Äußerung völkischen Lebenswillens
Das Wesen des totalen Krieges beansprucht buchstäblich die gesamte Kraft eines Volkes...
Wie sich so das Wesen des Krieges geändert hat, und zwar unter der Einwirkung unabänderlicher, nicht rückgängig zu machender Tatsachen, ich möchte sagen gesetzmäßig, so hätten sich auch der Aufgabenkreis der Politik erweitern und die Politik selbst ändern müssen. Diese muß, wie der totale Krieg, totalen Charakter gewinnen. Sie muß, im Hinblick auf die Höchstleistung eines Volkes im totalen Kriege, ausgesprochen die Lehre von der auf sie zugeschnittenen Lebenserhaltung

eines Volkes sein und genau beachten, was das Volk auf allen Gebieten des Lebens, nicht zuletzt auf dem seelischen Gebiete, zu seiner Lebenserhaltung bedarf und beansprucht. Da der Krieg die höchste Anspannung eines Volkes für seine Lebenserhaltung ist, muß sich eben die totale Politik auch schon im Frieden auf die Vorbereitung dieses Lebenskampfes eines Volkes im Kriege einstellen und die Grundlage für diesen Lebenskampf in einer Stärke festigen, daß sie nicht in dem Ernst des Krieges verschoben, brüchig oder durch Maßnahmen des Feinedes völlig zerstört werden kann.

Das Wesen des Krieges hat sich geändert, das Wesen der Politik hat sich geändert, so muß sich auch das Verhältnis der Politik zur Kriegsführung ändern. Alle Theorien von Clausewitz sind über den Haufen zu werfen. Krieg und Politik dienen der Lebenserhaltung des Volkes, der Krieg aber ist die höchste Äußerung völkischen Lebenswillens. Darum hat die Politik der Kriegsführung zu dienen.

Quelle: General Ludendorff: Der totale Krieg. München (Ludendorffs Verlag) 1935, S. 9/10.

Diese Sätze erscheinen heute kaum noch nachvollziehbar. Und doch stießen sie vor zwei, drei Generationen sehr wohl auf weit verbreitete, positive Resonanz. Will man erklären, wieso es dazu kommen konnte, muß man auf die gesellschaftlichen und auf die (militär-)technischen Veränderungen im 19. und frühen 20. Jahrhundert zurückverweisen. Im Zuge der Ideologisierung von Großgruppen nahm Politik immer mehr einen militanten Charakter an, wurde als Kampf im fast nur noch physischen und biologischen Sinne definiert, schließlich als alltäglicher kollektiver Lebens-Kampf wahrgenommen. Ein so militarisierter Politik-Begriff paßte sich dann umstandslos ein in ein Kriegsführungs-Konzept, das auf alle denkbaren sozialen Bereiche, von der Säuglingserziehung bis zur Organisation der Kriegswirtschaft, zwecks Ressourcen-Mobilisierung zurückgriff. In Deutschland führte das bis hin zu solchen Paradoxien, daß im Grunde vernünftige Maßnahmen wie die Bekämpfung der Säuglingssterblichkeit ihre Impulse nicht humanitären Überlegungen verdankten, sondern vom Willen zur Hebung der völkischen Wehrkraft motiviert wurden.

An der zitierten Ludendorff-Passage läßt sich im übrigen gut studieren, wie eine Argumentation halb richtig und zugleich völlig falsch sein kann. Denn obwohl sich die Austragungsformen des Krieges verändert hatten, blieben die grundsätzlichen Bestimmungen von Clausewitz über die Natur des Krieges gültig. Und das ‚Wesen der Politik' hatte sich selbstverständlich auch nicht geändert. Die Attitüde Ludendorffs, er müsse jetzt den alten Clausewitz ins Museum stellen, ist großspurig und hohl. Auch zur Zeit des Ersten Weltkriegs während der Dominanz der Obersten Heeresleitung hat sich nicht die Politik von der Kriegsführung bestimmen lassen. Vielmehr war es die Politik der herrschenden Kräfte im Reich, auf andere als kriegerische Mittel zur Erreichung ihrer Ziele weitgehend zu verzichten und sich – wie wir heute ganz deutlich sehen: verblendet - einzig auf das militärische Instrumentarium zu verlassen.

3.4 Staat im Staate

Nach der deutschen Niederlage 1918 und dem Wechsel der Staatsform von der Monarchie zur Republik unter erheblicher Ausweitung der demokratischen Rechte der Bürgerinnen und Bürger entwickelte sich das Verhältnis zwischen ziviler Gesellschaft und Streitkräften in höchst widerspruchsvoller Weise. Der Ausdruck *Staat im Staate* kennzeichnet die Einstellung der nunmehr *Reichswehr* genannten deutschen Streitkräfte (genauer: ihres Offizier- und Unteroffizierkorps) zur *Weimarer Republik* nicht ganz korrekt; aber die in ihm ausgedrückte Distanz, ein Loyalitätsmangel der Reichswehrführung gegenüber der Staatsführung, gab es zweifellos.

In einem allerdings herrschte zwischen fast allen gesellschaftlichen Gruppen und der Reichswehr nach 1918 Einigkeit – daß man die als ungerechte Strafe und Diktat empfundenen Bedingungen des Versailler Friedensvertrages auf die Dauer nicht akzeptieren, vielmehr revidieren werde. Nichts anderes besagt der Begriff *Revisionismus*. Über die Mittel einer revisionistischen Politik wurde gestritten. Aber nicht nur auf der politischen Rechten galt es als ausgemacht, daß die territorialen und den uneingeschränkten Ausbau der Streitkräfte wieder erlaubenden Revisionsforderungen unter Umständen auch militärisch durchgesetzt würden.

Kriegsende und Niederlage führten zwar zu einem Regimewechsel in Deutschland. In dessen Gefolge fanden auch einige tiefreichende gesellschaftliche Veränderungen statt. Indes hatte das nicht – abgesehen von wenigen Ansätzen – einen wirklich neuen Aufbruch bewirkt. Vielmehr blieb die politisch polarisierte Weimarer Republik mit ihren relativ starken Extremen links und rechts und ihrer immer schwächer werdenden politischen Mitte ohne eigenen legitimatorischen Ruhepunkt. Die Reichswehr, als eine Art Bürgerkriegsarmee entstanden, konstruierte sich nach 1919 eine eigene Legitimation, die *über* der des Staates stehen sollte und ihn in seiner aktuellen Form nur als Übergangserscheinung verstand.

Weil Parlament und Regierung der Weimarer Republik die obersten und als unantastbar angesehenen politischen Belange der Nation und des Reiches der Deutschen zu verwirklichen unfähig erschienen, so deutete die Reichswehrführung unter General von Seeckt die Lage, mußte die Reichswehr nicht nur militärisch, sondern auch politisch-erzieherisch tätig werden. Bei dieser Lagebeurteilung mischten sich auf bizarre Weise politische Mythologie und militärischer Professionalismus.

Zur *Mythologie* gehört etwa die *Dolchstoß-Legende*, wonach die Streitkräfte den Krieg schon gewonnen hätten, wären ihnen nicht die Daheimgebliebenen in den Rücken gefallen. Daß die Kaiserlichen Truppen *im Felde unbesiegt* geblieben seien, wurde Teil des verklärenden kollektiven Kurzzeitgedächtnisses. Zum *Professionalismus* der Reichswehr zählen nicht nur alle unter schwierigen äußeren

Bedingungen durchgeführten militärischen Planungs- und Aufbauarbeiten. Auch das politische Geschick der Reichswehrführung muß man hier hinzurechnen, mit dessen Hilfe es ihr gelang, die Restriktionen der Siegermächte immer wieder neu zu umgehen, z. B. durch heimliche Rüstungs- und Trainingsmaßnahmen in Kooperation mit der Roten Armee der UdSSR.

Die Reichswehr verstand sich als Garant der nationalen Werte. Weil diese von außen, aber auch von innen her bedroht schienen, bereitete die Reichswehr sich und die von ihr erreichbaren und beeinflußbaren zivilgesellschaftlichen Handlungsfelder auf einen künftigen Krieg vor. Das Bild dieses künftigen Krieges entsprach in seinen Grundzügen dem des *totalen Krieges*; es setzte also die nachdrücklich homogenisierte Gesellschaft voraus. Diese Einheit (des Denkens, Wollens, Handelns) der Gesellschaft sollte über das Konzept der *Wehrhaftmachung* des gesamten Volkes erreicht werden. Zwar verfehlte dieses Konzept in seinem politischen Teil die Wirklichkeit, und seine Propagierung vertiefte sogar noch die Kluft zwischen links und rechts in der Weimarer Republik. Zugleich jedoch war es in seinem militärischen Teil auf fatale Weise erfolgreich, denn es militarisierte die Gesellschaft durch und durch auf allen Seiten. Viele politische Gruppen in der Weimarer Republik verfügten schließlich über einen eigenen Wehrverband, und die unter dem Eindruck der Schrecken des Weltkriegs zunächst erstarkte pazifistische Strömung war zu Beginn der dreißiger Jahre fast schon versickert.

Die Formel von der Reichswehr als *Staat im Staate* kennzeichnet, wie bereits erwähnt, die Distanz ihrer Führungsgruppen zum politischen System und Betrieb der Weimarer Republik. Wenn wir aber nicht nur dieses politische System betrachten, sondern das gesamte Gefüge der unterschiedlichen Gruppen und Akteure der deutschen Gesellschaft zwischen 1918 und 1933, dann wird sofort klar, daß von einer Distanz der Reichswehr zu dieser Gesellschaft keine Rede sein kann. Zwar war die Republik politisch zweigeteilt, zwar wurde das Militär von links her mit Mißtrauen, Abwehr und Aggression angesehen (vgl. z.B. die entsprechenden Texte Tucholskys und anderer Linksintellektueller), aber die Mehrheit der Deutschen fand doch, daß zur Überwindung der elenden Lage der Nation nach dem Versailler Vertrag selbstverständlich eine starke Armee nötig sei. Die Reichswehr stand mit ihren der Republik gegenüber distanziert bis feindlich eingestellten Haltung keineswegs im gesellschaftlichen Abseits. Insbesondere in konservativen Kreisen gab es viele Gemeinsamkeiten bei den politischen Zielvorstellungen sowie beim Feindbild mit der Reichswehr.

Wenn wir nicht nur die Reichswehr ins Auge fassen, sondern uns fragen, wie denn die zivile Gesellschaft insgesamt das Militärische (gesehen als Verhaltensweise, Prinzipien- und Wertgefüge, unabhängig von deren konkreter Institutionalisierung) schätzte und beurteilte, wird uns die Weimarer Republik ein wenig unheimlich. Denn abgesehen von den im Laufe der Jahre rasch schwächer werdenden pazifistischen Strömungen waren militärische Wertvorstellungen, militante Verhaltensweisen und der Gedanke, daß deutsche Außenpolitik ohne Krieg und Gewalt kaum erfolgreich zu führen sei, überaus weit verbreitet.

Als die Weimarer Republik am Ende war, was durch den wirtschaftlichen Verfall im Gefolge der Weltwirtschaftskrise 1929/30 beschleunigt wurde, wäre es beinahe zu einer Zusammenfassung, Bündelung und Verschweißung aller in der Republik unter den verschiedensten politischen Bannern marschierenden Militarismen gekommen, mit Ausnahme des Nationalsozialismus. So nämlich sah es das Programm des allerdings nur kurze Zeit amtierenden Reichskanzlers und Generals a. D. Kurt von Schleicher vor. Dieses Programm scheiterte, und zwar nicht wegen starker Gegnerschaft auf der politischen Linken, sondern weil das konkurrierende politisch-militärische Konzept noch wirkungsvoller zu sein versprach: der Nationalsozialismus.

3.5 Wehrmacht und Nationalsozialismus

Was die Nationalsozialisten wollten, erschien 1933 gerade auch der Reichswehr-Führung vielversprechend, weil eine auch von ihr angestrebte *Wehrhaftmachung* des ganzen Volkes zentral dazugehörte. In der umfangreichen, durchaus kontroversen, in ihren Spitzenerzeugnissen so präzise differenzierenden wie entschieden urteilenden Fachliteratur wird immer wieder darauf hingewiesen, daß das innenpolitische Bündnis zwischen Hitler und der Reichswehr 1933/34 auf einer weitgehenden Übereinstimmung ihrer politischen Ziele beruhte, daß indes die Reichswehr in diesem Pakt sukzessive an Eigenmacht verlor und schließlich zum (fast) willenlosen Instrument des nationalsozialistischen Regimes und Hitlers wurde.[7]

Voraussetzung dieses (freilich niemals mit Brief und Siegel formalisierten) Pakts bildete auf Seiten der Reichswehr-Führung jenes Ziel-Geflecht von innergesellschaftlicher Ordnung und außenpolitischem Großmachtstreben, das im gesamten militärischen Führerkorps unumstritten war. Auf Seiten der Nationalsozialisten um Hitler lag das Interesse vor, die Aufrüstung voranzutreiben, mit den Vorbereitungen zu einem Revanche-Krieg zu beginnen und den lästig zu werden beginnenden Machtfaktor SA in Schach zu halten.

Eine wichtige Rolle spielte dabei der Faktor Zeit. Die innenpolitischen und die internationalen Turbulenzen in den frühen dreißiger Jahren, unter denen die Bedrohung durch den Kommunismus im Grunde kaum besonders hervorstach, wenngleich sie rhetorisch von allen Beteiligten betont wurde, schienen rasche Veränderungen erforderlich zu machen. Wie andere Funktionseliten der Weima-

---

[7] Die Studie von Carl Dirks, Karl-Heinz Janßen: Der Krieg der Generäle. Hitler als Werkzeug der Wehrmacht. Berlin (Propyläen) 1999 stellt dieses Verhältnis auf den Kopf und kann damit nicht überzeugen.

rer Republik auch sah die Reichswehr-Führung in der Verbindung mit den Nationalsozialisten 1933/34 die erfolgversprechende Möglichkeit, die zivile Gesellschaft mittels eines autoritären Staates zu zähmen und auf dieser Basis die Vorbereitungen zur militärischen Revision des außenpolitischen Status von Deutschland effektiver zu machen. Diese Sichtweise bestätigte sich auch zunächst, denn
in Hitlers erster Regierung befanden sich mehrere Deutschnationale und Natio-
nalkonservative, die mit dem revolutionären Gehabe der Nationalsozialisten und
speziell der SA nichts zu tun haben wollten. Außerdem versprach Hitler der
Reichswehr die Sicherung ihres Monopols als Waffenträger der Nation.

Innerhalb kurzer Zeit gelang es aber Hitler und seinen Mitkämpfern, die an-
fangs betonte sozio-politische Sonderstellung der Reichswehr fast vollständig
abzubauen. Die Ereignisse des Jahres 1934 stellen das Muster dar, nach dem
dieser Prozeß verlief, ein Prozeß, der, so kurios es klingen mag, eine besondere
Art von Integration der Streitkräfte in das totalitär umgestaltete Gesellschaftsge-
füge bewirkte.

Seit der Machtergreifung Hitlers war die Reichswehr (Heer, Marine sowie die
getarnt entstehende Luftwaffe) mit der Beschleunigung ihrer Aufrüstungsmaß-
nahmen beschäftigt. Zugleich schien ihr mit der SA innenpolitisch ein Waffen-
Konkurrent zu erwachsen. Auch für Hitler wurde diese Schlägertruppe unter dem
früheren Hauptmann Röhm langsam bedrohlich, weil sie durch ihr Auftreten und
mit ihren politisch-militärischen Aspirationen die Konsolidierung des Regimes
beeinträchtigte. Am 30. Juni 1934 machte Hitler dem ein Ende. In einer von der
Reichswehr-Führung gebilligten Nacht-und-Nebel-Aktion wurden Hunderte von
SA-Führern umgebracht; zugleich aber auch einige hochrangige Hitler-Gegner,
darunter die früheren Reichswehr-Generäle von Schleicher und von Bredow. Den
Vorwand für diese Aktion gaben mehr oder weniger gefälschte Indizien eines
bevorstehenden Putsches der SA ab, dem zuvorzukommen eine Sache der
‚Staatsnotwehr‘ sei.

Die Reichswehr verbuchte die Ausschaltung der SA als Sieg. Daß die mörderischen Übergriffe in ihre eigenen Reihen hineinreichten, wurde nach leichter
Irritation verdrängt. Das war eine grobe Selbsttäuschung. Denn nicht die Macht-
stellung der Reichswehr, wohl aber die Hitlers wurde durch die sogenannte ‚Nie-
derschlagung des Röhm-Putsches‘ nachhaltig gestärkt. Zudem gewann von nun
an die SS sukzessive mehr Macht im Staat und wurde zu einem viel wirksameren
Konkurrenten für die Streitkräfte.

Am 2. August 1934 starb der Reichspräsident von Hindenburg. Noch am gleichen Tag ließ Hitler ein Gesetz beschließen, das die Ämter von Reichskanzler
und Reichspräsidenten vereinigte. Zugleich veränderte er den Text der Eidesfor-
mel für die Soldaten.

Eidesformeln für Soldaten und Angehörige der Reichswehr/Wehrmacht
1919:
Ich schwöre Treue der Reichsverfassung und gelobe, daß ich als tapferer Soldat
das Deutsche Reich und seine gesetzmäßigen Einrichtungen jederzeit schützen,
dem Reichspräsidenten und meinen Vorgesetzten Gehorsam leisten will.
1933:
Ich schwöre bei Gott diesen heiligen Eid, daß ich meinem Volk und Vaterland all-
zeit treu und redlich dienen und als tapferer und gehorsamer Soldat bereit sein will,
jederzeit für diesen Eid mein Leben einzusetzen.
1934:
Ich schwöre bei Gott diesen heiligen Eid, daß ich dem Führer des Deutschen Reiches und Volkes Adolf Hitler, dem Oberbefehlshaber der Wehrmacht, unbedingten
Gehorsam leisten und als tapferer Soldat bereit sein will, jederzeit für diesen Eid
mein Leben einzusetzen.
*Quelle: Klaus-Jürgen Müller: Armee und Drittes Reich 1933-1939. Darstellung
und Dokumentation. Paderborn (F. Schöningh) 1987, S. 207/208.*

Die Tragweite dieser Umformulierungen läßt sich schwer einschätzen, aber sie
war beträchtlich. Seit August 1934 war der Eid der Soldaten Ausdruck des perso-
nalisierten Führerprinzips. Heutzutage, so hat es den Anschein, ist die Bindekraft
solcher Selbstverpflichtungen des Individuums an eine höhere Instanz ziemlich
gering. Das sah damals jedoch anders aus, und spätestens im Krieg und angesichts der Frage, ob man sich dem Widerstand gegen Hitler anschließen sollte
oder nicht, haben diese auf die Person Hitlers zugeschnittenen Formulierungen
ihre Wirkung entfaltet und manchen Soldaten auch dann noch ‚unbedingt gehorsam' weitermachen lassen, als er von der Vergeblichkeit, ja dem Verbrecherischen der ihm befohlenen Aufträge schon längst überzeugt sein mußte.
   Die Jahre 1933 bis 1939 waren gekennzeichnet durch einen raschen Auf- und
Ausbau der Wehrmacht und eine fatale Integration militärischer und nationalsozialistischer Werte und Perspektiven. Durch die Einführung der Allgemeinen
Wehrpflicht (16. März 1935) und die damit einhergehende Vergrößerung der
Streitkräfte wurde im übrigen auch die soziale Homogenität der Führer- und Un-
terführerkorps aufgelöst. Die Generäle sahen dies sehr wohl und waren entweder
besorgt oder billigten es.
   Auch die spektakulären und schäbigen Skandal-Ereignisse der Blomberg-
Fritsch-Krise vom Frühjahr 1938, in deren Verlauf zwei der höchsten Repräsentanten der militärischen Elite geradezu abserviert wurden, ohne daß sich die Militärorganisation dagegen zur Wehr setzte, zeigen an, daß die Integration der
Streitkräfte in den straff durchorganisierten Führerstaat gelungen war – eben mit
nationalsozialistischem Vorzeichen. Nun war der Führerstaat nur von seiner An-
lage her straff durchorganisiert; im politischen Alltag verhedderten sich die Fäden
binnengesellschaftlicher Machtpolitik oft ganz erheblich.

3.6 Der Ostfeldzug und das Überschreiten der Grenze zum Völkermord

Im Rückblick lassen sich die mörderischen Züge des nationalsozialistischen Regimes auch für seine Anfangsphase und die ,stabilen' Jahre bis zum Beginn des Krieges im September 1939 klar erkennen. Für die Zeitgenossen war das schwierig, und die relativ große allgemeine Zustimmung, auf die Hitler und seine Partei bauen konnten, bezog nur bei einer Minderheit Projekte wie die Massentötung Behinderter und die ,ethnische Säuberung' Deutschlands von Juden und Zigeunern ein. Nur war die Zahl derjenigen, die sich bewußt und unter Inkaufnahme der Konsequenzen *gegen* diese Projekte stellte, noch viel geringer.

Die Frage, ob die Deutschen prädisponiert waren zu „Hitlers willigen Vollstreckern" (Goldhagen) zu werden oder ob sie durch das alle Mittel der Propaganda und Manipulation perfekt beherrschende Regime zur schweigenden Hinnahme und in viel zu vielen Einzelfällen auch zum gewissenlosen Mitmachen verführt wurden, wird auch die nächsten Generationen in Deutschland beschäftigen. Die Streitkräfte, die zur Weimarer Republik Distanz hielten, verbündeten sich mit dem Nationalsozialismus aus einer Teil-Identität der politischen Ziele heraus, und zwar sowohl innenpolitischer (Wehrhaftmachung des Volkes) als auch außenpolitischer Ziele (Revision des Versailler Vertrags).

Daß die Wehrmacht als Organisation dabei auch zum Dritten Reich eine gewisse Distanz halten wollte und konnte, daß das Verhalten der Soldaten und besonders auch der Führung der Wehrmacht im Krieg (einmal abgesehen von einigen ,schwarzen Schafen') sich grundsätzlich von dem anderer nationalsozialistischer Waffenträger unterschied, und daß schließlich eine klare Trennung zwischen dem instrumentellen militärischen Professionalismus und den von Hitler vorgegebenen und mit dämonischem Geschick durchgesetzten politisch-strategischen Zielen gemacht werden kann – das sind drei Behauptungen, von denen jeder, der es genauer wissen wollte, immer schon wissen konnte, daß es zu allermeist nur Schutzbehauptungen waren.

Deswegen überrascht das mit einer gewissen zeitlichen Verzögerung einsetzende nachhaltige Echo – Pro und Contra – auf die vom Hamburger Institut für Sozialforschung zusammengestellte und seit Mitte der neunziger Jahre in vielen Orten Deutschlands gezeigte Ausstellung *Vernichtungskrieg: Verbrechen der Wehrmacht 1941 bis 1944*. Die Initiatoren dieser Ausstellung versuchen, die These zu belegen, daß die Wehrmacht in ihren ,Ostfeldzügen' und auf dem Balkan die Grenze zwischen Kriegsführung und Völkermord überschritten hat.

Vernichtungskrieg im Osten: Verbrechen der Wehrmacht
Der Krieg, den Hitler mit dem Tag seiner Machtübernahme vorzubereiten begann, konnte nach seinem Selbstverständnis nur ein Vernichtungskrieg sein, das heißt, er würde mit der Ausrottung des ,jüdischen Bolschewismus' und der endgültigen Besetzung der landwirtschaftlichen und industriell entwickelten Teile seines Territo-

riums enden. Daß er dazu benutzt würde, auch die Vernichtung der zentraleuropäischen Juden ins Werk zu setzen, war klar, unklar waren die Methoden. Insofern ist es richtig, den Krieg im Osten als den ‚eigentlichen' Krieg Hitlers zu bezeichnen und den Kriegsanfang auf 1941 zu datieren. Die bewaffneten Überfälle auf Polen, Frankreich und Skandinavien dienten nur seiner logistischen, ökonomischen, politischen Vorbereitung und rundeten die vorher erfolgten unbewaffneten Annexionen ab.

In den sogenannten ‚verbrecherischen Befehlen', die dem Feldzug vorausgingen, wurden die Opfergruppen für die Wehrmacht klar definiert: Kommissare waren zu erschießen, den Kriegsgefangenen wurde ihr international geschützter Status verwehrt, die Zivilbevölkerung verfiel als partisanenverdächtig dem Terror der Besatzer, die Juden wurden zwar den Einsatzgruppen überlassen, aber die Wehrmacht war über jeden Schritt des Vernichtungsprogramms unterrichtet und übernahm es, dessen Prolog zu organisieren. Der Abschluß der Judenvernichtung durch die Einsatzgruppen sollte...nach dem zu erwartenden kurzen Feldzug erfolgen. Als das scheiterte, wurde mit der sofortigen Durchführung der Vernichtungsprogramme unter weitgehender Einbeziehung der Wehrmacht begonnen. Ihre Führungskader hatten die ursprüngliche Aufgabenstellung akzeptiert, weil die Entgrenzung des Krieges eine Steigerung des professionellen Handlungsspielraums und die Aussicht auf Erfolg versprach. Das überwog partiell vorhandene Bedenken. Die Radikalisierung des Programms trugen die Führungskader der Wehrmacht mit, weil entweder die innere Homogenität der alten Offizierskaste längst brüchig und ihr Kontrollverlust offensichtlich geworden waren oder die neue Generation von Kommandeuren mit dem Genocid welcher Art auch immer keine Probleme hatte.
Quelle: Hannes Heer, Klaus Naumann: Einleitung, in: dies. (Hg.): Vernichtungskrieg: Verbrechen der Wehrmacht 1941-1944. Hamburg (Hamburger Edition) 1995, S. 29/30.

Dieses Urteil über die Verstrickung der Wehrmacht in den genocidalen Krieg im Osten faßt den Sachverhalt zwar etwas grob, aber insgesamt korrekt zusammen. Daß damit freilich noch nichts über das Verhalten der einzelnen Soldaten feststeht, ist auch klar, und der große Streit über die Ausstellung ging in der Hauptsache darüber, ob und inwieweit bestimmte Alltagsarchivalien, z.B. photographisch dokumentierte Mordaktionen oder Ausschnitte aus Briefen von Soldaten an ihre Familien zu Hause, die ‚ganze Wirklichkeit' des Ostfeldzugs repräsentieren oder nicht.

3.7 Zäsur 1945

Der aktiv und aggressiv geführte Beute- und Vernichtungskrieg des nationalsozialistischen Deutschland im Osten, für den auch die Wehrmacht ein Instrument war, verwandelte sich in den letzten Kriegsmonaten in einen unübersichtlichen Rückzug, aus dem ganz unterschiedliche Bilder vom Verhalten der Streitkräfte überliefert sind. Aber während die deutschen Truppen an der Ostsee heroisch-verzweifelt gegen die Rote Armee ankämpften, um der Zivilbevölkerung die rechtzeitige Flucht zu ermöglichen, wurde anderenorts oft noch ganz sinnlos gekämpft. Wiederum an anderen Stellen hatte sich schon längst eine ‚Rette-sich-wer-kann‘-Mentalität verbreitet. Der vom Dritten Reich begonnene *totale Krieg* näherte sich Ende 1944/Anfang 1945 in großen Schritten seinem Ende, der *totalen Niederlage*.[8]

Für die Entwicklung der internationalen Politik wie für die Geschichte Deutschlands bedeutet das Jahr 1945 gleichermaßen eine tiefe Zäsur. Das internationale System geriet sehr rasch unter den dominierenden Einfluß des Kalten Kriegs. Deutschland wurde ein weiteres Mal territorial verkleinert und zusätzlich geteilt (wobei die damit verbundenen Ziele und Erwartungen der Siegermächte sowie der Deutschen selbst ganz unterschiedlich waren).

Es sind aber, wie man an der Sequenz Teilung 1945/Wiedervereinigung Deutschlands 1990 erkennen kann, weniger diese äußerlichen Aspekte der Niederlage 1945 gewesen, die die nachhaltigste Veränderung bewirkt haben. Das waren vielmehr Aspekte der kollektiven Mentalität und Identität der Deutschen, ihrer politischen Kultur.

Teils als Reaktion auf den Schrecken des Krieges, der sich ja für alle, die damals dreißig Jahre und älter waren, mit dem Erlebnis der Schrecken des Ersten Weltkriegs verband, teils als Folge erzieherischer Einwirkungen der Siegermächte, bei vielen eher aus einem Zustand der Taubheit heraus, aus Opportunismus vielleicht bei manchen zunächst: Jedenfalls läßt sich eindeutig feststellen, daß 1945 das Ende einer deutschen politischen Kultur bedeutete, in welcher die Streitkräfte und das Militärische einen hervorgehobenen Platz eingenommen hatten. Militärische Gewalt, ganz abgesehen davon, daß sie ihnen für lange Zeit sowieso entweder nicht oder nur in sehr eingeschränkter Form zur Verfügung stehen würde, galt den Deutschen nicht länger als privilegiertes und erfolgreiches Mittel ihrer Politik. Das ist ein Reifungsprozeß, der im übrigen auch mehr politische Erfolge mit sich gebracht hat, als es jede militär-betonte Politik hätte schaffen können.

Man kann es auch anders sagen: Seit 1945 sind die Deutschen, unangesehen ihrer Rolle im Ost-West-Konflikt, eine Nation ohne militärische Ambitionen. Dies traf für die ‚alte‘ Bundesrepublik zu, aber auch für die DDR, und seit der Vereinigung hat sich hier nichts verändert.

Trotzdem hat es nach 1945, nach einer längeren Karenzzeit, deutsche Streitkräfte gegeben. Nur eben, daß diese auf andere Weise als alle ihre Vorgänger in die zivile Gesellschaft integriert, auf demokratie-konformen Grundsätzen aufge-

---

[8] Eine gute und konzentrierte Übersicht über die Kriegsereignisse des Zweiten Weltkriegs bietet: Lothar Gruchmann: Totaler Krieg. Vom Blitzkrieg zur bedingungslosen Kapitulation. München (dtv) 1991.

baut und nach demokratie-konformen Prinzipien gestaltet wurden. Das ging nicht ohne Reibungsverluste und Konflikte ab. Aber der Grundsachverhalt ist eindeutig: Die Bundeswehr ist eine Armee, die für eine revisionistische, expansionistische, kriegslüsterne Politik unfähig ist.

4. Deutschland ohne Streitkräfte –
Die Nachkriegskonstellation (1945-1955)

In der deutschen Geschichte stellt das Kriegsende 1945 einen Tiefpunkt dar, zugleich lieferte es die Chance für eine Veränderung des politischen Selbstverständnisses der Deutschen. Der 8. Mai 1945 beendete den Zweiten Weltkrieg in Europa (in Asien dauerte er noch mehrere Monate). Mit Ablauf dieses Tages war Deutschland von seinen Kriegsgegnern militärisch restlos besiegt. Es war aber auch, wenngleich gewissermaßen gegen sich selbst, vom Nationalsozialismus befreit worden. Bezeichnend ist, daß sich mit diesem Datum später keine grimmigen und revanche-versessenen Mythen verbanden, wie es sie nach dem Ersten Weltkrieg in Deutschland gegeben hatte.

4.1 Nie wieder Krieg

Die Nachkriegsplanungen der Siegermächte, so unvollkommen und widersprüchlich sie im einzelnen auch waren, basierten allesamt auf einem Ziel: Ausschaltung Deutschlands als eines destruktiven Machtfaktors (militärisch, politisch, wirtschaftlich) innerhalb der neu zu gestaltenden regionalen Ordnung Europas und der ebenfalls neu zu gestaltenden Weltordnung.

Wie nun diese Weltordnung aussehen würde, war nicht ganz eindeutig. Jedoch kann man aus den noch während des Krieges auf verschiedenen Konferenzen verabschiedeten Entwürfen internationaler Institutionen etwa folgende Grundstruktur ausmachen: Die Siegermächte würden künftig die Weltpolitik gemeinsam zu steuern versuchen, und zwar so, daß Konflikte zwischen ihnen friedlich geregelt und Konflikte zwischen anderen Staaten von ihnen gemeinsam in friedliche Bahnen gelenkt würden.

Wie es in Nachkriegssituationen und unter dem schockartigen Eindruck der erst an seinem Ende in ihrem Ausmaß ganz wahrgenommenen Schrecken des Krieges verständlich ist, wurde das politische Denken über die Zukunft von der Erleichterung über das Kriegsende und der Absicht bestimmt, Kriege in Zukunft ein für allemal zu unterbinden. Dabei dachte man, auch das ist verständlich, vor allem in Kategorien, die eigentlich schon überholt waren, denn man konzentrierte sich darauf, es nicht zu einer Wiederholung des gerade überwundenen Übels kommen zu lassen, also eines machtpolitischen Ausgreifens Deutschlands auf

Europa und gar darüber hinaus eines Wiederaufstiegs von Faschismus und Nationalsozialismus. Beide Aspekte sind großenteils, aber keineswegs völlig dek-
kungsgleich.

Am klarsten sind die Umrisse dieses Konzepts einer kooperativen, nicht-
hegemonialen *pax americana* in der Charta der Vereinten Nationen zu erkennen,
die am 26. Juni 1945 in San Francisco unterzeichnet wurde und Ende Oktober
1945 in Kraft trat.

Aus der Charta für die Vereinten Nationen (1945)
Art. 1:
Die Vereinten Nationen setzen sich folgende Ziele:

1. den Weltfrieden und die internationale Sicherheit zu wahren und zu diesem
   Zweck wirksame Kollektivmaßnahmen zu treffen, um Bedrohungen des Friedens zu verhüten und zu beseitigen, Angriffshandlungen und andere Friedens-
   brüche zu unterdrücken und internationale Streitigkeiten oder Situationen, die
   zu einem Friedensbruch führen könnten, durch friedliche Mittel nach den
   Grundsätzen der Gerechtigkeit und des Völkerrechts zu bereinigen oder bei-
   zulegen;
2. freundschaftliche, auf die Achtung vor dem Grundsatz der Gleichberechtigung
   und Selbstbestimmung der Völker beruhende Beziehungen zwischen den Nationen zu entwickeln und andere geeignete Maßnahmen zur Festigung des
   Weltfriedens zu treffen;
3. eine internationale Zusammenarbeit herbeizuführen, um internationale Probleme wirtschaftlicher, sozialer, kultureller und humanitärer Art zu lösen und
   die Achtung vor den Menschenrechten und Grundfreiheiten für alle ohne Unterschied der Rasse, des Geschlechts, der Sprache oder der Religion zu fördern
   und zu festigen;
4. ein Mittelpunkt zu sein, in dem die Bemühungen der Nationen zur Verwirli-
   chung dieser gemeinsamen Ziele aufeinander abgestimmt werden.

Art. 2:
Die Organisation und ihre Mitglieder handeln im Verfolg der in Artikel 1 darge-
legten Ziele nach folgenden Grundsätzen:

1. Die Organisation beruht auf dem Grundsatz der souveränen Gleichheit aller ihrer Mitglieder...
3. Alle Mitglieder legen ihre internationalen Streitigkeiten durch friedliche Mittel
   so bei, daß der Weltfriede, die internationale Sicherheit und die Gerechtigkeit
   nicht gefährdet sind.
4. Alle Mitglieder unterlassen in ihren internationalen Beziehungen jede gegen
   die territoriale Unversehrtheit oder die politische Unabhängigkeit eines Staates
   gerichtete oder sonst mit den Ziele der Vereinten Nationen unvereinbare An-
   drohung oder Anwendung von Gewalt....

Art. 51:
Diese Charta beeinträchtigt im Falle eines bewaffneten Angriffs gegen ein Mitglied der Vereinten Nationen keineswegs das naturgegebene Recht zur individuel-

len oder kollektiven Selbstverteidigung, bis der Sicherheitsrat die zur Wahrung des Weltfriedens und der internationalen Sicherheit erforderlichen Maßnahmen getroffen hat...

Quelle: Klaus Hüfner (Hg.): Die Reform der Vereinten Nationen. Die Weltorganisation zwischen Krise und Erneuerung. Opladen (Leske & Budrich) 1994, S. 316 und S. 322.

Zur Steuerung der friedlichen Beilegung von Streitigkeiten und für Maßnahmen bei Bedrohung oder Bruch des Friedens und bei Angriffshandlungen haben die Vereinten Nationen den Sicherheitsrat, der ursprünglich aus elf Mitgliedern bestand, 1965 auf fünfzehn Mitglieder aufgestockt wurde und dem die Siegermächte des Zweiten Weltkriegs - Frankreich, UdSSR (nach deren Implosion Rußland), Großbritannien und die USA – sowie China als ständige Mitglieder mit besonderen Befugnissen angehören.

Die Charta der Vereinten Nationen und ihre Organisation sind sehr beeindruckend. Jedoch konnten sie die damit verbundenen optimistischen Erwartungen nur zu geringen Teilen erfüllen. Daran hat sich auch nach dem Ende des Ost-West-Konflikts nichts geändert.

4.2 Entmilitarisierung

Das Ziel, Deutschland zu entmilitarisieren, verfolgten die Siegermächte nach 1945 zunächst noch im Gleichschritt. Bezüglich Deutschland galten Entschlüsse, die man gemeinsam auf den Konferenzen von Jalta (4. bis 11. Februar 1945) und Potsdam (17. Juli bis 2. August 1945) formuliert hatte.

Auszüge aus dem Potsdamer Abkommen vom 2. August 1945
Der deutsche Militarismus und Nazismus werden ausgerottet, und die Alliierten treffen nach gegenseitiger Vereinbarung in der Gegenwart und in der Zukunft auch andere Maßnahmen, die notwendig sind, damit Deutschland niemals wieder mehr seine Nachbarn oder die Erhaltung des Friedens in der ganzen Welt bedrohen kann.
Es ist nicht die Absicht der Alliierten, das ganze deutsche Volk zu vernichten oder zu versklaven. Die Alliierten wollen dem deutschen Volk die Möglichkeit geben, sich darauf vorzubereiten, sein Leben auf einer demokratischen und friedlichen Grundlage von neuem wieder aufzubauen. Wenn die eigenen Anstrengungen des deutschen Volkes unablässig auf die Erreichung dieses Zieles gerichtet sein werden, wird es ihm möglich sein, zu gegebener Zeit seinen Platz unter den freien und friedlichen Völkern der Welt einzunehmen...
Die Ziele der Besetzung Deutschlands, durch welche der Kontrollrat sich leiten lassen soll, sind:
(I.) Völlige Abrüstung und Entmilitarisierung Deutschlands und die Ausschaltung der gesamten deutschen Industrie, welche für eine Kriegsproduktion benutzt werden kann, oder deren Überwachung. Zu diesem Zweck:

a) werden alle Land-, See- und Luftstreitkräfte Deutschlands, SS, SA, SD und Gestapo mit allen ihren Organisationen, Stäben und Ämtern, einschließlich des Generalstabes, des Offizierkorps, der Reservisten, der Kriegsschulen, der Kriegervereine und aller anderen militärischen und halbmilitärischen Organisationen zusammen mit ihren Vereinen und Unterorganisationen, die den Interessen der Erhaltung der militärischen Tradition dienen, völlig und endgültig aufgelöst, um damit für immer der Wiedergeburt oder Wiederaufrichtung des deutschen Militarismus und Nazismus vorzubeugen;

b) müssen sich alle Waffen, Munition und Kriegsgerät und alle Spezialmittel, zu deren Herstellung in der Gewalt der Alliierten befinden oder vernichtet werden...

(II.) Das deutsche Volk muß überzeugt werden, daß es eine totale militärische Niederlage erlitten hat und daß es sich nicht der Verantwortung entziehen kann für das, was es selbst dadurch auf sich geladen hat, daß seine eigene mitleidlose Kriegsführung und der fanatische Widerstand der Nazis die deutsche Wirtschaft zerstört und Chaos und Elend unvermeidlich gemacht haben.

(III.) Die Nationalsozialistische Partei mit ihren angeschlossenen Gliederungen und Unterorganisationen ist zu vernichten; alle nationalsozialistischen Ämter sind aufzulösen; es sind Sicherheiten dafür zu schaffen, daß sie in keiner Form wieder auferstehen können; jeder nazistischen und militaristischen Betätigung und Propaganda ist vorzubeugen...

Quelle: Klaus von Schubert (Hg.): Sicherheitspolitik der Bundesrepublik Deutschland. Dokumentation 1945-1977, Teil 1, Köln (Verlag Wissenschaft und Politik) 1978, S. 59-60.

An diesem Dokument, das in den Jahren des Kalten Krieges als Propaganda-Instrument zwischen Ost und West wichtig war, fällt auf, daß die Begriffe *deutscher Militarismus* und *Nazismus* sozusagen in einem Atemzug genannt werden – und unter ersterem nicht nur die Wehrmacht, sondern implizit die gesamte deutsche Militärtradition mindestens seit Bismarcks Einigungskriegen erfaßt wird. Ebenso auffallend ist, daß die Siegermächte (offenbar bereits mit bestimmten politischen Hintergedanken) eine Trennung zwischen dem *deutschen Volk* und den Führungsschichten des Dritten Reichs vornehmen. Den Deutschen werden Hoffnungen auf einen Platz unter den freien und friedlichen Völkern der Welt gemacht. Voraussetzung ist, daß sie sich selbst zu einem solchen friedlichen und demokratisch regierten Volk verwandeln lassen.

Alle Formulierungen zur Entmilitarisierung sind eindeutig und kompromißlos. Sie waren auch so gemeint.

4.3 Ost-West-Konflikt als Kalter Krieg

Als vier Jahre später aus den drei westlichen Besatzungszonen die Bundesrepublik Deutschland und aus der sowjetischen Besatzungszone die Deutsche Demokratische Republik wurde, hatte sich die Weltlage gründlich verändert. Die

Rückwirkungen dieser Veränderung auf das Schicksal der Deutschen waren enorm.

In diesem Jahr hatte der Kalte Krieg in Europa mit der Berlin-Blockade seitens der UdSSR und den Hilfsaktionen der Westmächte für West-Berlin schon einen ersten Höhepunkt hinter sich. Unter *Höhepunkt des Kalten Krieges*, und es sollte noch mehrere geben, muß man sich eine Zuspitzung der politischen Konfrontation zwischen Ost und West vorstellen, eine dramatische Krise, die zu einer militärischen Konfrontation zwischen ihnen zu führen drohte und entsprechend Furcht und zuweilen fast schon so etwas wie Panik unter den Menschen, die sich derart bedroht fühlten, auslöste.

Was war vorgefallen, daß die *Nie wieder Krieg*-Perspektive der unmittelbaren Nachkriegszeit sich aufgelöst hatte? Zunächst einmal muß man feststellen, daß die Harmonie zwischen den westlichen Siegermächten auf der einen und der UdSSR auf der anderen Seite auch während des Zweiten Weltkriegs nur auf einem Zweckbündnis (*Anti-Hitler-Koalition*) beruht hatte und von tiefem gegenseitigen Mißtrauen bezüglich der mittel- und langfristigen Absichten sowie von Vorstellungen über den Niedergang der jeweils anderen Wirtschafts- und Gesellschaftsordnung geprägt gewesen war. Anders gesagt: die Brisanz des mit der bolschewistischen Revolution 1918 virulent gewordene Ost-West-Konflikts wurde zwar zwischen 1941 und 1945 überlagert, weil Ost und West gemeinsam gegen einen für beide als gleichermaßen bedrohlich empfundenen Feind (die Achsenmächte Deutschland, Italien und Japan) kämpften. Als dieser Feind besiegt war, traten die divergierenden Interessen und Vorstellungen über die künftige Weltordnung jedoch rasch wieder in den Vordergrund.

Zwar schien es zunächst noch so, als würde eine eher kooperative Ausgestaltung der internationalen Beziehungen und der unterschiedlichen Interessen in Ost und West möglich sein. Jedoch es stellte sich bald heraus, daß die beteiligten Hauptakteure USA und UdSSR, nicht zuletzt aus innenpolitischen Gründen, mehr und mehr, nach einer kurzen Übergangsphase sogar mit geradezu atemberaubender Geschwindigkeit, von der Kooperation zur Konfrontation übergehen wollten. Binnen zweier Jahre, von 1945 bis 1947, nahm der Ost-West-Konflikt die Austragungsform des Kalten Krieges an.

Kalter Krieg besagt, daß die Akteure alle Mittel der Konfrontation, von der Propaganda bis zu Wirtschaftsmaßnahmen, in Anspruch nahmen, um den Gegner zu bekämpfen und seinen Einfluß zu mindern – aber daß direkte militärische Gewalt zwischen ihnen ausdrücklich nicht in den Katalog dieser Konfrontations-Instrumente aufgenommen wurden. Zwar stand die Welt in der Zeit des Kalten Krieges ein paar Mal nicht weit vom Abgrund des ,heißen' Krieges. Und es gab auch nach 1945 zahlreiche Kriege, in welche die Führungsmächte des Ost-West-Konflikts indirekt verwickelt waren (z. B. über Waffenlieferungen, Militärhilfe aller Art usw.). Aber die direkte militärische Konfrontation wurde von beiden

Seiten bewußt vermieden. Nicht aus humanitären Gründen, sondern weil der Schatten der Atombombe hier als paradoxes Zähmungsmittel wirkte.

Die Grenze im Ost-West-Konflikt verlief in Europa in der Regel dort, wo sich am Ende des Zweiten Weltkriegs die westlichen und die sowjetischen Truppen getroffen hatten. Also mitten durch Deutschland, mitten durch Berlin. Diese Grenze wurde zum Eisernen Vorhang, was soviel heißt, daß sie besonders wirksam befestigt und kontrolliert wurde. Die östliche Politik war darauf gerichtet, diese Grenze unverletzlich und unverrückbar zu machen (später, nach dem Sieg des Sozialismus auch in Westeuropa würde sie von alleine verschwinden). Die westliche Politik akzeptierte diese Grenze rhetorisch nicht, de facto aber doch, hielt aber den Anspruch immer aufrecht, auch die jenseits des Eisernen Vorhangs wohnenden Menschen und Völker eines Tages in die Gemeinschaft der freien Völker aufzunehmen.

Darum ging es ja im Ost-West-Konflikt: um einen (1) *Machtkonflikt* zwischen konkurrierenden Staaten, aber auch um einen (2) *gesellschaftlichen Konflikt* zwischen einander entgegengesetzten Ordnungskonzepten und um einen (3) *ideologischen Konflikt* zwischen Menschen- und Weltbildern. Im Ost-West-Konflikt war all dies gebündelt, und zwar sowohl auf der innenpolitischen als auch auf der zwischenstaatlichen Ebene. Die Repräsentanten dieses Konflikts blieben programmatisch immer negativ aufeinander bezogen. Hüben wie drüben wurde er als *Wettkampf der Systeme* interpretiert, als Konkurrenz zweier Weltordnungs-Angebote, von denen jedes in den Augen seiner Vertreter das effektivere und menschlichere war. Eine weitere Dimension dieses Konflikts liegt quer zu den anderen dreien und hat sich gewissermaßen aus der machtpolitischen Ebene herausgelöst: Es handelt sich um die (4) *nukleare Konfrontation* seit den späten vierziger Jahren.

4.4 Vom Feind zum Verbündeten

Die Schärfe des Ost-West-Konflikts ließ das Schlimmste befürchten. Das Schlimmste, das war die militärische Fortsetzung des Kalten Kriegs in einen dritten Weltkrieg. Die beiden 1949 gegründeten deutschen Staaten wurden zwar noch immer von vielen ihrer Nachbarn argwöhnisch betrachtet. Aber sie hatten nun eine ganz besondere Rolle in diesem Konflikt, sie waren die europäischen Frontstaaten und deshalb vielleicht nicht die wichtigsten, jedoch sehr wichtige Verbündete der Führungsmacht in ihrem jeweiligen Lager.

Gleichviel, ob die führenden Politiker des Ost-West-Konflikts in diesen Jahren, der amerikanische Präsident Truman und der sowjetische Diktator Stalin, oder ihre einflußreichen Berater auf einen solchen Krieg hinsteuerten (wie die Propaganda der jeweils anderen Seite unterstellte), allein schon die Art und Weise der Konfrontation ließ die Bedrohungswahrnehmungen hochsteigen. Besonders natürlich in Berlin und im geteilten Deutschland. Die Gefährlichkeit dieser Bedrohung durch die UdSSR und ihre Satelliten (= den von ihnen aufs Genaueste kontrollierten Staatsführungen) in Osteuropa wurde im Westen so hoch eingeschätzt, daß es sich geradezu aufdrängte, die Wiederbewaffnung der Bundesrepublik zur Stärkung des eigenen militärischen Potentials in Erwägung zu ziehen. Aus östlicher Perspektive sah es, mit umgekehrten Vorzeichen, ähnlich aus. So waren die konzeptionellen Wege zum Aufbau der Nationalen Volksarmee in der DDR und der Bundeswehr in der Bundesrepublik Deutschland durch die Gestalt der Konfliktstruktur des internationalen Systems vorgestanzt.

Das entscheidende Datum zur Beförderung von vorher nur eher in kleineren Zirkeln angedachten Anstrengungen, die westliche Fähigkeit zur Verteidigung gegen einen Angriff aus dem Osten zu vergrößern, indem man die Westdeutschen zu einem aktiven Verteidigungsbeitrag aufforderte, war der 25. Juni 1950. An diesem Tag überschritten nordkoreanische Truppen die Grenze nach Südkorea. Der sich daraus entwickelnde Korea-Krieg schien – wenige Monate nach dem Sieg der Kommunisten unter Mao Tse-tung im chinesischen Bürgerkrieg – eine auch mit militärischen Mitteln vorangebrachte weltpolitische Initiative der UdSSR einzuleiten. Und weil insbesondere Westeuropa wegen seiner geographischen Lage am Westzipfel der von der UdSSR kontrollierten Landmasse stark gefährdet schien, weil diese Gefährdung jetzt auch in den Öffentlichkeiten der westlichen Länder als immer akutere Bedrohung wahrgenommen wurde, fielen die meisten politischen Bedenken gegen die Aufstellung deutscher Streitkräfte in sich zusammen.

Die wenigsten Bedenken gab es übrigens unter den hohen Militärs der West-Alliierten. In diesen Kreisen hielt sich auch eine von politischen Vorbehalten nur wenig überschattete rein professionelle Bewunderung für die ‚militärischen Leistungen‘ der Wehrmacht im Krieg. Das war und ist zwiespältig[1], vielleicht angemessen für Fachleute in Fragen der Militärstrategie, Taktik oder Logistik in den Reihen der ehemaligen Kriegsgegner Deutschlands. Für die Deutschen selbst war und ist eine solche Blickfeld-Verengung auf die Wehrmacht nicht angemessen.

4.5 Adenauers Sicht der Wiederbewaffnung

Der erste Bundeskanzler der Bundesrepublik Deutschland hielt nicht viel von militärischen Mitteln zur Durchsetzung politischer Ziele. Das unterschied ihn in

---

[1] Ich benutze das Wort *zwiespältig* sozusagen in seiner ganzen Breite. Die damit hier gekennzeichnete Betrachtungsweise ist legitim, sie vermag auch eine Reihe von militär-relevanten Erkenntnissen zu Tage fördern; zugleich ist sie, weil vom politischen Kontext absehend, nicht in der Lage, die Leistungen und Fehlleistungen der Wehrmacht und ihrer Soldaten in einem Gesamturteil zu integrieren.

den Nachkriegsjahren nicht von den meisten anderen Deutschen. Jedoch verfügte er über ein klares Bild der Weltlage und ein ebenso klares außenpolitisches Konzept für die Bundesrepublik im Ost-West-Konflikt. Dieses Konzept hat er nie hinter rhetorischem Nebel verborgen gehalten.

> *Adenauer auf dem Rheinischen Parteitag der CDU am 7./8. Dezember 1949*
> Nach all dem, was in den letzten Jahren geschehen ist, sind die Deutschen absolute Kriegsgegner. Wir alle hoffen, daß es zu keinem neuen Krieg kommen wird. Aber die Spannung zwischen Ost und West hat sich in letzter Zeit verschärft, und wenn auf beiden Seiten militärische Vorkehrungen getroffen werden, ist es natürlich möglich, daß etwas passiert. In einem solchen Fall stünde Deutschland entwaffnet und schutzlos dar. Man kann von den Deutschen nicht erwarten, daß sie als Söldner in fremden Heeren dienen. Aber wenn eine europäische Föderation einen westdeutschen Beitrag zur Verteidigung Europas verlangen sollte, dann könnten sich unter gewissen Umständen auch Deutsche genauso wie Engländer, Franzosen und andere Nationen beteiligen.
> *Quelle: Konrad Adenauer: Erinnerungen 1945-1953. Stuttgart (Deutsche Verlags-Anstalt) 1965, S. 344-345.*

Primär war die Wiederbewaffnung für Adenauer ein Hebel, um für die Bundesrepublik Deutschland politische Souveränität und Gleichberechtigung zu erreichen.

In seinen *Erinnerungen* faßt er seine damalige politische Prioritäten-Liste noch einmal zusammen (dieses Mal aus der Sicht von 1965, wohingegen die oben zitierte Passage ein Redetext aus dem Jahr 1949 ist). Es seien drei Faktoren gewesen, die seine Haltung in der Frage der Wiederbewaffnung beeinflußten: 1. Die Erlangung der Souveränität als Folge der Wiederaufrüstung, 2. Sicherheit gegenüber der Aufrüstung der Sowjetzone (=DDR) durch die UdSSR, 3. die Herbeiführung einer europäischen Föderation.

4.6 Europäische Verteidigungs-Gemeinschaft

Diese drei Punkte widersprechen einander nicht, sondern bilden ein kunstvoll verknüpftes Ganzes. Die Adenauer'sche Politik der *Westintegration* besaß eine transatlantische und eine (west-)europäische Dimension, und letztere lag ihm ganz besonders am Herzen. Die politische *Aussöhnung*[2] mit Frankreich war besonders auch unter militär- und sicherheitspolitischen Gesichtspunkten kompli-

---

[2] Dieser Begriff ist eine Metapher im politischen Sprachschatz der Zeit. Er meinte eine grundlegende Neudefinition der politischen, wirtschaftlichen und kulturellen Beziehungen zwischen Frankreich und der Bundesrepublik, wobei allen Beobachtern klar war, daß ohne sie eine wie auch immer geartete europäische Föderation ausbleiben würde.

ziert. Das bundesdeutsche Angebot eines Verteidigungs-*Beitrags* zur Verteidigung des Westens gegen die Bedrohung aus dem Osten bei gleichzeitiger Zurückweisung eines Söldner-Status deutscher Soldaten in den Streitkräften anderer Staaten stellte Frankreich in der Tat vor ein Dilemma. Sollte man den mißtrauisch beäugten östlichen Nachbarn, anders als man es sich 1945 geschworen hatte, doch wieder Waffen in die Hand nehmen lassen? Was, wenn er sie ein weiteres Mal gegen Frankreich einsetzt? Oder sollte man das Risiko einer unbewaffneten Bundesrepublik eingehen, die dann möglicherweise auf dem *Rapallo*-Wege zur nationalen Einheit und zu einem Einvernehmen mit der UdSSR finden könnte und danach noch viel bedrohlicher für Frankreich würde?

Als Ausweg aus diesem Dilemma ergab sich ein eigentümlich hybrides und in professionell-militärischer Hinsicht nicht gerade sehr sinnvolles, aber sicherheitspolitisch recht attraktives Projekt, die *Europäische Verteidigungs-Gemeinschaft*. Dieses Projekt wurde am 24. Oktober 1950 vom französischen Ministerpräsidenten Pleven lanciert. Der Pleven-Plan sah die Gründung einer supra-nationalen (west-)europäischen Streitmacht vor.

Ausschnitt aus der Regierungserklärung von René Pleven vom 24. 10. 1950

Die Aufstellung einer europäischen Armee könnte sich nicht einfach aus der Zusammenfassung nationaler Militäreinheiten ergeben, die in Wirklichkeit nur eine Koalition alten Typs verschleiern würde. Unzweifelhaft gemeinsamen Aufgaben können nur gemeinsame Organismen gerecht werden. Eine Armee des geeinten Europas, gebildet aus Männern der verschiedenen europäischen Nationen, soll, soweit dies irgend möglich ist, eine vollständige Verschmelzung der Mannschaften und der Ausrüstung herbei führen, die unter einer einheitlichen politischen und militärischen europäischen Autorität zusammengefaßt werden.
Quelle: Europa-Archiv, November 1950, S. 3518.

Diesem „fünf Jahre nach dem Ende des Zweiten Weltkrieges ebenso kühnen wie psychologisch unzeitgemäßen politischen Entwurf"[3] einer europäischen Armee lag von französischer Seite als Hauptmotiv zugrunde, soviel Sicherheitsvorkehrungen wie möglich gegen ein wieder erstarkendes Deutschland einzurichten und alle Ansätze zu einer militärischen Eigenständigkeit Deutschlands im Keim zu ersticken. Die westdeutsche Regierung schluckte die Kröte dieses Mißtrauens und interpretierte den Pleven-Plan als, wie Kanzler Adenauer sich vor dem Deutschen Bundestag ausdrückte, „einen wesentlichen Beitrag zur Integration Europas".

Tatsächlich war der Plan einer integrierten europäischen Armee nicht nur kühn, aber psychologisch (nicht zuletzt für Frankreich, wie sich herausstellen sollte) unzeitgemäß, er war auch integrationspolitisch gesehen eine Utopie und

---

[3] Militärgeschichtliches Forschungsamt (Hg.): Anfänge westdeutscher Sicherheitspolitik 1945-1956. Bd. 2: Die EVG-Phase. München (R. Oldenbourg) 1990, S. 15.

militärisch unpraktikabel. Die Experten aus Frankreich, der Bundesrepublik, Italien und den Benelux-Staaten handelten zwar in den folgenden Monaten in zähem Ringen einen Vertrag über die Gründung einer Europäischen Verteidigungsgemeinschaft mit einer Menge militärischer Bestimmungen aus. Der Vertrag wurde auch von den Regierungsvertretern der sechs Länder unterzeichnet (27. Mai 1952), aber er trat nie in Kraft. Ausgerechnet Frankreich, der Initiator des Projekts, versagte ihm schließlich seine Zustimmung – seine Annahme scheiterte im französischen Parlament am 30. August 1954.

Über die Motive der Beteiligten, ihre Gedanken und Hintergedanken, über die taktischen Winkelzüge der Befürworter und Gegner der EVG in Frankreich zu lesen, ist auch heute noch spannend.[4] Wenn man sich hingegen zur nicht so spannenden Lektüre des Vertragstextes und insbesondere seiner militärischen Bestimmungen entschließt, wird rasch offenbar, daß die Konstruktion einer multinationalen und bis hinunter auf die Ebene von Divisionen (hier *Grundeinheiten* genannt) integrierten Europa-Armee zum damaligen Zeitpunkt wirklich ein totgeborenes Kind war. Der Detailreichtum der Planungen kann nicht verdecken, daß es so gut wie unmöglich gewesen wäre, diese auch umzusetzen. Die Europa-Armee wäre damals allein schon an den sprachlichen Verständigungs-Schwierigkeiten ihrer Soldaten gescheitert.

Auszug aus dem Vertrag über die Gründung der EVG vom 27.5.1952
Militärische Bestimmungen
Art. 68
§ 1. Die Grundeinheiten, in denen die verschiedenen Waffen der Landstreitkräfte zusammenwirken, setzen sich aus Truppenteilen gleicher nationaler Herkunft zusammen. Diese Grundeinheiten sollen so beweglich sein wie dies der Grundsatz der Wirksamkeit erlaubt. Sie werden so weit wie möglich von Versorgungsaufgaben entlastet und unterstehen hinsichtlich ihrer Versorgung und ihres Unterhaltes gemischten (integrierten) höheren Stäben.
...

Art 79
Eine für die Mitglieder der Europäischen Verteidigungsstreitkräfte geltende einheitliche allgemeine Militärdisziplinarordnung wird durch Vereinbarung zwischen den Regierungen und Mitgliedstaaten geschaffen und nach den verfassungsrechtlichen Bestimmungen der einzelnen Mitgliedstaaten ratifiziert.
...

Militär-Protokoll
Titel 1 Die Grundeinheiten
Erster Artikel Landstreitkräfte
§ 1 Die national geschlossene Grundeinheit ist der „Kampfverband", in dem die verschiedenen Waffen der Landstreitkräfte organisch zusammenwirken.

---

[4] Vgl. Paul Noack: Das Scheitern der Europäischen Verteidigungsgemeinschaft. Entscheidungsprozesse vor und nach dem 30. August 1954. Düsseldorf (Droste) 1979.

§ 2 Drei Hauptarten von Kampfverbänden werden nachfolgend festgelegt:
- der Infanterie-Kampfverband
- der Panzer-Kampfverband
- der Panzerbegleit-Kampfverband
...

Allgemeine Gliederung und Stärken des Infanterie-Kampfverbandes:

Führungsorgane: Ein Kampfverbandsstab und eine Stabskompanie

Kampftruppen: eine Aufklärungskompanie
drei Infanterieregimenter mit je drei Bataillonen
ein motorisierter Artillerie-Verband mit fünf Abteilungen:
ein motorisiertes Pionierbataillon
eine Fernmeldekompanie

Versorgungstruppen:...

Stärken des Infanterie-Kampfverbandes:

Maximal-Friedensstärke: 13.000

Kriegsstärke: 15.000

Quelle: Klaus von Schubert (Hg.): Sicherheitspolitik der Bundesrepublik Deutschland. Dokumentation 1945-1977. Teil 2. Köln (Verlag Wissenschaft und Politik) 1978, S. 285 –290.

4.7 Opposition zur Wiederbewaffnung

Zu Anfang der fünfziger Jahre waren sich die Bundesregierung und die Westmächte darüber einig, daß es einen deutschen Verteidigungsbeitrag geben, daß dieser aber keine eigenmächtige militärische Handlungsfähigkeit der Bundesrepublik zur Folge haben sollte. Der Weg zur Aufstellung westdeutscher Streitkräfte Ende 1955 / Anfang 1956 führte allerdings nicht in eine integrierte Europa-Armee, sondern in die NATO. Die Jahre 1951 bis 1955 sahen die Experten für die organisatorischen, rechtlichen, militärischen und politischen Aspekte neu aufzustellender Streitkräfte in großer Geschäftigkeit. Dies passierte mehr auf dem hinteren Teil der politischen Bühne. Der Vordergrund war von den Protagonisten einer heftigen und die Bevölkerung geradezu aufwühlenden öffentlichen Debatte über Sinn und Folgen sowie über die Gestalt deutscher Streitkräfte sowie über die mit ihnen verbundenen Gefahren besetzt.

Tatsächlich erfaßte diese Debatte große Kreise der politisch interessierten Bürgerinnen und Bürger, so daß man mit Fug und Recht behaupten kann, es sei sich in dieser sehr kontroversen Auseinandersetzung über die künftigen Streitkräfte der neue Staat zum ersten Mal als ein lebendiges Gemeinwesen bewußt geworden.

Besonders wichtig für die Entwicklung der politischen Kultur der Bundesrepublik war auch die Art und Weise der öffentlichen Auseinandersetzung. *Erstens* im Bundestag: die verschiedenen Wehrdebatten sind von großem Ernst und star-

kem moralisch-politischen Engagement gekennzeichnet. Außerdem erbrachten
sie wirklich eine große Zahl bedenkenswerter Argumente. Dieser Eindruck stellt
sich auch heute noch her, wenn man die entsprechenden Bundestags-Protokolle
durchliest. *Zweitens* in der Gesellschaft: nicht nur die politischen Parteien, sondern auch die Gewerkschaften, die Kirchen[5], Wirtschaftsverbände, Soldatenver-
bände und nicht zuletzt auch Jugendorganisationen beteiligten sich an der Auseinandersetzung. Das war ein gutes Zeichen dafür, daß die Demokratie nicht nur
als Staatsform, sondern auch in der Gesellschaft als Rahmen- und Gestaltungsin-
strument der Politik Wurzeln geschlagen hatte.

Die wichtigsten Argumente der (untereinander in manchen Punkten keineswegs
einigen) Gegner einer Wiederbewaffnung lassen sich wie folgt zusammenfassen:

– Die Aufstellung der Bundeswehr und ihre Integration in westliche Bündnisse
   verfestigen die Teilung des Landes, denn als wiedervereinigtes Deutschland
   läßt sich allenfalls ein militärisch schwaches und im Ost-West-Konflikt neu-
   trales Deutschland denken.
– Deutsche Soldaten, das bedeutet ein Wiederaufleben des deutschen Militarismus.
– Die Deutschen haben mit dem Nationalsozialismus und den Greueln des
   Weltkriegs ein für allemal das moralische und politische Recht verwirkt, Politik mit militärischen Mitteln zu treiben.
– Die Wiederbewaffnung bedeutet eine Provokation der UdSSR und eine Bedrohung für sie, die sie nicht hinnehmen werde. Sie stellt den ersten Schritt in
   Richtung auf den nächsten Krieg dar.
– Wenn es zu einem Krieg in Europa zwischen Ost und West kommt, wird er
   auf deutschem Boden ausgetragen werden und uns alle in den Abgrund rei-
   ßen. Deshalb müssen die Deutschen alles tun, um den labilen Frieden im
   Kalten Krieg zu stabilisieren, und alles unterlassen, ihn weiter zu destabilisie-
   ren.
– Solange Deutschland nicht völlig gleichberechtigt im Kreise anderer Länder
   auftreten darf, so lange braucht es auch keine militärischen Lasten zu tragen.

Die Intensität der Bedrohungswahrnehmung, die beim Ausbruch des Korea-
Krieges 1952 angestiegen war, ließ bald wieder nach. In demoskopischen Untersuchungen, deren Ergebnisse allerdings mit einiger Vorsicht aufgenommen wer-

---

[5]: „Die wohl leidenschaftlichsten und tiefschürfensten Debatten über Sinn und Sinnlosigkeit, über
Recht oder Unrecht eines Wehrbeitrags wurden innerhalb der Evangelischen Kirche (1950: 50,1 % der
Religionszugehörigen) geführt." Hans-Adolf Jacobsen: Zur Rolle der öffentlichen Meinung bei der
Debatte um die Wiederbewaffnung 1950-1955. In: Militärgeschichtliches Forschungsamt (Hg.):
Aspekte der deutschen Wiederbewaffnung bis 1955. Boppard (H. Boldt) 1975, S. 76.

den müssen, weil sie manchmal auch ein wenig ‚herbeigefragt' sein mögen, ergibt sich eine nicht geringe Schwankungsbreite bei der Zustimmung zu einer
künftigen westdeutschen Streitmacht. Ohne den sich immer sichtbarer anbahnen-
den wirtschaftlichen Aufschwung der Bundesrepublik, der sich politisch eben
auch als Zustimmung zur Kanzlerschaft Adenauers ausdrückte, wäre es diesem
sehr viel schwerer gefallen, wenn nicht unmöglich geworden, die Aufstellung der
Bundeswehr durchzusetzen.

Es war allerdings ein schweres Stück politischer Arbeit, bei der seitens der
Regierung auch alle Möglichkeiten zur Propagierung und Durchsetzung ihrer
wehr- und sicherheitspolitischen Grundentscheidung bis zum Rande der Legalität
genutzt wurden. Populär war der Gedanke, es solle wieder deutsche Soldaten
geben, überhaupt nicht, naturgemäß am wenigsten unter den Jugendlichen. Neben
der Bedrohungswahrnehmung im Blick auf die andere Seite des Eisernen Vorhangs, neben den wirtschaftlichen Erfolgen der Bundesrepublik und neben dem
sanften Druck der USA war es sicherlich auch die öffentliche Debatte selbst, die
die Argumente der Wiederbewaffnungs-Gegner abschwächte. Der politische
Quietismus, der eine Folge der Niederlage 1945 und der sich anschließenden
lebensgeschichtlichen Turbulenzen war, verblaßte langsam. Ohne ihn konnten die
Gegner der Wiederbewaffnung aber nur noch auf die entschlossenen Pazifisten
und Antimilitaristen unter den Deutschen rechnen (und auf eine Minderheit, die
sie aus rein nationalistischen Gründen ablehnte). Die meisten anderen schlossen
sich dem sicherheitspolitischen Kurs von Adenauer an oder akzeptierten ihn mindestens ohne Enthusiasmus. Das bedeutete, daß dem Neuaufbau der Streitkräfte
kein innenpolitisches Hindernis mehr im Wege stand.

5. Das Kompatibilitäts-Problem

Militär und Demokratie, kann das überhaupt zusammengehen? Oder sind die Streitkräfte und Soldaten im Grunde nur soziale Fremdkörper in einer modernen, zivilen Gesellschaft? Diese Fragen, welche die Sozialphilosophen und Soziologen mindestens seit 200 Jahren immer wieder zu Reflexionen und zu oft eher selbstgewissen als überzeugenden Antworten provoziert haben, stehen im Mittelpunkt dieses Kapitels, das nur auf den ersten Blick aus der Systematik der anderen herausfällt. Es waren und sind nämlich diese Fragen und die unterschiedlichen Antworten darauf, die den Hintergrund bilden für die im Laufe der letzten Jahrzehnte immer wieder einmal aufbrechende öffentliche Debatte über den Sinn oder Unsinn von deutschen Streitkräften, ihre Aufgaben und ihre demokratische Kontrolle.

5.1 Streitkräfte in der und für die Demokratie

Streitkräfte sind älter als Demokratie. Die Macht aus den Gewehrläufen ist der Macht des Arguments im Zweifelsfall kurzfristig überlegen. Wenn eine demokratische Gesellschaft Streitkräfte unterhält und in politischen Zweifelsfällen nicht von diesen ausgehebelt werden will, braucht es besondere Institutionen, um die Streitkräfte mit der demokratischen Gesellschaft kompatibel zu machen. Abstrakt gedacht, könnte ein Weg dazu die Demokratisierung der Streitkräfte sein, also die Abschaffung organisations-interner Regeln und Normen, die als undemokratisch gelten. Dazu zählen die strenge Hierarchie, das Befehl-Gehorsam-Schema und die Beschränkung einer Reihe demokratischer Grundrechte für Soldaten.

Im Laufe der Geschichte sind mit solchen oder ähnlichen Demokratisierungs-Bestrebungen das eine oder andere Mal Experimente gemacht worden; sie sind aber letztlich allesamt fehlgeschlagen.

Es hilft also nichts, man muß die Differenz zwischen zivil-demokratischen und militärischen Strukturen im Grundsatz akzeptieren. Jedoch kann man sie so gestalten, daß sie der zivilen Gesellschaft und der Demokratie nicht bedrohlich wird. Es braucht eine zivile Kontrolle (*civilian control*) der Streitkräfte. Dieser Begriff ist in der Militärsoziologie eingebürgert, weshalb er auch hier benutzt wird. Aber es geht bei diesem Konzept eigentlich nicht um *zivile* Kontrolle, die übten ja auch die Nationalsozialisten über die Wehrmacht und übrigens auch die verschiedenen kommunistischen Parteien in den sowjet-sozialistischen Diktaturen über ihre Streitkräfte aus, es geht um *demokratische Kontrolle*, um die Sicherstellung des Primats demokratisch legitimierter Politik über eine in ihrem Aufbau unumgänglich vor-demokratische Organisation. Es geht nicht darum, die Organisation der Streitkräfte zu demokratisieren, sondern sie so in die Demokratie zu integrieren, daß sie mit der Demokratie kompatibel bleiben.

Man kann hier zwei Modelle unterscheiden, die beide in den fünfziger und sechziger Jahren in den USA entwickelt wurden. Das eine Modell geht auf Samuel P. Huntington zurück und basiert auf der Vorstellung, es reiche aus, wenn es eine Reihe von Gesetzen und klaren Vorschriften gibt, wenn das Militärbudget vom Parlament festgelegt wird und der zivile Staatschef Oberster Befehlshaber ist – die demokratische Staatsform hüllt auf diese Weise sozusagen die Streitkräfte ein. Die zivile Regierung braucht sich dann gar nicht mehr um die internen militärischen Strukturen und Prozesse zu kümmern. Die zivile Kontrolle ist den Streitkräften von außen, quasi *objektiv* vorgegeben.

Das zweite Modell, es wurde von Morris Janowitz formuliert, geht darüber hinaus und postuliert, daß auch die Soldaten, ganz bestimmt aber die militärischen Führer *subjektiv* bereit sein müssen, ihr Wert- und Normengefüge in die demokratische Gesellschaft zu integrieren.

Objektive und subjektive zivile Kontrolle der Streitkräfte in der Demokratie
Der Unterschied zwischen beiden Modellen ist folgenreich. Huntington argumentierte, man solle die Streitkräfte von zivilen Einflüssen außerhalb der formalen Befehlskette freihalten, weil sie die Disziplin und die Effektivität der Soldaten unterminieren könnten. Er befürwortete auf sich selbst bezogene Streitkräfte, damit die formale Befehlskette ungestört bleibt, und ein System von *checks and balances*, um die zivile Kontrolle aufrechtzuerhalten. Janowitz hingegen befürwortete durchlässige Grenzen zwischen den Streitkräften und der zivilen Gesellschaft. So sollte es z. B. möglich sein, daß Offiziere einen Teil ihrer Ausbildung an zivilen Universitäten und nicht nur an Militärakademien erhalten, militärisches Personal in zivilen Gemeinden in der Nähe der Kasernen und nicht nur innerhalb der Kasernen wohnen und die Angehörigen von Soldaten zivile Schulen, Kirchen und Krankenhäuser besuchen. Zivile Kontrolle der Streitkräfte entfaltet sich so auf der Grundlage von sozialen Netzwerken. Bürger-Soldaten, entweder Wehrpflichtige oder Reservisten, bilden das Bindeglied zwischen den Streitkräften und der zivilen Gesellschaft. Huntington setzte auf Berufssoldaten, Janowitz mehr auf Bürger-Soldaten.
Quelle: David R. Segal: Civil-Military Relations in Democratic Societies, in: J. Kuhlmann, David R. Segal (Hg.): Armed Forces at the Dawn of the Third Millennium. München (SOWI) 1994, S. 41-42 (eigene Übersetzung).

Nach dem Zweiten Weltkrieg wurden beide Modelle in den westlichen Gesellschaften mit leichten Abwandlungen angewendet. In der Bundesrepublik kam aber das Modell der *objektiven zivilen Kontrolle* nicht mehr in Frage, weil es in der Weimarer Republik versagt hatte. Man mußte hier, wenn denn Streitkräfte neu aufgestellt werden sollten, eine akzeptable und praktikable Version des Modells der *subjektiven zivilen Kontrolle* finden, das ein hohes Maß an Demokratie-Kompatibilität aufwies. Kompatibilität könnte man in diesem Zusammenhang übrigens am besten mit *Verträglichkeit* übersetzen.

5.2 Das Inkompatibilitäts-Theorem (alte Version)

In geschichts- und sozialphilosophischen Entwürfen des bürgerlichen 19. Jahrhundert wird aber die Möglichkeit solcher Demokratie-Kompatibilität überhaupt geleugnet. Was der Pazifismus (= die Ideologie von der Gewaltfreiheit sozialer Beziehungen) auf der Ebene des politischen Verhaltens ist, das ist das Imkompatibilitäts-Theorem auf der Ebene soziologisch inspirierter Gesellschaftsphilosophie. Es besagt, daß die auf der Industriewirtschaft gründende bürgerliche (moderne) Gesellschaft mit organisierter militärischer Gewalt unvereinbar ist.

Der Ahnherr dieses Gedankens ist der französische Philosoph Auguste Comte (1798-1857). Er ist, obwohl er, nebenbei gesagt, ein ziemlicher Spinner war, berühmt geworden, weil er als einer der ersten die Konsequenzen der Entwicklung von moderner Industrie und der damit einhergehenden Wirtschaftsordnung durchdacht und die dadurch bewirkten (damals: noch zu bewirkenden) Veränderungen der Gesellschaften zu seinem Thema gemacht hat. In der Geistesgeschichte ist sein Name mit dem *Drei-Stadien-Gesetz* verbunden, einer großzügig modellierten Gesellschaftsphilosophie. Danach schreiten die Kenntnisse, aber eben auch die Institutionen der Menschen vom Stadium des theologischen Zustands in das des metaphysischen Zustands weiter und landen schließlich im wissenschaftlichen oder positiven Zustand. Wissenschaftlicher oder positiver Zustand und bürgerliche, industrielle Gesellschaft gehören zusammen.

Dies klingt, wer wollte es leugnen, ziemlich abgedreht, und das ist es auch. Nur eben, daß ein paar der hier in einen bizarren systematischen Zusammenhang gebrachten Ideen, die ihrerseits wiederum auf älteren geschichtsphilosophischen Mythen und Heilserwartungen beruhen, durchs ganze Jahrhundert und darüber hinaus weitergewirkt haben.

Comte über das Verschwinden des Krieges im industriellen Zeitalter
Der ursprüngliche Widerwille des Menschen gegen jede regelmäßige Arbeit läßt für ihn keine anhaltende Tätigkeit übrig als ein kriegerisches Leben, das einzige, zu dem er sich eignet und das ihm am einfachsten die Mittel für seine Erhaltung gewährt. So beklagenswert dies auch sein mag, so muß doch die Allgemeinheit dieses Zustandes und seine Entfaltung selbst in fortgeschrittenen Zeiten, in denen die wirtschaftliche Existenz auf anderen Grundlagen ruhen konnte, alle Philosophen darauf aufmerksam machen, daß diese kriegerische Herrschaft eine unerläßli-

che Aufgabe erfüllt hat. Die materielle Entwicklung der Gesellschaften hat lange Zeit das Übergewicht des militärischen Geistes verlangt, denn nur unter seiner Herrschaft konnte die Industrie sich entwickeln... Die industrielle Tätigkeit hat das Eigentümliche, daß sie zu gleicher Zeit bei allen einzelnen und bei allen Völkern gesteigert werden kann, ohne daß der Aufschwung des einen mit dem des anderen sich nicht vertrüge. Dagegen setzt die Machtfülle eines kriegerischen Lebens eines erheblichen Teiles der Menschheit die Unterdrückung der übrigen Teile voraus, ja verlangt sie... Die industrielle Epoche hat ihre Schranke nur an dem Fortschritt unserer menschlichen Gattung, während die kriegerische Epoche in der Zeit ihr Ende fand, als die Bedingungen, die sie verwirklichen sollte, genügend erfüllt waren. ..Seitdem hat für die kriegerische Tätigkeit sowohl der Gegenstand wie die Nahrung gefehlt.

Quelle: Auguste Comte, Die Soziologie, zit. nach: Günther Wachtler (Hg.): Militär, Krieg, Gesellschaft. Texte zur Militärsoziologie, Frankfurt/M. (Campus) 1983, S. 30-31.

Solche und ähnliche Vorstellungen finden sich häufig in den Texten der Optimisten unter den Philosophen der früh-bürgerlichen Gesellschaft, bei Saint-Simon (1760-1825) ebenso wie bei Benjamin Constant (1767-1830) oder bei Herbert Spencer (1820-1903). Industrie und Handel und überhaupt der Zuwachs an Rationalität in den Köpfen der Menschen sowie, davon abgeleitet, in ihren Institutionen sorgen dafür, daß der Mensch nicht länger des Menschen Wolf sein muß. Krieg und Gewalt bringen als Nullsummenspiel keinen oder nur kurzfristigen Gewinn, ja sie verderben schließlich sogar auch die Gewinne der Sieger und schaffen nur Leid und Elend. Handel und Kooperation hingegen bringen jedem Gewinn. Es gibt keine Verlierer mehr.

Auf dem Papier möchte das einleuchten. Das Problem mit dem so gefaßten Inkompatibilitäts-Theorem ist nur, daß es von seinen Verfechtern als empirische, ja im Fall von Comte sogar als *positivistische* Beobachtung aufgefaßt wurde, wo es sich doch lediglich um einen Appell handelt. Die Verwechslung von Beobachtungen mit Appellen gehört allerdings zu den häufigsten Stockfehlern von Sozialphilosophen und -wissenschaftlern.

5.3 Postmoderne Skepsis

Die Wirklichkeit des 19. Jahrhunderts sah anders aus. Und das 20. Jahrhundert hat die Zeit davor an Manifestationen organisierter Gewalt, an Krieg, Massendeportationen und Völkermord um einiges übertroffen. Die soziale und politisch-militärische Entwicklung der letzten beiden Jahrhunderte kann man wirklich nicht als *Zivilisationsprozeß* beschreiben, wenn man unter Zivilisation eine gesellschaftliche Organisationsform und einen Lebensstil versteht, deren Sitten und Gebräuche eben nicht von Gewalt beherrscht werden.

Man kann im Gegenteil feststellen, daß die Zunahme militärischer Gewalt und staatlicher Repressionen wichtige Elemente im Ausbildungsprozeß von Kulturen und Zivilisationen sind, und im Umgang miteinander sind häufig, auch heute noch, alle Mittel erlaubt, weil die zum Kampf motivierenden Ideologien dem Gegner die Menschenwürde absprechen.

Für den britischen Soziologen Bauman sind die Grundsätze des instrumentellen Rationalismus, die der bürgerlichen Gesellschaft zum Durchbruch nötig waren und vermutlich auch ihren globalen Siegeszug bewirken werden, auch für die entsetzlichen Gewalt-Einsätze in den totalitären Systemen verantwortlich. „Die moderne Zivilisation war gewiß nicht die einzige, mit größter Wahrscheinlichkeit aber eine notwendige Voraussetzung des Holocaust. Ohne die Zivilisation ist der Holocaust undenkbar."[1]

Es gibt jedoch, und das hat zugleich einen Aspekt von Nichtwahrhabenwollen und einen von aufklärerischer Unverdrossenheit, in den letzten beiden Jahrhunderten immer wieder, insbesondere nach den beiden Weltkriegen, neue Varianten und Versionen der Utopie von der gewaltfreien Welt gegeben. Sie soll der Endpunkt des durch die politische, wirtschaftliche, technische oder rein geistige Entwicklung in Gang gebrachten Fortschritts sein. Solche Vorstellungen sind nicht ungefährlich, vor allem wenn sie zu illusionsbeladenen Lagebeurteilungen verführen. Andererseits ehrt ihre Verfechter, daß sie sich jedem Fatalismus und jeder Resignation gegenüber widerspenstig zeigen.

5.4 Das Inkompatibilitäts-Theorem (neue Version)

Gegen einen Inkompatibilitäts-Appell ist aus sozialwissenschaftlicher Sicht ja auch nichts einzuwenden. Hingegen behaupten manche Militärkritiker, daß das Comte'sche Theorem heutzutage auch empirisch belegbar sei.

Rehabilitierung des Inkompatibilitäts-Theorems
Das klassische Inkompatibilitätstheorem, das durch die Vielzahl und die Intensität der kriegerischen Katastrophen der letzten 150 Jahre widerlegt schien, ist durch die technische Fähigkeit der Menschheit, sich mittels der Nuklearwaffen wechselseitig und jederzeit selbst zu vernichten, auf unerwartete Weise rehabilitiert worden. Militärische Hochrüstung bzw. kriegerische Gewaltanwendung sind angesichts der Entwicklung, Existenz und der inzwischen erreichten Perfektion von Massenvernichtungsmitteln im Atomzeitalter in zunehmenden Maße nicht nur unter politischen und ökonomischen (Kalkül-)Gesichtspunkten im höchsten Maße unvernünftig und widersinnig geworden, sondern Militär und Krieg werden auch unter

---

[1] Zygmunt Bauman: Dialektik der Ordnung. Die Moderne und der Holocaust, Hamburg (Europäische Verlagsanstalt) 1992, S. 27.

ethisch-normativen (Moral-)Aspekten zunehmend mehr als unverantwortlich und verwerflich angesehen.

Quelle: Wolfgang R. Vogt: Das Theorem der Inkompatibilität. In: W. R. Vogt (Hg.): Sicherheitspolitik und Streitkräfte in der Legitimationskrise. Baden-Baden (Nomos) 1983, S. 38-39.

Der Gedankengang hinter dieser Behauptung läßt sich so zusammenfassen: Es ist weniger das soziale Ordnungsmodell der bürgerlichen Gesellschaft, welches organisierte Gewalt zwischen Staaten anachronistisch werden läßt. Vielmehr sind es die im Rahmen dieser Gesellschaftsordnung entfesselten sozio-ökonomischen Entwicklungsmechanismen, insbesondere die Dynamik des technisch-industriellen Fortschritts, die letztlich dazu führen, daß organisierte physische Gewalt, Krieg und Streitkräfte überflüssig werden. Sie tun das allerdings nur über einen höchst gefährlichen Umweg, nämlich über den Anstieg der Vernichtungskapazität moderner Massenvernichtungswaffen bis über den Punkt hinaus, an dem ihre Anwendung noch sinnvoll sein könnte, weil einen Sieg und einen Gewinn versprechend. Wenn aber der Krieg unweigerlich im Untergang aller endet, dann hat er sich sozusagen selbst abgeschafft.

Das klingt nicht unplausibel. Allerdings nur für den Krieg zwischen Staaten, die über solche Waffen verfügen und sich gegenseitig damit bedrohen. Das Modell ist hier ein Ost-West-Nuklearkrieg. Den hat es in der Tat nicht gegeben. Wohl aber, seit 1945, fast zweihundert Kriege unterhalb dieser Schwelle, und auch diese Kriege sind mit der Zeit immer entsetzlicher geworden und haben große Zahlen von Opfern eingefordert.

Auch die neue Form des Inkompatibilitäts-Theorems greift nicht. Denn das Modell des Großkrieges, in dem beide Seiten Massenvernichtungsmittel einsetzen, ist zwar nicht undenkbar, es liegt aber außerhalb des Handlungsbereichs einer erfolgreichen Politik mit militärischen Mitteln. Dies war, Aktenfunde nach 1990 haben das gezeigt, den entscheidenden Akteuren im Ost-West-Konflikt auch ganz und gar bewußt.

Auf allen anderen Konflikt-Ebenen sind Erfolge durch eine Politik mit militärischen Mitteln nach wie vor möglich. Das heißt, derjenige, der solche Politik betreibt, kann damit sehr wohl seine politischen Ziele erreichen. Daß er sich auch verkalkulieren kann, ist kein Gegenargument.

Dabei reicht das Repertoire militärischen Mittel-Gebrauchs von *symbolischen Gesten* über gezielten *Einzelterrorismus* bis zum *Guerillakrieg* und schließlich dem etwas zu harmlos so genannten *konventionellen Krieg*.

Wenn und solange es aber nach dem Einsatz von organisierter Gewalt noch *Sieger* geben kann (z. B. die Guerillatruppen in den nationalen Befreiungskämpfen der fünfziger und sechziger Jahre), wenn und solange politische Ziele mittels organisierter Gewalt und Krieg erfolgreich durchgesetzt werden können, ganz unabhängig davon, ob aggressiv oder defensiv, ob mit oder ohne legitime Begründungen, solange kann man dem Inkompatibilitäts-Theorem auch in seiner neuen Version wiederum nur den Charakter eines Appells zugestehen.

5.5 Das *sui generis*-Theorem

Das Inkompatibilitäts-Theorem postuliert große Unterschiede zwischen Krieg und moderner Gesellschaft, zwischen den Werten und Organisationsprinzipien von Streitkräften und den Werten und Organisationsprinzipien der modernen Gesellschaft. Und es spitzt diese Unterschiede noch zu, zumeist verbunden mit einer politischen Absicht, nämlich der Abschaffung von Streitkräften. Daß dies zu allermeist von der politischen Linken her geschieht, ist ein sicherer Erfahrungswert. Dort, wo die politische Linke extremistisch wird, befürwortet sie übrigens wieder (revolutionäre) physische Gewalt.

Es gibt auch von anderer politischer Warte aus den Versuch, Unterschiede zwischen den Werten, Strukturen und Prinzipien von Streitkräften und denen der zivilen Gesellschaft namhaft zu machen. Damit ist das Ziel verbunden, den Streitkräften einen von ihrer Führung selbst zu definierenden Freiraum zu lassen, in den die zivile Gesellschaft und ihre Repräsentanten möglichst wenig hineinreden sollen. In dieser Perspektive erscheinen die Binnenstruktur von Streitkräften und das Bild des Soldaten als im Grunde über die Jahrhunderte immer gleiche Antwort auf die immer gleichen Herausforderungen, den Kampf, die Überwindung der Angst, der Einsatz des Lebens. Der Militärsoziologe Detlef Bald spricht – mißbilligend – von „einer Konfiguration der ‚ewigen' Tugenden des Soldaten"[2] Zu diesen Tugenden des Soldaten zählen Gehorsam, Disziplin, Bescheidenheit, Beharrlichkeit, Tapferkeit, Mut und Fürsorge. Dieses Tugend-Syndrom wird durch ein professionelles Ethos zusammengehalten, das nicht nur viel älter ist als die moderne Gesellschaft, sondern das in vielerlei Hinsicht sogar in Opposition dazu steht, z.B. zum bürgerlichen Individualismus. Also wird auch hier, von eher konservativer Seite aus, eine Art von Inkompatibilität festgestellt. Allerdings werden daraus ganz andere Schlüsse als auf der politischen Linken gezogen.

Man kann diese Sichtweise als *sui generis*-Theorem bezeichnen. Seine Verfechter beharren darauf, daß die Streitkräfte eine Organisation ganze *eigener Art* (so die wörtliche Übersetzung von *sui generis*) bleiben, ganz unabhängig von der Gesellschaftsform. Richtig daran ist zweifellos, daß der Beruf des Soldaten, der sich in der Geschichte der letzten zwei Jahrhunderte fundamental verändert hat, trotz dieser Veränderungen auch eine Reihe von historischen Kontinuitäten aufweist. Sie ergeben sich in der Hauptsache aus der Vorbereitung auf und der Be-

---

[2] Detlef Bald: Militär und Gesellschaft 1945-1990. Die Bundeswehr der Bonner Republik. Baden-Baden (Nomos) 1994, S. 60.

wältigung von Kampfsituationen der einzelnen Soldaten sowie aus bestimmten
Führungsgrundsätzen wie dem Befehl/Gehorsam-Schema.

Diese Kontinuitäten haben reale Bedeutung, wie man an den Kriegsbildern
zeitgenössischer konventioneller Kriege oder Partisanenkämpfe erkennen kann.
Bestimmte Gewaltformen und Kriegsbilder haben sich über die gesamte Geschichte der Menschheit nicht wesentlich geändert, ob sich die Kämpfer nun mit
Keulen und Speeren, mit aufgepflanzten Bajonetten oder mit modernen infanteri-
stischen Hochleistungs-Gewehren gegenüberstehen.

Wenn man diesen Teil des soldatischen Verständnisses und Selbstverständnisses auch nicht unterbewerten darf, gerade auch im Blick auf die gegenwärtig
besonders häufig auftretende Art von Kriegen, so darf man ihn auch nicht überschätzen und so tun, als reduziere sich die Arbeit des Soldaten auf solche Art
Kampf. Nicht weniger entscheidend für moderne Streitkräfte sind ihre spitzen-
technischen Großwaffen-Systeme. Für diese werden andere Eigenschaften als nur
die Tugenden des Kämpfen-Könnens verlangt. Und, nebenbei, der oben erwähnte
Katalog ,ewiger' Soldaten-Tugenden ist natürlich in der Hauptsache eine Fiktion
– mit erzieherischem Wert freilich, und insofern nützlich, jedoch alles andere als
ein Abbild der sozialen Wirklichkeit.

5.6 Verflechtung von Streitkräften und moderner Gesellschaft

Bei der Aufstellung der Bundeswehr waren viele innenpolitische und internationale Bedenken auszuräumen. Es wäre fatal gewesen und hätte diesen Vorgang
schwer belastet, wenn nicht sogar unmöglich gemacht, wenn Inkompatibilitäts-
vorstellungen von links oder *sui generis*-Vorstellungen von rechts her das Denken und Handeln der verantwortlichen deutschen Politiker und Militärexperten
bestimmt hätten. Diese gingen demgegenüber davon aus, daß den neu aufzubau-
enden Streitkräften ein genügend großes Maß an Demokratie-Kompatibilität
eingepflanzt werden könne. Schon allein deshalb gehörte die institutionelle Absi-
cherung der politischen Kontrolle der Bundeswehr zu ihren unumgänglichen
Entstehungsbedingungen. Es wurde den Offizieren der Bundeswehr bei aller
geforderten Konzentration auf die militär-handwerklichen Aspekte ihres Tuns
doch niemals zugestanden, ein (relativ hoch angesetztes) Mindestmaß an geistiger
Aufgeschlossenheit gegenüber zivil-gesellschaftlichen Vorgängen und vor allem
an glaubwürdig demonstrierter Loyalität gegenüber der demokratisch-
parlamentarischen Verfassung zu unterschreiten. Das ist nicht unbedingt ein Ver-
dienst des Bundeswehr-Offizierkorps, denn es wurde ihm ja aufgedrängt. Es
wurde aber auch von ihm akzeptiert, bei wachsender Eigen-Motivation.[3]

---

[3] Dieser optimistischen These wird von verschiedenen, der Bundeswehr und ihrem Offizierkorps sehr
kritisch eingestellten Beobachtern widersprochen. Anläßlich bestimmter Vorfälle und politischer

Ein besonders eindrucksvolles Beispiel für eine auf dieser Basis weiterentwik-
kelte militärische Selbstreflexion bietet der Text einer Rede, die Wolf Graf von
Baudissin am 10. Februar 1965 im *Auditorium Maximum* der Universität Hamburg
gehalten hat. Anlaß dieser Rede war die Verleihung des Freiherr-vom-Stein-Preises
an drei Generäle der Bundeswehr, darunter auch Baudissin selbst. Er schildert den
Entstehungsprozeß der neuen Wehrverfassung, wobei er sich besonders den konzeptionelle Neuerungen erzwingenden neuen Herausforderungen an die Streitkräfte
widmet. Bezogen nun auf die Frage nach der Kompatibilität oder Inkompatibilität
von Streitkräften mit der modernen Gesellschaft westlichen Typs erscheinen vor
allem die folgenden Passagen dieser Rede aufschlußreich:

Graf Baudissin über Militär und Industriegesellschaft (1965)
Das Kriegsbild hatte sich radikal verändert: die Wasserstoffbombe stellt die klassische Sicht von Politik, vom Sinn des Krieges und damit auch von der Aufgabe von
Grund auf in Frage; die Abschreckungsstrategie verlangt ständige Bereitschaft und
läßt viele Soldaten die tödliche Nähe des Krieges stündlich spüren; die Methoden
des psychologischen Krieges mit seinem Kampf um die Überzeugungstreue und
den Verteidigungswillen der einzelnen schufen permanente Friedlosigkeit und
stellen auch den Soldaten vor bisher unbekannte Loyalitätsentscheidungen
Durch die Verwissenschaftlichung und Technisierung des militärischen Hand-
werks – angefangen beim *operational research* als unentbehrlichem Mittel für
langfristige Planung und weiträumige Operationen bis hin zur arbeitsteiligen
Teamarbeit in Stäben, Bedienungen und Besatzungen – haben sich die überkommenen vor- und frühtechnischen Vorstellungen von Hierarchie, Gehorsam, Disziplin und Ausbildungsmethodik stärker gewandelt, als wir gemeinhin erkennen...
Insgesamt kamen wir zu dem Schluß, daß die Vielfalt der angedeuteten Faktoren
einen Soldaten erfordere, der weiß, was auf dem Spiele steht, und deshalb aus Einsicht in das Notwendige gehorcht; der befähigt ist, mitzudenken, Verantwortung zu
übernehmen und, auf sich allein gestellt, im Rahmen des Ganzen zu handeln. Die
militärische Hierarchie hat ihre Bedeutung gewiß nicht verloren, ist aber zu einer
lebendigen Gemeinschaft von Soldaten mit abgestufter, differenzierter Verantwortung und Einsicht geworden...
Wir meinten, daß heute notgedrungen, aber in merkwürdiger Übereinstimmung mit
den Prinzipien freiheitlichen Lebens, auf allen Arbeitsplätzen und Schlachtfeldern
mehr koordiniert als befohlen, mehr kooperiert als nur gehorcht werden müsse.
Diese unauflösliche Verflechtung des Militärischen mit den Funktionsgesetzen der
modernen Industriegesellschaft schien uns nicht zufällig...
Es hat unter uns immer Einmütigkeit darüber bestanden, daß die soldatische Ordnung ein kongruenter Teil der Gesamtordnung sein muß. Armeen können nur in
Form sein, wenn sie die Strukturen des Ganzen widerspiegeln und wenn sie von

---

Skandale haben diese Kritiker immer wieder neu die Befürchtung geäußert, die Generalität, das
Offizierkorps oder wenigstens beträchtliche Teile davon, würden dieser Demokratie-Kompatibilität
überdrüssig geworden sein. In der Regel sind solche Vorfälle und Skandale genau untersucht und ihre
Ursachen anschließend bereinigt worden. Was will man mehr?

dem gleichen Geist beseelt sind, der das Ganze trägt. Soldaten sind Kinder ihrer Zeit; Streitkräfte repräsentieren die gesellschaftlich-politischen Herrschaftsformen, deren Instrumente sie sind.

Quelle: Wolf Graf von Baudissin: Soldat für den Frieden. Entwürfe für eine zeitgemäße Bundeswehr. München (Piper) 1969, S. 120-122.

Die etwas altväterisch klingende Sprache darf uns nicht die Ohren stumpf machen. Der – allerdings für seine Berufskollegen nicht eben typische und von ihnen auch als Außenseiter behandelte – General vermittelt in dieser Passage nicht nur das breite Panorama der zivil-militärischen Probleme vom Nuklearkrieg bis zur Kunst der Menschenführung in Betrieben und Organisationen. Er bietet darüber hinaus auch einen eigenen theoretischen Entwurf an – das Konzept einer spezifischen handlungs- und werteorientierten Kompatibilität von Streitkräften und moderner, demokratisch verfaßter Industriegesellschaft.

Auch in diesem Entwurf werden bestimmte Aspekte der Arbeit von Soldaten hervorgehoben, so daß die Vermutung naheliegt, daß wir auch mit diesem Konzept nicht die ganze, sondern nur die von Widersprüchen gereinigte Wirklichkeit erfassen können. Man darf auch nicht übersehen, daß Baudissin nur nebenbei und eigentlich sogar unwillig ‚Theoretiker‘ war. Ihm kam es, was im einzelnen noch zu zeigen sein wird, vor allem darauf an, Parlamentarier, Öffentlichkeit und nicht zuletzt seine Kollegen (der entsprechende Begriff unter Soldaten heißt *Kameraden*) davon zu überzeugen, daß eine Reihe von Reformen militärischer Grundsätze und Traditionen nötig sind, um die Bundeswehr zu Streitkräften zu machen, deren Soldaten den *militärischen Herausforderungen* im Ost-West-Konflikt und zugleich den *sozio-politischen Herausforderungen* der modernen, demokratischen Gesellschaft gewachsen sind.

5.7 Politische Kultur und Streitkräfte

Unter *politischer Kultur* einer Gesellschaft (oder einer anderen Gruppierung) sollen hier die Einstellungen, Werte, Verhaltensmuster hinsichtlich des politischen Systems und die politischen Symbole verstanden werden, die unter den Gesellschaftsoder Gruppenmitgliedern vorfindbar und ihnen bedeutungsvoll sind. Der Begriff ist zur Freude der politischen Kulturforschung konzeptionell vielfach verformbar. Politische Kulturen sind über Generationen hin einigermaßen stabil, was ihre stetige und manchmal auch schubartige Veränderung nicht ausschließt. In ihnen prägt sich die kollektive Identität der Gesellschaft oder Gruppe aus, sie reflektiert eine Art kollektiver (in sich freilich keineswegs homogener) Mentalität.

Für unseren Kontext kann sich die Einführung des Begriffs auf zwei Ebenen als nützlich erweisen. Erstens auf der Ebene der (bundes)deutschen Gesellschaft und zweitens auf der der Bundeswehr selbst.

Erstens: In der politischen Kultur Deutschlands seit der Reichsgründung nahmen militärische Werte und Verhaltensmuster einen prominenten Platz ein. Sie waren sehr populär, auch wenn in den Jahren nach dem Ersten Weltkrieg auch die Zahl derjenigen anwuchs, die genau diese Werte und Verhaltensmuster ablehnten. Einen Bruch in der politischen Kultur Deutschlands hat es erst 1945 gegeben. Zwar kann man nicht von einer wirklichen *Stunde Null* ausgehen, von der an alles ganz und gar neu gemacht werden konnte/mußte, denn so etwas gibt es nur als Gedankenspiel. Jedoch darf man behaupten, daß die *militärische Niederlage* 1945 mit all ihren materiellen und moralischen Implikationen, die *militärlose Zeit* zwischen 1945 und 1955 und schließlich die besonderen *politischen und militärischen Bedingungen für die Wiederbewaffnung* ab 1956 den Stellenwert militärischer Werte und Verhaltensweisen in der politischen Kultur der Bundesrepublik Deutschland verändert haben. Daß, um es etwas vereinfacht auszudrücken, der Soldat nicht mehr der erste Mann im Staat ist, erschien in den fünfziger und sechziger Jahren aus der Perspektive mancher Soldaten der älteren Generation nur als ein sozialer Abstieg und als Minderung seines Sozialprestiges. Das war es zwar auch, aber in erster Linie handelte es sich um die angemessene Korrektur einer für die Demokratie gefährlichen Hypertrophie.

Zweitens: Die politische Kultur von Streitkräften ist einmal von professionellen Überlieferungen und Erfahrungen geprägt, dann aber auch von politischen Einstellungen und Werten, die unter Umständen ganz erheblich von denen der zivilen Gesellschaft abweichen können. Auch hier ist die Weimarer Republik ein eindrückliches Beispiel. In der Binnenwelt der Streitkräfte, die sich ja wieder in kleinere Binnenwelten unterteilt (z.B. nach Waffen- und Truppengattung), kann es Traditionsbestände, politische Symbole, den einen oder anderen Verhaltens-Kodex geben, die mit der politischen Kultur der zivilen Gesellschaft sogar in einen versteckten oder offenen Konflikt geraten können. Zu solchen Konflikten ist es im Verlauf der Bundeswehr-Geschichte einige Male gekommen. Kasernen mit Namen von umstrittenen Offizieren aus der Wehrmachtzeit, militärische Orden mit nationalsozialistischen Emblemen, eigentümlich anachronistisches Traditionsverständnis, die Einschränkung persönlicher Rechte von Untergebenen über das nötige und vorgeschriebene Maß hinaus, Überheblichkeiten gegenüber der politischen Führung, Anfechtungen durch rechtsextremes Gedankengut – für all das lassen sich Beispiele aufführen.

Inkompatibilitäts- und *sui generis*-Theoretiker betrachten dies, mit entgegengesetzter Urteilsrichtung, als normal und als Beleg für ihre Vorstellung, daß die Distanz zwischen Streitkräften und moderner demokratischer Gesellschaft riesig groß ist. Für die Kongruenz-Theoretiker wie Baudissin ist damit gar nichts belegt außer der Notwendigkeit, die Reformen in den Streitkräften weiter voranzubringen.

6. Verfassungsrechtliches Profil und personeller Bestand der Bundeswehr

Als die Bundeswehr aufgestellt wurde, sollte sie möglichst von heute auf morgen mindestens so effizient wie frühere deutsche Streitkräfte werden, jedoch ohne die als dunkel (militaristisch usw.) wahrgenommenen Aspekte deutscher Militär-Tradition wiederzubeleben. Was die militärische Effizienz der Wehrmacht betrifft, so kann man als Deutscher, damals wie heute, nur mit leichter Verblüffung feststellen, daß sie im Ausland unter Experten oft unverhohlene Bewunderung erweckt. Eine solche verkürzte Betrachtungsweise ist uns nicht angemessen.

Jedenfalls war in den fünfziger Jahren eines ganz klar: Westdeutsche Streitkräfte mußten glaubwürdig und krisenfest in das demokratische politische System eingebaut und in der zivilen Gesellschaft verankert werden, sonst würde es sie nicht geben. Und so wurde schon in der Planungszeit der Bundeswehr keineswegs nur über die militärischen Aufgaben und die sicherheitspolitischen Funktionen der neuen Streitkräfte nachgedacht, sondern ebenso hartnäckig über ihre verfassungsrechtlichen Grundlagen, ihre Integration in die Gesellschaft und über die Mittel zu ihrer politischen Kontrolle.

6.1 Grundgesetz-Regelungen 1949

Das Grundgesetz der Bundesrepublik Deutschland trat am 23. Mai 1949 in Kraft. Zu diesem Zeitpunkt gab es keine deutschen Streitkräfte. Dennoch wurden eine Reihe von Bestimmungen darüber in das Grundgesetz aufgenommen. In seinem Grundrechtsteil, also an herausgehobener Stelle, steht *Artikel 4, Abs. 3 GG*: "Niemand darf gegen sein Gewissen zum Kriegsdienst mit der Waffe gezwungen werden."

Im *Artikel 24, Abs. 2 GG* heißt es: "Der Bund kann sich zur Wahrung des Friedens einem System gegenseitiger kollektiver Sicherheit einordnen; er wird hierbei in die Beschränkungen seiner Hoheitsrechte einwilligen, die eine friedliche und dauerhafte Ordnung in Europa und zwischen den Völkern der Welt herbeiführen und sichern."

Artikel 26, Abs. 1 GG verbietet Handlungen zur Vorbereitung eines Angriffs-krieges: "Handlungen, die geeignet sind und in der Absicht vorgenommen wer-den, das friedliche Zusammenleben der Völker zu stören, insbesondere die Füh-rung eines Angriffskrieges vorzubereiten, sind verfassungswidrig. Sie sind unter Strafe zu stellen." Und der folgende Absatz desselben Artikels, *Art. 26, Abs. 2 GG* hat folgenden Wortlaut: "Zur Kriegsführung bestimmte Waffen dürfen nur mit Genehmigung der Bundesregierung hergestellt, befördert und in Verkehr gebracht werden. Das Nähere regelt ein Bundesgesetz."

Jede dieser Regelungen, sie alle atmen den Entmilitarisierungs-Geist der un-mittelbaren Nachkriegszeit, hat bis heute ihre Bedeutung behalten. Ihre Aufnah-me in das Grundgesetz zeugt auch von dem beträchtlichen Einfluß einer nicht ganz freiwillig angenommenen, aber dann mit großer Ernsthaftigkeit verfolgten post-nationalen Konzeption militärischer Sicherheit, die für die damalige Zeit geradezu avantgardistisch genannt zu werden verdient.

6.2 Grundgesetz-Änderungen nach 1955

Zwei Grundgesetz-Änderungen haben der neuen politischen Lage, die mit der Gründung der Bundeswehr entstand, Rechnung getragen. Das *7. Gesetz zur Er-gänzung des Grundgesetzes vom 19. März 1956* brachte gesammelt die verfas-sungsrechtlichen Bestimmungen in das Grundgesetz, die den Rahmen für die Aufstellung deutscher Streitkräfte bildeten. Und das *17. Gesetz zur Ergänzung des Grundgesetzes vom 24. Juni 1968* fügte die sogenannte *Notstandsverfassung* ein, in der u. a. genauere Regelungen für den Verteidigungsfall festgelegt wurden.

Die Bundeswehr taucht im Grundgesetz an ganz verschiedenen Stellen auf, was zunächst ein wenig verwirrend, aber doch sach-angemessen ist. Ein grundle-gendes Prinzip bei ihrer Aufstellung lautete nämlich: Soweit es irgend möglich ist, sollen die Streitkräfte in die zivile Gesellschaft integriert werden; sie sollen nicht oder ausnahmsweise nur da, wo es unumgänglich ist, einen Sonderstatus bekommen.

So ist die Bundeswehr als Teil der Exekutive wie alle anderen Teile der voll-ziehenden Gewalt sowie der Legislative (Gesetzgebung) und Judikative (Recht-sprechung) an die verfassungsmäßige Ordnung, an Gesetz und Recht gebunden. Ebenso ist der Grundrechtskatalog des Grundgesetzes (Artikel 1 bis 19) auch für Soldaten und in der Bundeswehr unmittelbar geltendes Verfassungsrecht (was heißt, daß er allen anderen Rechtsnormen vor- und übergeordnet ist). Wenn man das heute so liest, klingt es nicht gerade sensationell. Tatsächlich aber haben wir es mit einer institutionellen Integration der Streitkräfte in die zivile Gesellschaft zu tun, deren Bedeutung gar nicht hoch genug eingeschätzt werden kann.

Freilich sagt der Grundriß einer institutionellen Regelung noch nichts darüber aus, ob diese auch im Sinne der Erfinder funktioniert. Das wird zu prüfen sein. Aber die Standards für eine solche Prüfung sind im Grundgesetz eindeutig festgelegt.

Auch die (Haupt-)Aufgabe der Bundeswehr, ihr militärischer Auftrag, ist im Grundgesetz seit 1968 (in gewissem Sinne kann man sagen: ausgerechnet seit 1968) vorgeschrieben.

Artikel 87a GG „Aufstellung und Befugnisse der Streitkräfte"
(1) Der Bund stellt Streitkräfte zur Verteidigung auf. Ihre zahlenmäßige Stärke und die Grundzüge ihrer Organisation müssen sich aus dem Haushaltsplan ergeben.
(2) Außer zur Verteidigung dürfen die Streitkräfte nur eingesetzt werden, soweit dieses Grundgesetz es ausdrücklich zuläßt.
(3) Die Streitkräfte haben im Verteidigungsfalle und im Spannungsfalle die Befugnis, zivile Objekte zu schützen und Aufgaben der Verkehrsregelung wahrzunehmen, soweit dies zur Erfüllung ihres Verteidigungsauftrages erforderlich ist. Außerdem kann den Streitkräften im Verteidigungsfalle und im Spannungsfalle der Schutz ziviler Objekte auch zur Unterstützung polizeilicher Maßnahmen übertragen werden; die Streitkräfte wirken dabei mit den zuständigen Behörden zusammen.
(4) Zur Abwehr einer drohenden Gefahr für den Bestand oder die freiheitliche demokratische Grundordnung des Bundes oder eines Landes kann die Bundesregierung, wenn die Voraussetzungen des Artikels 91 Abs. 2 vorliegen und die Polizeikräfte sowie der Bundesgrenzschutz nicht ausreichen, Streitkräfte zur Unterstützung der Polizei und des Bundesgrenzschutzes beim Schutze von zivilen Objekten und bei der Bekämpfung organisierter und militärisch bewaffneter Aufständischer einsetzen. Der Einsatz von Streitkräften ist einzustellen, wenn der Bundestag oder der Bundesrat es verlangen.

Der militärische Auftrag der Bundeswehr ist also vierfach unterteilt:

- Abwehr bewaffneter Angriffe von außen,
- Vorbereitende Maßnahmen zur Verteidigung im Spannungs- und im Verteidigungsfall,
- Einsatz im Rahmen der Herstellung und Erhaltung der Inneren Sicherheit[1],
- Einsatz bei Naturkatastrophen oder Unglücksfällen.

---

[1] Der *Artikel 91 „Innerer Notstand"* behandelt zuvörderst Polizeikräfte und Bundesgrenzschutz. In seinem Absatz 2 heißt es aber dann: "Ist das Land, in dem die Gefahr droht, nicht selbst zur Bekämpfung der Gefahr bereit oder in der Lage, so kann die Bundesregierung die Polizei in diesem Lande und die Polizeikräfte anderer Länder ihren Weisungen unterstellen sowie Einheiten des Bundesgrenzschutzes einsetzen...". Das sind die in *Artikel 87a Abs. 4* genannten "Voraussetzungen", ohne die ein Streitkräfteeinsatz im Innern nicht rechtmäßig ist.

In der Bundesrepublik hat es bislang drei besonders heftige, tiefgehende und die Gesellschaft polarisierende ‚große politische Debatten' gegeben. Alle drei kreisten um Probleme der Streitkräfte und der Sicherheit. *Erstens* die Debatte um die Wiederbewaffnung in der ersten Hälfte der fünfziger Jahre (mit einem Nachschlag an ihrem Ende, als es um die mögliche und dann unterbliebene Ausrüstung der Bundeswehr mit eigenen Nuklearwaffen ging); *zweitens* die Debatte um die Notstandsgesetze Mitte der sechziger Jahre und *drittens* die Debatte um den NATO-Doppelbeschluß zu Beginn der achtziger Jahre. Daß es nach 1990 nicht zu einer vierten ‚großen politischen Debatte' gekommen ist, nämlich über die Auftrags-Erweiterung der Bundeswehr, ist eigentlich verwunderlich.

Der Artikel 87a, Abs. 4 GG stand seinerzeit im Kreuzfeuer der Gegner einer Notstandsgesetzgebung. Sie befürchteten, daß damit die Bahn freigemacht würde für Einsätze der Bundeswehr bei gesellschaftlichen Konflikten wie z. B. Streiks oder daß die Bundeswehr als Instrument einer Herrschaftsgruppe (in Zivil oder in Uniform) im politischen System dazu mißbraucht werden könnte, legalen gesellschaftlichen Wandel, z. B. in Richtung auf einen demokratischen Sozialismus, zu verhindern.

Es gehört zu den (eigentlich begrüßenswerten) Eigentümlichkeiten unserer 'großen politischen Debatten', daß sie nach der Entscheidung in der Sache zu Ende sind. Nachdem die Bundeswehr aufgestellt worden war, akzeptierte man sie auch. Als die Notstandsgesetze im Parlament verabschiedet waren, verschwanden sie und die damit verbundenen Befürchtungen aus dem öffentlichen Bewußtsein. Der Artikel 87a, Absatz 4 GG ist zu einem ganz normalen Bestandteil des Grundgesetzes geworden.

Definitionen Spannungsfall und Verteidigungsfall
Spannungsfall = Zur Zeit intensivierter internationaler Spannung werden Maßnahmen zur Erhöhung der Verteidigungsbereitschaft notwendig. Bundestag oder das zuständige NATO-Gremium legen den Eintritt des Spannungsfalles fest. Letzteres muß seinen Beschluß mit der Zustimmung der Bundesregierung ergänzen.
Verteidigungsfall = Das Bundesgebiet wird mit Waffengewalt angegriffen. Oder ein solcher Angriff steht unmittelbar bevor. Der Bundestag stellt mit Zustimmung des Bundesrates auf Antrag der Bundesregierung den Eintritt des Verteidigungsfalles fest. Im Artikel 115a, Absatz 2 GG ist ausgeführt, unter welchen Umständen und wie dieses Verfahren vereinfacht werden kann. Dort heißt es: "Erfordert die Lage unabweisbar ein sofortiges Handeln und stehen einem rechtzeitigen Zusammentritt des Bundestages unüberwindliche Hindernisse entgegen oder ist er nicht beschlußfähig, so trifft der Gemeinsame Ausschuß diese Feststellung mit einer Mehrheit von zwei Dritteln der abgegebenen Stimmen, mindestens der Mehrheit seiner Mitglieder." Der *Gemeinsame Ausschuß* ist ein (kleines) Notparlament, des-

sen Zusammensetzung, Geschäftsordnung und Informationsrecht auch im Grundgesetz, nämlich im Artikel 53a, Absatz 1 und 2 GG umrissen sind.

An dieser Stelle lohnt es sich, bei der Aufzählung der verfassungsrechtlichen Bestimmungen eine Pause zu machen und das auf den ersten Blick recht unübersichtliche Knäuel von verfassungsmäßigen Bestimmungen über Befugnisse und militärischen Auftrag der Streitkräfte noch einmal vor dem inneren Auge Revue passieren zu lassen. Das Grundgesetz hat sich in der Geschichte der Bundesrepublik Deutschland als wichtigster Kristallisationspunkt kollektiver Identität herausgestellt.[2] Es hat sich in dieser Funktion auch nach der Vereinigung Deutschlands bewährt. Jede wichtige der politisch umstrittenen Fragen des Gemeinwesens, und auch manche nicht ganz so wichtige, wurde und wird hierzulande immer mit Bezug auf das Grundgesetz debattiert.

Eben auch militärische Sicherheit und die Bundeswehr. Man kann die Veränderung der politischen Kultur in Deutschland unter anderem auch an diesem Sachverhalt deutlich machen. Denn in der Entwicklung des Verhältnisses Militär/zivile Gesellschaft während der letzten 150 Jahre gilt, daß die Streitkräfte meistens einen beträchtlichen institutionellen Freiraum besaßen, der ihnen von den politischen Autoritäten entweder zugestanden wurde oder den sie sich aus eigener Machtvollkommenheit selbst bewilligten. Die Grundgesetzbestimmungen, welche die Aufgaben der Bundeswehr auf Verteidigung beschränken und den Horizont ihrer Aktivitäten im Spannungs- und Verteidigungsfall sowie im Falle eines inneren Notstands eng umreißen, setzen sich weit ab von der deutschen Tradition und stehen für ein Einschwenken in die Hauptströmung westlich-liberaler Ordnungsvorstellungen für bürgerliche Gesellschaften.

Die bis jetzt genannten und noch zu behandelnden Eingrenz- und Kontrollbestimmungen können zwar nicht als eine Art Garantie dafür genommen werden, daß diese westlich-liberalen Ordnungsvorstellungen über das Verhältnis der zivilen Gesellschaft zu ihren Streitkräften ein für alle mal gesichert sind. Daß sich sowohl in der Wiederbewaffnungsdebatte als auch in der um die Notstandsgesetze ein starkes Mißtrauen gegen die Streitkräfte, ihre militärische, aber auch ihre politische Führung äußerte, ist vor dem Hintergrund der Geschichte von Kaiserlichem Heer und Marine, Reichswehr und Wehrmacht nicht unverständlich. Viele Soldaten haben sich dadurch zu Unrecht gekränkt gefühlt – aber je mehr Macht sich in einer Organisation der Gesellschaft konzentriert, desto wirkungsvoller müssen die Vorkehrungen gegen Machtmißbrauch sein. Das ist ein Gebot der

---

[2] Der etwas altmodische, aber im Kern zutreffende Ausdruck für diesen Sachverhalt wurde vor vielen Jahren von dem Heidelberger Politikwissenschaftler Dolf Sternberger geprägt: *Verfassungspatriotismus.*

Demokratie, dem die Einsicht von der Verführungskraft der Macht auch auf die edelsten Menschen zugrunde liegt.

Eine so ‚mächtige' Organisation wie der Bundeswehr muß mit einem vermehrten Maß an öffentlicher Wachsamkeit leben. Das ist keine ungebührliche Militärfeindlichkeit, sondern schlicht die Konsequenz der Erfahrungen in der Vergangenheit und die Antwort auf die militärische Machtfülle. Das Mißtrauen gegen die Bundeswehr wird erst dann paranoid, wenn es den Soldaten keine Chance läßt, ihr Einverständnis mit dem ihnen gesetzten verfassungsmäßigen Rahmen zu demonstrieren.

6.3 Aus der Perspektive der Soldaten und Soldatinnen

Bisher haben wir uns nur mit den verfassungsrechtlichen Regelungen für die Bundeswehr beschäftigt. Jede Organisation besteht aber aus Menschen, und deshalb bedarf die bisherige Perspektive einer Ergänzung. Auch wenn die Mitglieder/Angehörigen einer Organisation sich bis zu einem gewissen Grad mit ihr identifizieren, so bleiben sie doch mit ihren eigenen Biographien, Interessen, Wünschen sowie ihren Rechten und Pflichten innerhalb der Organisation von dieser unterschieden. Diese Differenz wird mit der kollektiven Erfahrung des totalitären Nationalsozialismus und im Blick auf den politisch-gesellschaftlichen Gegner im Ost-West-Konflikt, dem ebenfalls (aber auf andere Weise) totalitären Kommunismus, besonders wichtig.

Die beiden Ziele der Bundeswehr – professionelle Effizienz und optimale Verankerung in der zivilen Gesellschaft – hat der Gesetzgeber nicht zuletzt dadurch zu verknüpfen versucht, daß er bei der Gründung der Bundeswehr die allgemeine Wehrpflicht einführte. *Artikel 12a, Absatz 1 GG* lautet: "Männer können vom vollendeten achtzehnten Lebensjahr an zum Dienst in den Streitkräften, im Bundesgrenzschutz oder in einem Zivilschutzverband verpflichtet werden."[3]

Die Wehrpflicht bezieht sich, wie das erste Wort dieser Passage unmißverständlich deutlich macht, nur auf Männer. Ob das ein männliches Privileg ist oder gerade das Gegenteil davon, hängt von den sich ändernden kollektiven und individuellen Bewertungsmaßstäben in der politischen Kultur ab.

Zwar gibt es keinen eindeutigen Zusammenhang zwischen Wehrpflicht und bürgerlicher Demokratie in dem Sinne, daß erstere die passendste Wehrform für

---

[3] Der Bundesgrenzschutz ist heute die Polizei des Bundes, und der Zivilschutz ist nach dem Ende des Ost-West-Konflikts so gut wie unwichtig geworden (ob ganz zu Recht, darüber mag es verschiedene Ansichten geben).

letztere wäre – auch das Dritte Reich führte ja die Wehrpflicht ein. Aber seit der
Französischen Revolution und der *levée en masse* (massenweisen Rekrutierung)
der Franzosen gegen ausländische Truppen gilt die Wehrpflicht doch als Ausdruck
der Verbundenheit zwischen Streitkräften und ziviler Gesellschaft, auch als ein
wenn auch unzureichendes Mittel, um eine institutionelle Entfremdung zwischen
beiden und ein politisches Eigenleben der militärischen Führung zu verhindern.

Bei der Debatte über die Wiederbewaffnung ging es unter anderem auch um
die Vorzüge und Nachteile der Wehrpflicht. Nicht zuletzt auch unter dem starken
Eindruck der demokratie-schädlichen Distanz zwischen der Berufsarmee Reichswehr und der Republik von Weimar wurde die Wehrpflicht eingeführt. Bekannt
geworden und vielzitiert wurde der Ausspruch des ersten Bundespräsidenten
Theodor Heuß von der Wehrpflicht als dem ‚legitimen Kind der Demokratie‘.
Daß sie nach 1955/56 von der Bevölkerung und insbesondere auch von den direkt Betroffenen, den jungen Männern[4], akzeptiert wurde, kann als ein erfolgrei-
cher Test für die Gemeinwesen-Fähigkeit der damals noch sehr jungen Bundesrepublik Deutschland angesehen werden.

Als die allgemeine Wehrpflicht ins Grundgesetz aufgenommen wurde, bekam
eine aus dem Jahr 1949 stammende Regelung im Grundgesetz mit einem Male
ein ganz anderes Gewicht, das Recht auf Kriegsdienstverweigerung aus Gewis-
sengründen. Dieses Grundrecht ist seither von der Wehrpflicht insofern berührt,
als sich aus seiner Inanspruchnahme die Notwendigkeit ergibt, einen dem Wehrdienst an Dauer und Belastung ungefähr entsprechenden Zivildienst abzuleisten.
Kriegsdienstverweigerung und Zivildienst wurden aber nicht unmittelbar nach
Einführung der Wehrpflicht, sondern erst seit den späten sechziger Jahren nachhaltig in Anspruch genommen bzw. ausgebaut (Näheres dazu in Kapitel 8).

So gut wie gar nicht wurde bis vor kurzem über eine Bestimmung dieses
Grundgesetz-Artikels gestritten, die aus heutiger Sicht nicht mehr so unbestritten
ist, die Mobilisierung von Frauen (vom vollendeten achtzehnten bis zum vollendeten fünfundfünfzigsten Lebensjahr) im Verteidigungsfall. Dafür müßte es erst
ein Gesetz geben, und die eingezogenen Frauen würden lediglich zivile Dienstleistungen im zivilen Sanitäts- und Heilwesen sowie in ortsfesten Militär-Lazaretten
ausüben. Der folgende Satz in *Art. 12 a, Abs. 4 GG* lautet: "Sie dürfen auf keinen
Fall Dienst mit der Waffe leisten."

Die Zeiten ändern sich. Was seinerzeit als mehr oder weniger selbstverständliche Regelung im Interesse der Frauen angesehen wurde, erscheint heute, je nach
dem, entweder als ungebührliche Privilegierung oder als genauso ungebührliche
Unterprivilegierung von Frauen. Im Zuge der Gleichbehandlungs-Politik der

---

[4] Wer 1945 noch zu jung war, um eingezogen zu werden, und 1956 bereits zu alt dazu, zählte zu den
sogenannten *weißen Jahrgängen*.

letzten Jahre ist diese Bestimmung jedenfalls unter Beschuß geraten. In den Streitkräften der meisten NATO-Verbündeten und anderer Länder gehören Frauen inzwischen, auch wenn sie nach wie vor von ihrer Zahl her eine Minderheit bilden und inner-organisatorische Probleme nicht ausbleiben[5], zum normalen militärischen Alltag. Dieser Entwicklung kann sich auch die Bundeswehr nicht entziehen, bei der weibliche Soldaten bis jetzt nur zum Sanitätsdienst und im Musikkorps Dienst tun dürfen.

Im Jahr 1999 wurde beim Gerichtshof der Europäischen Gemeinschaften eine Klage dagegen eingericht, denn die deutsche Grundgesetz-Bestimmung verstößt nach Ansicht der Klägerin gegen die europäische Richtlinie zur Gleichbehandlung von Frauen und Männern im Arbeitsleben.[6] Das Gebot der Gleichstellung von Frauen und Männern auf dem Arbeitsmarkt hat in den letzten Jahren eine solche Dynamik gewonnen, daß ein prinzipieller Ausschluß von Frauen vom Waffendienst als Diskriminierung erscheint. So hat der Europäische Gerichtshof in Luxemburg am 11. Januar 2000 verbindlich entschieden, daß Frauen der Militärdienst mit der Waffe nicht generell verboten werden darf.[7]

Frau ans Gewehr!
Endlich verschafft der Richterspruch des Europäischen Gerichtshofs in Luxemburg deutschen Frauen Zugang zur Bundeswehr. Der Spruch wirkt wie eine Schelte, denn in kaum einem anderen Land wurde Frauen der Zugang zu den Streitkräften so energisch verwehrt wie in Deutschland. Die Ideologie von der Armee als Männergemeinschaft schien unausrottbar, bei Politikern, Politikerinnen, Militärs und weiten Teilen der öffentlichen Meinung. Als Begründung wurden militärische Extremsituationen herangezogen, die vielen normalen Tätigkeiten im Bundeswehralltag aber verschwiegen. Dazu kamen noch spezifische Vorbehalte. So sprach sich ein berühmter General der Luftwaffe unter vier Augen für ‚Frauen in der Bundeswehr' aus. Doch auf die Bemerkung, Frauen müßten dann auch Militärflugzeuge fliegen dürfen, reagierte er brüsk ablehnend. Ja, Waffenstolz: eine Männerdomäne.
Quelle: General a. D. Gerd Schmückle: Frau ans Gewehr! In: Frankfurter Allgemeine Zeitung v. 13. Januar 2000.

---

[5] Die Streitkräfte Israels und der Vereinigten Staaten haben hier Vorreiter-Funktionen. In Israel hat das Parlament Anfang Januar 2000 ein Gesetz verabschiedet, wonach Soldatinnen in *allen* Gefechtseinheiten dienen können. Das in anderen Streitkräften geltende Verbot des Einsatzes von Frauen in solchen Einheiten war hier schon 1995 vom Obersten Gerichtshof verworfen worden (Neue Zürcher Zeitung vom 6. 1. 2000).
Ein Stichwort, das sich zur Kennzeichnung vieler mit der Erweiterung des Rekrutierungs-Potentials einhergehender Probleme in den Streitkräften der Vereinigten Staaten eingebürgert und eine gewisse skandalträchtige Prominenz gewonnen hat, heißt *sexual harrassment*.
[6] Frankfurter Allgemeine Zeitung, 5. November 1999.
[7] Neue Zürcher Zeitung v. 12. Januar 2000.

Das Luxemburger Urteil wird zur Folge haben, daß der Anteil der Soldatinnen in der Bundeswehr auf längere Sicht ansteigen wird. Es wird auch in der öffentlichen Debatte über die Legitimationsgrundlagen und den Sinn der allgemeinen Wehrpflicht eine Rolle spielen. Die gilt nur für Männer, die nun ihrerseits Grund haben könnten über Diskriminierung auf dem Arbeitsmarkt zu klagen. Die Ausweitung der Wehrpflicht auf Frauen ist ganz und gar unwahrscheinlich. Es könnte aber sehr wohl sein, daß mit diesem EuGH-Urteil der ohnehin nicht mehr fest verankerten Wehrpflicht ein weiterer kräftiger Stoß gegeben worden ist, der sie ihrer Aussetzung näher bringt. Es könnte sein, daß hier ein europäischer Hebel die deutsche Bestimmung außer Geltung bringt, wobei damit auch noch möglicherweise Konsequenzen für die bisher auf die Männer zugeschnittene Wehrpflicht verbunden sein können. Anders als so zurückhaltend läßt es sich zu diesem Zeitpunkt nicht formulieren. Die Bundesregierung ist dabei, die gesetzliche Grundlage (durch Veränderung des Soldatengesetzes) zu schaffen, um die Bundeswehr generell weiblichen Bewerbern zu öffnen.

Aus soldatischer Perspektive, und zwar des Wehrpflichtigen wie des länger dienenden Freiwilligen und des Berufssoldaten, unabhängig von seinem Dienstgrad, ist bemerkenswert, daß die im Grundgesetz aufgeführten Grundrechte auch für ihn gelten. Eine Reihe von Einschränkungen, die sich aus den Eigenarten des Soldatenstatus ergeben, ergeben sich nur bei:

– dem Grundrecht der freien Meinungsäußerung,
– der Versammlungsfreiheit und
– dem Petitionsrecht.

Eine derart weitgehende Grundrechts-Garantie ist neu in der deutschen Militär- und Verfassungsgeschichte. Wie wichtig der Gesetzgeber diese Grundrechts-Garantie genommen hat, als die Bundeswehr aufgestellt wurde, geht auch daraus hervor, daß eine ebenfalls völlig neuartige, auf skandinavische Vorbilder zurückgehende Einrichtung geschaffen wurde, die den Schutz der Grundrechte der Bundeswehr-Angehörigen wirksamer machen soll – das Amt des Wehrbeauftragten des Deutschen Bundestages (*Artikel 45b GG*).

6.4 Das Urteil des Bundesverfassungsgerichts vom 12. Juli 1994

In der Bundesrepublik Deutschland, hieß es weiter oben, ist fast jede politische Kontroverse von gesamt-staatlicher Bedeutung immer mit Bezug auf das Grundgesetz debattiert worden. Das hat sich auch nach der Vereinigung am 3. Oktober

1990 nicht geändert. Auch wenn die im Anschluß an die Vereinigung aufgeworfene Forderung nach grundlegender Anpassung oder Umformulierung des Grundgesetzes nicht zu irgendwelchen bemerkenswerten Ergebnissen geführt hat und außerhalb kleiner Expertenkreise kaum Anklang fand, genießt das Grundgesetz doch in der Vorstellung der weit überwiegenden Mehrheit der politisch Interessierten in diesem Lande großen Respekt und ist nach wie vor der Grundstein der deutschen politischen Kultur.

Die Kehrseite dieses Sachverhalts ist, daß politische Streitfragen häufig zu juristischen Streitfragen umdefiniert werden, die dann letztlich das Bundesverfassungsgericht entscheidet. Dieses höchste deutsche Gericht hatte 1994 nicht nur darüber zu befinden, ob die öffentlich geäußerte Meinung (alle) Soldaten seien Mörder, von der grundgesetzlich garantierten Meinungsfreiheit ausgehalten werden muß (siehe dazu in Kapitel 2.5). Es beschäftigte sich ebenfalls mit der – nun allerdings erheblich schwerer wiegenden – Frage, ob das Grundgesetz unter bestimmten Voraussetzungen eine Erweiterung des hauptsächlich in Artikel 87a GG niedergelegten Auftragsprofils der Bundeswehr zuläßt oder nicht.

Sind, so kann man die Ausgangsfrage zusammenfassen, Bundeswehr-Einsätze über die Verteidigung des Territoriums von Deutschland und seinen NATO-Partnern hinaus prinzipiell möglich und wenn ja, unter welchen Voraussetzungen? Diese Frage stellte sich zur Zeit des Ost-West-Konflikts gar nicht, weshalb sie von Politikern auch mehrfach beantwortet wurde, und zwar negativ. Zu den Veränderungen des internationalen Systems nach dem Ende des Ost-West-Konflikts zählt auch die Aufwertung der internationalen Rolle Deutschlands, womit auch eine Reihe Erwartungen an Deutschland verbunden waren. Etwa die aktive Beteiligung an Friedens-Missionen verschiedener Art der Vereinten Nationen.

Zum ersten Mal wurden solche Erwartungen im Golf-Krieg 1990/Anfang 1991 formuliert. Hier hielt sich Deutschland, zur Erleichterung einer noch weitgehend gegen die Übernahme internationaler Ordnungsfunktionen eingestellten Öffentlichkeit und zum Ärger seiner Verbündeten, sehr zurück, um es vorsichtig auszudrücken. Danach aber begann die Bundesregierung nach und nach, von der Option Gebrauch zu machen, ihre militärischen *guten Dienste* für andere Missionen der Vereinten Nationen anzubieten, fast immer im Kontext humanitärer Hilfe – im ehemaligen Jugoslawien, in Kambodscha, im Arabischen Golf, Irak und schließlich, besonders spektakulär, zwischen dem August 1992 und dem Februar 1994, in Somalia.

Gegen die Zustimmung zu Bundeswehr-Einsätzen durch die CDU/CSU/FDP-Bundesregierung gab es Klagen vor dem Bundesverfassungsgericht von der oppositionellen SPD-Fraktion und kurioserweise auch von der FDP-Fraktion im Deutschen Bundestag. Auf die Motive und Hintergründe dieser Klagen sowie auf die mit verfassungsrechtlichen Fachbegriffen geführte politische Debatte über die Möglichkeiten und Grenzen einer Auftrags-Erweiterung für die Bundeswehr braucht an dieser Stelle nicht weiter eingegangen zu werden. Es genügt, auf das Ergebnis zu verweisen, das Urteil des Bundesverfassungsgerichts (BVG) vom 10. Juli 1994.

In diesem Urteil stützt sich das Gericht in erster Linie auf den Artikel 24, Abs. 2 GG: "Der Bund kann sich zur Wahrung des Friedens einem System gegenseitiger kollektiver Sicherheit einordnen; er wird hierbei in die Beschränkungen seiner Hoheitsrechte einwilligen, die eine friedliche und dauerhafte Ordnung in Europa und zwischen den Völkern der Welt herbeiführen und sichern."

Aus dem BVG-Urteil vom 24. Juli 1994
Erster Leitsatz:
Die Ermächtigung des Art. 24 Abs. 2 GG berechtigt den Bund nicht nur zum Eintritt in ein System gegenseitiger kollektiver Sicherheit und zur Einwilligung in damit verbundene Beschränkungen seiner Hoheitsrechte. Sie bietet vielmehr auch die verfassungsrechtliche Grundlage für die Übernahme der mit der Zugehörigkeit zu einem solchen System typischerweise verbundenen Aufgaben und damit auch für eine Verwendung der Bundeswehr zu Einsätzen, die im Rahmen und nach den Regeln dieses Systems stattfinden.
Zweiter Leitsatz:
Art 87a GG steht der Anwendung des Art. 24 Abs. 2 GG als verfassungsrechtliche Grundlage für den Einsatz bewaffneter Streitkräfte im Rahmen eines Systems kollektiver Sicherheit nicht entgegen.
Quelle: Entscheidungen des Bundesverfassungsgerichts. Bd. 90. Tübingen (J.C.B. Mohr) 1994. S. 286.

Im dritten Leitsatz wird die Bundesregierung auf die Pflicht festgelegt, vor jedem Einsatz bewaffneter Streitkräfte die konstitutive Zustimmung des Deutschen Bundestages einzuholen.

Das Echo auf dieses Urteil war zunächst gemischt – Bundesregierung und Bundeswehr-Führung haben es jedenfalls mit Genugtuung aufgenommen. In der Bundestags-Debatte über das Urteil, sie fand am 22. Juli 1994 statt, charakterisierte der SPD-Abgeordnete Walter Kolbow es als eine tiefe Zäsur in unserer Nachkriegsgeschichte. Damit traf er den Nagel auf den Kopf. Seither nämlich haben sich die Gewichte innerhalb des militärischen Auftrags der Bundeswehr verschoben. Das hatte und hat weiter tiefgreifende Konsequenzen für die Außen- und Sicherheitspolitik der Bundesrepublik, für die organisatorische Gestalt der Bundeswehr, und schließlich für die Ausbildung und Ausrüstung der Soldaten.

6.5 Personeller Umfang bis 1990

Die Bundeswehr ist einer der größten Arbeitgeber der Bundesrepublik. Dies gilt seit dem Ende der fünfziger Jahre, unabhängig von den beträchtlichen Schwankungen im Umfang (Personalstärke) der Streitkräfte.

Dieser Umfang wird im jährlichen Haushaltsplan des Bundes festgelegt. Das ist erwähnenswert, weil es unterstreicht, daß die Entscheidung darüber eine *politische* Entscheidung ist und keine, die von der Bundeswehr-Führung unter militärischen Gesichtspunkten getroffen werden kann.

Übersicht 2 zeigt die Personalentwicklung der Bundeswehr bis 1984. In den Jahren bis 1990 hat sich nichts Wesentliches daran geändert. Auffällig ist vor allem auch die Geschwindigkeit des Aufwuchses von 1956 bis 1964. Aber auch die geringe Schwankungsbreite und das relativ hohe Niveau der Präsenzstärke der Bundeswehr zwischen 1966 und 1990 sind bemerkenswert.

Meistens wird, wenn der Umfang der Bundeswehr zur Sprache kommt, nur an die Uniformträger gedacht. Man darf aber die vielen Zivilbedienstete der Bundeswehr nicht einfach übersehen.

Angehörige der Streitkräfte in Zivil
Alle nicht unmittelbar militärischen Aufgaben werden in der Bundeswehr von den 176.000 zivilen Mitarbeitern wahrgenommen. Diese hohe Zahl erklärt sich aus dem Umfang der für die Streitkräfte zu leistenden Unterstützung.
Die Bundeswehrverwaltung hat 99.000 zivile Mitarbeiter. Sie sind unter anderem verantwortlich für die Einberufung Wehrpflichtiger, die Bereitstellung von Verpflegung und Bekleidung, den Bau von Dienstgebäuden, Unterkünften, Lagern und Werkstätten sowie die Beschaffung von Rüstungsgütern und auch für die Einstellung und Ausbildung des zivilen Personals. Außerdem nimmt ein Teil dieses Personals – rund 6.000 – die Aufgaben der Wehrverwaltung in militärischen Dienststellen und Kommandobehörden wahr. Weitere 77.000 zivile Mitarbeiter in den Streitkräften leisten Unterstützung in zahlreichen Aufgabengebieten, wie zum Beispiel im Stabsdienst, in der militärischen Ausbildung, bei der Instandsetzung von Wehrmaterial, der Depothaltung sowie im Sanitäts- und Gesundheitswesen.
Ebenso werden die Aufgabe der Rechtspflege, Seelsorge und Fürsorge durch Zivilpersonal erfüllt. Diesen vielfältigen Aufgaben entspricht eine vergleichbare Vielfalt von Berufen der zivilen Mitarbeiter. Die Berufsbilder reichen vom Facharbeiter über den graduierten Ingenieur bis zum Richter oder Professor.
Quelle: Weißbuch 1985. Zur Lage und Entwicklung der Bundeswehr. Im Auftrage der Bundesregierung hg. vom Bundesminister der Verteidigung. Bonn 1985.

Übersicht 2: *Personalentwicklung der Streitkräfte*

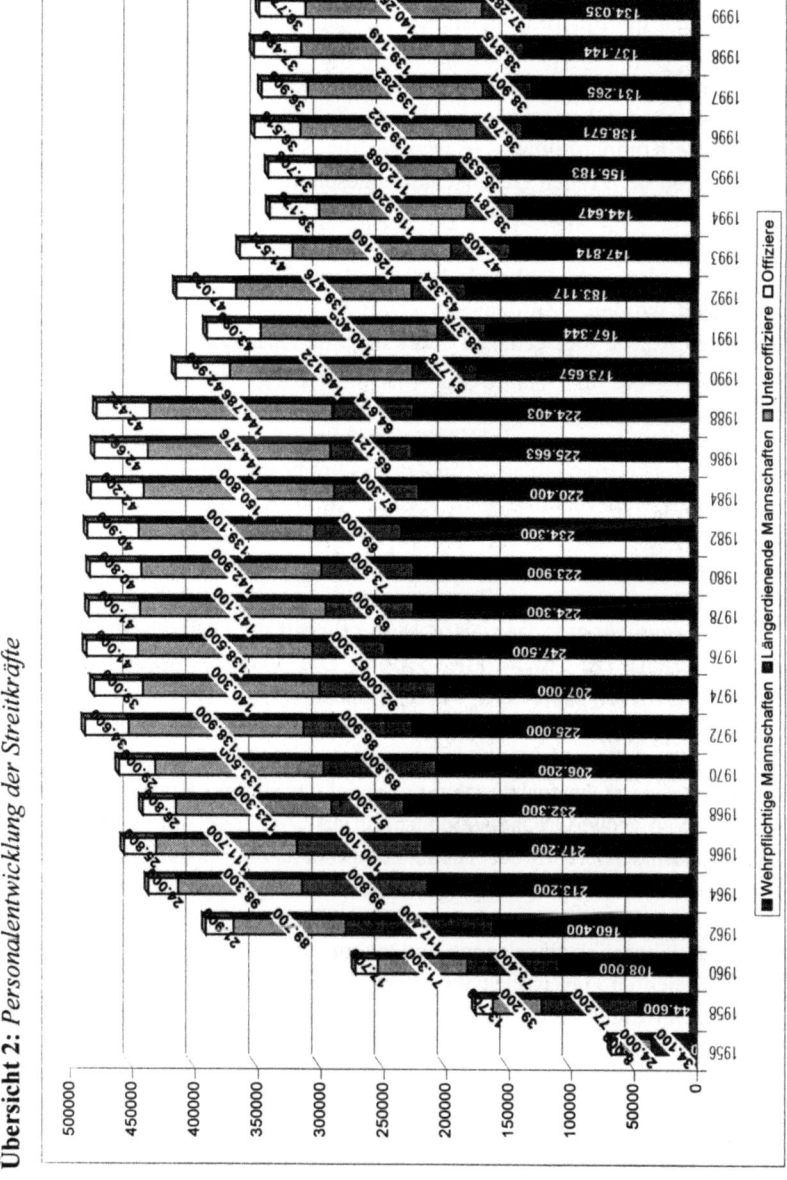

Quellen: Weißbuch 1985, S. 241; Angaben des BMVg zum Stichtag 07.12. der Jahre 1986-1999

Diese große Zahl und das umfangreiche Feld der Betätigungen von Zivilangehörigen der Streitkräfte mag zunächst überraschen. Die administrative Trennung von militärischen und nicht-militärischen Aufgaben innerhalb einer so umfangreichen Organisation macht aber gleich aus zwei Gründen Sinn. *Erstens* unter professionellen Gesichtspunkten – die Soldaten sollen sich in erster Linie auf ihre soldatische Tätigkeiten konzentrieren können. *Zweitens* unter dem Gesichtspunkt der Demokratie-Kompatibilität – je weniger die Streitkräfte auch bürokratisch-administrativ von der zivilen Gesellschaft abgeschottet, je mehr sie in sie hineinverflochten sind, desto besser für die Sicherheit der Demokratie. In den Anfangsjahren der Bundeswehr ist das seitens derjenigen Offiziere, die eher die *sui generis*-Aspekte des Soldatenberufs betont wissen wollten, auch schon einmal kräftig kritisiert worden. "Zu den Mißverständnissen, die vor allem in den Anfangszeiten bis weit in die sechziger Jahre manche Auseinandersetzung vergifteten, gehörte das über die Kontrollfunktion der Bundeswehrverwaltung über die Truppe...Sollte irgendwo diese Vorstellung einer Kontrolle vorhanden gewesen sein, so hat sie weder in den rechtlichen Regelungen noch in der tatsächlichen Entwicklung ihren Niederschlag gefunden", schreibt ein langjähriger hoher Beamter der Bundeswehrverwaltung in seinem Rückblick auf vierzig Jahre Bundeswehrverwaltung.[8] Das ist auf dem Papier ganz richtig, es unterschlägt aber, daß jenes ‚Mißverständnis' seinerzeit gar nicht so ganz selten vorkam.

Im übrigen taucht in diesem Zusammenhang neuerdings immer häufiger ein ganz anderes Argument auf, das sich nicht so sehr auf die Differenzierung militärisch/zivil innerhalb der Streitkräfte bezieht. Die Vergabe bestimmter inner-organisatorischer Aufgaben an außer-organisatorische Kontraktoren (*outsourcing*) kann Geld sparen helfen. Und das ist ja zu einem besonders wichtigen Aspekt organisatorischer Reformen von modernen Streitkräften geworden. Deswegen wird man im nächsten Jahrzehnt noch viel von diesem Konzept hören.

Wie ist eine so große Organisation strukturiert? Als erste Antwort fällt einem ein: furchtbar kompliziert. In der Tat so kompliziert, daß in den Massenmedien bei jeder Berufung eines Verteidigungsministers in Skepsis getauchte Überlegungen darüber angestellt werden, ob es der Neue überhaupt schaffen kann, in ‚seinem Haus' den Überblick zu erlangen und zu behalten.

Um einen leichten Geschmack von dieser Komplexität zu geben, die im einzelnen hier zu verfolgen nicht möglich und nötig ist, sei nur auf folgende Punkte verwiesen:

---

[8] Rainer Reinhart: Die Bundeswehrverwaltung. Vierzig Jahre Stetigkeit in der Veränderung. In: Bruno Thoß (Hg.): Vom Kalten Krieg zur deutschen Einheit. Analysen und Zeitzeugenberichte zur deutschen Militärgeschichte 1945 bis 1995. München (Oldenbourg) 1995, S. 387-388.

- Der Bundesminister der Verteidigung fungiert als Inhaber der Befehls- und Kommandogewalt über die Streitkräfte im Frieden und als Chef der Bundeswehrverwaltung. Mit der Verkündung des Verteidigungsfalles geht die Befehls- und Kommandogewalt über die Streitkräfte auf den Bundeskanzler über.[9]
- Die Streitkräfte bestehen aus den drei Teilstreitkräften Heer, Luftwaffe und Marine, wobei das Heer zahlenmäßig am umfangreichsten ist.
- Alle Kampfverbände der Bundeswehr werden im Spannungs- und Verteidigungsfall der NATO unterstellt – die Bundeswehr ist von ihrer inneren Konzeption her eine reine Bündnisarmee.
- Der vom Protokoll her gesehen höchste militärische Repräsentant der Bundeswehr, der Generalinspekteur, fungiert als militärischer Berater der Bundesregierung. Während aber die Inspekteure der Teilstreitkräfte sowie der Inspekteur des Sanitäts- und Gesundheitswesens die höchsten truppendienstlichen Vorgesetzten in ihren jeweiligen Organisationsbereichen sind und dem Stellvertreter des Generalinspekteurs dieselbe Funktion für den Bereich der Zentralen Militärischen Dienststellen zugefallen ist, schwebt der Generalinspekteur selbst ungekoppelt an irgendwelche truppendienstlichen Verantwortungen im Orbit des Verteidigungsministers. Er ist also keineswegs, was häufig in der Öffentlichkeit mit seiner Person verbunden wird, der höchste Vorgesetzte der Streitkräfte.

6.6 Personeller Umfang nach 1990

Mit dem Ende des Ost-West-Konflikts fiel die Bedrohung, die die Wiederbewaffnung der Bundesrepublik Deutschland möglich und nötig gemacht hatte, in sich zusammen. Das internationale System veränderte seine Gestalt. Das konnte nicht ohne nachhaltige Auswirkungen auf die Bundeswehr bleiben.

Die ersten Impulse zur Veränderung waren Teil des dem international sorgfältig gemanagten Übergangs von der Ost-West-Bipolarität zu einem mehrpoligen Staatensystem und lassen sich als Begleitumstände der deutschen Vereinigung bezeichnen. Es sind vor allem drei völkerrechtliche Verträge, die sicherheitspolitische Aspekte der Vereinigung hervorheben oder sie zumindest themati-

---

[9] So steht es im *Artikel 115 b GG*. Der Begriff *Befehls- und Kommandogewalt* steht anstelle des vor 1945 gebräuchlichen Begriffs *Oberbefehl*. Es soll damit betont werden, daß die Weisungsbefugnis von Minister oder Kanzler auf höchster Ebene sowohl die politische als auch die militärfachliche Führung umfaßt und daß beides untrennbar miteinander verbunden ist.

sieren und darüber hinaus Zielvorgaben für die Umorientierung der Bundeswehr enthalten:

- der Vertrag über Konventionelle Streitkräfte in Europa (KSE-Vertrag);
- der Vertrag über die abschließende Regelung in Bezug auf Deutschland (Zwei-plus-Vier-Vertrag);
- der Vertrag zwischen der Bundesrepublik Deutschland und der Deutschen Demokratischen Republik über die Herstellung der Einheit Deutschlands (Einigungsvertrag).

Die wichtigste Vorgabe aus diesen Verträgen für die Organisation der Bundeswehr war die Verpflichtung, den Umfang der des Streitkräfte auf maximal 370.000 Soldaten zu begrenzen. Sie wurde zu einem Zeitpunkt eingegangen, als die Bundeswehr infolge der Übernahme der Nationalen Volksarmee der ehemaligen DDR gerade an Umfang zugenommen hatte (Näheres dazu in Kapitel 11).
Die neunziger Jahre waren und blieben bis zu ihrem Ende für die Bundeswehr ein Jahrzehnt der Umstellung. Für eine Weile wird das auch so bleiben, denn das gesamte sicherheitspolitische Feld muß im Grunde neu bestellt werden, was aber nur schrittweise passieren kann, zumal es keine *große Vision* für die Bundeswehr gibt, die sicherheitspolitische, militärische, finanzielle und gesellschaftliche Erwartungen an und Herausforderungen für die Streitkräfte in Deckung miteinander bringen kann (Näheres dazu in Kapitel 11).

Personalstärke der Bundeswehr 1999
Heer: Friedensstärke 233.400 Soldaten plus 2.350 Wehrübungsplätze (für ca. 85.000 Reservisten) und 30.000 zivile Mitarbeiter.
Luftwaffe: Friedensstärke 77.000 Soldaten, davon 55.000 Berufs- und Zeitsoldaten, plus 400 Wehrübungsplätze und knapp 19.000 zivile Mitarbeiter.
Marine: Friedensstärke 27.000 Soldaten , davon ca. 6.000 Soldaten Wehrdienstleistende.
Sanitätsdienst: 26.000 Soldaten.
Zentrale Militärische Dienststellen: 7.100 Soldaten plus 5.000 zivile Mitarbeiter.
Territoriale Wehrverwaltung: 57.000 zivile Arbeitsplätze (mit stark abnehmender Tendenz.)
Der Ist-Bestand der Bundeswehr lag Ende 1998 bei rund 329.500 aktiven, darunter 4.200 weiblichen Soldaten.
Personal-Probleme gibt es vor allem bei den Unteroffizieren in Heer und Luftwaffe.
Der zivile Personalbestand lag Anfang 1999 bei 143.500 Mitarbeitern, darunter 27.100 Beamten, 47.500 Angestellten, 63.000 Arbeitern und 5.900 Auszubildenden.
Quelle: Bundesministerium der Verteidigung: Bestandsaufnahme. Die Bundeswehr an der Schwelle zum 21. Jahrhundert. Bonn 1999.

Die Veränderungen, die sich für den Umfang der Streitkräfte durch die Bundeswehr-Reform im Jahr 2000 ergeben werden, kommen im Schlußkapitel zur Sprache.

6.7 Verankerung im parlamentarischen politischen System

Der moderne Staat reklamiert für sich das Monopol physischer Gewalt. Kann er diese Forderung nicht durchsetzen, kommt es zu Bürgerkrieg und letztlich zum Verfall des Staates. Streitkräfte im späten 19. und 20. Jahrhundert, man kann dies allein schon an ihrem personellen Umfang ablesen, spielen bei der Aufrechterhaltung des staatlichen Gewaltmonopols neben der Polizei die entscheidende Rolle. In der modernen Welt sind Streitkräfte Instrumente des Staates. Oder sie nehmen ihn in Besitz, wie das in zahlreichen Militärdiktaturen auf der Welt der Fall ist (Militärdemokratien gibt es nicht).

Es liegt deshalb auf der Hand, daß Streitkräfte in modernen Demokratien einer besonderen politischen Kontrolle unterliegen. In Gesellschaften, deren politische Kulturen eine hohe demokratische Selbstsicherheit aufweisen (Großbritannien etwa und die USA), erscheint es oft so, als sei hier keine besondere Kontrolle nötig, ganz im Gegenteil zu den Ländern (wie Deutschland), in denen eine lange Tradition demokratischer Selbstgewißheit nicht existiert. Tatsächlich werden die Streitkräfte in allen Demokratien politisch kontrolliert. Ein solches institutionelles Mißtrauen trägt keinerlei die Würde und Ehre der Uniform- und Waffenträger beeinträchtigende Züge.

Nicht nur für demokratische politische Systeme gelten die im *Kriegsvölkerrecht* oder, wie ein neuerer Ausdruck lautet, *Humanitären Völkerrecht* zusammengefaßten Regeln; sie wurden aber von ihren Repräsentanten ganz besonders vorangetrieben. Das Regelwerk dieses Völkerrechts, wenn es auch seit dem zweiten Drittel des 19. Jahrhunderts ständig anwächst, ist weit davon entfernt, dem Krieg seinen Schrecken zu nehmen. Aber bestimmte Verbote, z. B. von Dum-Dum-Geschossen seit 1899, oder Abkommen, z. B. über den Schutz von Kulturgütern bei bewaffneten Konflikten von 1954, können zumindest als Signale dafür angesehen werden, daß auch in bewaffneten Konflikten Menschlichkeit nicht völlig verloren geht.

Die Soldaten in Streitkräften von Staaten, welche sich diesem Regelwerk und damit doch auch dem Keim des Gedankens von einer Welt-Gemeinschaft verpflichtet fühlen, müssen es kennen und beachten lernen. Auch wenn im soldatischen Alltag, im Frieden sowieso, dieser Aspekt des Einbaus der Bundeswehr in das parlamentarische System meist fiktiv bleibt, soll er hier doch an erster Stelle erwähnt werden. Er kommt an einer eher versteckten Stelle des Wehrrechts der

Bundesrepublik zur Sprache, nämlich im *Gesetz über die Rechtsstellung des Soldaten (Soldatengesetz)*. Dort sind in § 10 die Pflichten des Vorgesetzten beschrieben. § 10 Abs.4 stellt fest, daß der Vorgesetzte einen Befehl "nur unter Beachtung der Regeln des Völkerrechts" erteilen darf. Bekräftigt wird damit der Artikel 25 GG, der lautet: "Die allgemeinen Regeln des Völkerrechts sind Bestandteil des Bundesrechtes. Sie gehen den Gesetzen vor und erzeugen Rechte und Pflichten unmittelbar für die Bewohner des Bundesgebietes."

Für die Abschreckungs- und Verteidigungs-Aufgaben der Bundeswehr mag dieser Punkt vielleicht eher marginal erschienen sein, für die Einsätze in Friedensmissionen und humanitären Interventionen wird er wichtiger.

Immer schon waren demgegenüber die Prinzipien und Mechanismen zur Steuerung von Entwicklung und Ausrichtung der Streitkräfte seitens des politischen Systems, kurz: die demokratisch-parlamentarische Kontrolle der Bundeswehr von herausgehobener Bedeutung.

Grundgesetzliche Bestimmungen zur parlamentarisch-demokratischen Kontrolle der Streitkräfte

- Personelle Stärke und Grundzüge der militärischen Organisation werden vom Bundestag jährlich neu mit dem Haushaltsplan beschlossen (*Art. 87a, Abs. 1 GG*).
- Es sind parlamentarische Gremien, die über den Eintritt des Spannungs- oder des Verteidigungsfalles entscheiden (*Art. 80a, Abs. 1 und Art. 115a, Abs 1 GG*).
- In Friedenszeiten ist der Verteidigungsminister in politischer und organisatorischer (fachlicher) Hinsicht der oberste Vorgesetzte aller Angehörigen der Bundeswehr; im Verteidigungsfall geht diese Befehls- und Kommandogewalt auf den Bundeskanzler über (*Art. 65a und Art. 115 GG*) – beide Male unterliegt sie also parlamentarischer Kontrolle.[10]
- Der Verteidigungsausschuß des Deutschen Bundestages besitzt die Rechte eines Untersuchungsausschusses zu jederzeitiger parlamentarischer Kontrolle, also z. B. auch zwischen zwei Legislaturperioden (*Art. 45a GG*).
- Zum Schutz der Grundrechte der Soldaten und als Hilfsorgan des Bundestages bei der Ausübung der parlamentarischen Kontrolle ist die Institution des Wehrbeauftragten geschaffen worden (*Art. 45 b GG*).

Von den zahlreichen Gesetzen und Verordnungen, die insbesondere der zweite Deutsche Bundestag verabschiedet hat – in die Legislaturperiode von 1953 bis 1957 fiel die Gründung der Bundeswehr –, sind insbesondere erwähnenswert:

---

[10] Das gilt auch, wenn man unterstellen kann, daß solche Notstands-Situationen de facto "die Stunde der Exekutive" sind, wie ein früherer Innenminister der Bundesrepublik einmal gesagt hat.

- das Wehrpflichtgesetz;
- das Gesetz über die Rechtsstellung des Soldaten (Soldatengesetz),
- die Verordnung über die Regelung des militärischen Vorgesetztenverhältnisses;
- Wehrbeschwerdeordnung und Wehrdisziplinarordnung.

Gesetzes-architektonisch mag es ein wenig schwierig gewesen sein, die Bundeswehr zu einem Zeitpunkt in das Gefüge des Staates einzubauen, als dieser schon ein paar Jahre existiert und sich konsolidiert hatte. Dieser zeitliche Vorsprung des Zivilen vor dem Militärischen ist alles andere als typisch für Staatsgründungen. Mit ihm ergab sich die Chance, diesen Einbau so vorzunehmen, daß eventuelle Bestrebungen der Streitkräfte oder einzelner Gruppen im Offizierkorps, die instrumentale Position der Bundeswehr zu verändern, institutionell erheblich erschwert wurden.

7. Innere Führung und Staatsbürger in Uniform

Einige Begriffe in der sozio-politischen Welt haben eine eigentümliche Aura und die Eigenschaft, einen eigenen Mythos auszubilden. Der Begriff der Inneren Führung gehört zweifellos dazu. Keiner war in den Anfangsjahren der Bundeswehr unter Soldaten und zivilen Beobachtern der Streitkräfte mehr umstritten, um keinen rankten sich so viel Emotionen. Keiner sonst wurde so verschiedenartig aufgefaßt, mit den unterschiedlichsten Vorstellungen in Verbindung gebracht. Im Laufe der Jahre hat sich das zwar beruhigt. Aber auch heute gibt es Schwierigkeiten, die Substanz dessen, was mit Innerer Führung gemeint ist, klar erkennbar zu machen. *Dabei handelt es sich bei der militärpolitischen Konzeption der Inneren Führung um eine der innovativsten und kreativsten politischen Neuerungen der Bundesrepublik Deutschland,* in ihrer Bedeutung durchaus vergleichbar der wirtschafts- und gesellschaftspolitischen Konzeption von der Sozialen Marktwirtschaft.

7.1 Ausgangsbedingungen in den fünfziger Jahren

Als die Bundeswehr in den fünfziger Jahren geplant und aufgestellt wurde, standen Gesetzgeber und Exekutive, stand auch die erste Generation der Bundeswehr-Führung vor der Aufgabe, unter großem zeitlichen Druck und gegen eine nicht gerade enthusiastisch reagierende öffentliche Meinung ein Konzept für die neuen Streitkräfte zu entwerfen und zu realisieren, das zwei einander in die Quere kommende Anforderungen erfüllen sollte. Die Bundeswehr sollte alle als negativ beurteilten Attribute früherer deutscher Streitkräfte abgelegt haben, sich in ihrer militärischen Effizienz jedoch mit diesen messen lassen können.

Obwohl nun diese Trennlinie allenfalls auf den ersten Blick plausibel erscheint – tatsächlich ist sie ganz künstlich und unhandlich – ,versuchte man es um 1950 damit: Bewaffnung, Ausrüstung, militärstrategische und operative Grundsätze als *äußerer* Führungsbereich wurden mehr auf die Effizienz bezogen. Und was übrig blieb, eben das *innere* Gefüge der Streitkräfte und, wie man heute im Internet-Deutsch sagen würde, ihre *links* zur zivilen Gesellschaft und zum politischen System, also die Grundsätze der Menschenführung, Normen für den internen Alltagsbetrieb sowie das Insgesamt der die parlamentarisch-demokratischen Kontrolle sichernden Gesetze und Regeln, all das wurde unter dem Begriff der *Inneren Führung* zusammengefaßt. Und zwar so, daß nach innen (gerichtet an die Soldaten) und nach außen (gerichtet an die Öffentlichkeit) signalisiert wurde, wie sehr sich die Bundeswehr von ihren Vorläufern Reichswehr und Wehrmacht unterscheidet.

Daß es zu einer grundlegenden Neubestimmung kommen mußte, war damals allen Beteiligten mehr oder weniger deutlich; das gehörte gewissermaßen zu den Entstehungsvoraussetzungen der Bundeswehr. Denn ohne die proklamierte und in Gang gebrachte Distanzierung von großen Teilen der deutschen Militärgeschichte und der deutschen militärischen Traditionen wäre das Widerstreben gegen die Wiederbewaffnung in der Öffentlichkeit noch stärker gewesen. Ganz zu schweigen von den Nachbarländern, gleichviel ob im Westen oder im Osten: Dort war die Erinnerung an den Zweiten Weltkrieg und die Besetzung durch das nationalsozialistische Deutschland noch so frisch und so schmerzlich, daß eine schlichte Kontinuität von der Wehrmacht zur Bundeswehr niemals hingenommen worden wäre.

7.2 Gebrauchs-Definitionen

Ein Grunddokument für die Planung und Aufstellung der Bundeswehr ist die *Denkschrift des militärischen Expertenausschusses über die Aufstellung eines Deutschen Kontingents im Rahmen einer übernationalen Streitmacht zur Verteidigung Westeuropas vom 9. Oktober 1950*, auch kurz nach dem Ort ihrer Erarbeitung *Himmeroder Denkschrift* genannt. In dieser Denkschrift finden sich im Abschnitt "Das innere Gefüge" bereits wesentliche Elemente dessen, was später *Innere Führung* genannt wird. Betont werden die Distanz zur Wehrmacht, die demokratische Wertbezogenheit (im Sinne einer Internalisierung der Werte Freiheit und soziale Gerechtigkeit) des soldatischen Selbstverständnisses, die Verankerung der Streitkräfte in die Demokratie.

Das in den weiteren Planungen zu operationalisieren, war nicht einfach. Viele haben an diesem Prozeß mitgewirkt, aber es ist nur ein Gebot der Fairness, wenn man hier auf die überragende Figur von Wolf Graf von Baudissin hinweist, ohne den die Innere Führung nicht das geworden wäre, was sie wurde und heute ist.

Die Schwierigkeit, mit der sich Baudissin und seine Mitstreiter von Anfang an herumschlagen mußten, war die Verwirrung über Motiv, Gestalt und Grundsätze dieses neuartigen Konzepts. Diese Verwirrung läßt sich auch leicht nachvollziehen, weil das Konzept zu viele Funktionen zugleich erfüllen sollte. Es sollte nämlich:

- die Einordnung der Streitkräfte in die zivile Gesellschaft bewirken und sichern;
- innerhalb der Streitkräfte ein vernünftiges ‚Betriebsklima' schaffen;
- Signal und Barometer sein, nämlich dafür, daß bzw. wie stark die Demokratie-Kompatibilität der Bundeswehr ausgebildet ist.

Im 1957 vom Bundesministerium für Verteidigung herausgegebenen *Handbuch Innere Führung* werden als Hauptaufgaben der Inneren Führung bezeichnet: "1. die geistige Rüstung, 2. zeitgemäße Menschenführung". Das klingt schon weniger reformfreudig. Es weist uns im übrigen auch darauf hin, daß die Akzente der Inneren Führung im Laufe der Jahre nicht immer an derselben Stelle blieben, sondern je nach Zeit-Umständen verschoben wurden, mal in Richtung auf Verstärkung der ideologischen Immunität gegenüber den gar nicht so starken Verlockungen des Kommunismus, mal mehr in Richtung auf (gemäßigte) innerorganisatorische Demokratisierung.

Vor einem Ausschuß des Deutschen Bundestages hatte Baudissin schon im Juni 1954 die Leitfigur der Inneren Führung, den Staatsbürger in Uniform, zu umreißen versucht.

Staatsbürger in Uniform
Um es negativ zu sagen: Hier ist an alles andere als an eine Verbürgerlichung des Soldaten gedacht, d. h. an eine unsachgemäße Einordnung, Stellung, Erziehung und Ausbildung des Soldaten. Vielmehr sind zwei Komplexe angesprochen: Zunächst einmal der Standort des Soldaten. Nur derjenige kann heute für seine Gemeinschaft eintreten, der in ihr verwurzelt ist, d. h. der Soldat muß in dem politischen und geistigen Leben seiner Gemeinschaft verwurzelt sein. Ist er das nicht, dann weiß er bestenfalls noch, wogegen er kämpfen soll, wogegen er zu sichern hat; und das genügt nicht...nur die Einbürgerung des Soldaten verschafft ihm das Erlebnis der Werte, die er zu verteidigen hat, und nur die Möglichkeit zum Mitgestalten gibt ihm auch einen Anreiz zur Verantwortung. Weiter heißt Staatsbürgertum Bindung an die sittliche Ordnung, die die Gemeinschaft repräsentiert...Diese Forderung wird uns gerade von der technischen Entwicklung her immer ernster gestellt...
Aber neben dem Standort zeigt uns der Begriff auch noch eine andere ganz bestimmte Zuordnung zur Umwelt und zum Menschen. Unter Staatsbürgern, die zusammen Wehrdienst tun, kann es kein Verhältnis mehr wie zwischen Unmündigen und Vorgesetzten...geben, sondern es sind hier eindeutig Partner in verschiedener Funktion mit gleicher Würde aus der gleichen Verantwortung.
Quelle: Wolf Graf von Baudissin: Soldat für den Frieden. Entwürfe für eine zeitgemäße Bundeswehr. München (Piper) 1969, S. 206-207.

Einer der Streitpunkte um die Innere Führung war in die Frage gepackt, was denn daran wirklich neu sei. Schließlich hätten Truppenführer ihre Untergebenen immer schon mit einer Kampfmotivation zu versehen versucht, und zeitgemäße Menschenführung verstehe sich doch eigentlich eh von selbst. Dieser fragende Einwand trifft keineswegs ganz daneben. Er verfehlt jedoch das Neue an der Inneren Führung der Bundeswehr: ihren Bezug auf demokratische Werte und Normen und die politische Konstellation des Ost-West-Konflikts, bei dem es um mehr als nur Machtrivalität, nämlich auch (nicht zuletzt zwischen den beiden deutschen Staaten) um den Wettbewerb zwischen Menschen- und Gesellschaftsbildern ging.

Eine etwas zu glatt geratene und vorsichtig formulierte, indes diese beiden Aspekte zur Geltung bringende Definition, die innerhalb der Bundeswehr lange Zeit favorisiert wurde, geht auf den Kommandeur der Schule der Bundeswehr für Innere Führung in Koblenz in den Jahren 1960 bis 1962 zurück, Ulrich de Maizière:

Was ist Innere Führung?
Die Innere Führung ist die Aufgabe der militärischen Vorgesetzten, einen Soldaten zu erziehen, der fähig und willens ist, Freiheit und Recht des deutschen Volkes im heißen und kalten Krieg gegen jeden Angreifer zu verteidigen.
Hierbei geht sie von den politischen und gesellschaftlichen Gegebenheiten aus, bekennt sie sich zu den Grundwerten unserer demokratischen Verfassung, übernimmt sie bewährte soldatische Tugenden und Erfahrungen in unsere heutigen Lebensformen und berücksichtigt sie die Folgen der Anwendung und Wirkung moderner technischer Mittel.
Quelle: *Carl Gero von Ilsemann: Die Bundeswehr in der Demokratie. Zeit der Inneren Führung. Hamburg (R. v. Decker's Verlag G. Schenck) 1971, S. 11.*

7.3 Streit um die Innere Führung

Die Konzeption und der Hauptvertreter der Inneren Führung waren innerhalb der Bundeswehr nicht unumstritten. In den ersten Jahren brauchte es einigen Druck vonseiten der Politiker und der Öffentlichkeit, um die Innere Führung zu einem selbstverständlichen Bestandteil des soldatischen Alltags zu machen. Was war der Grund dafür? In der Literatur wird immer wieder auf die organisationsinternen Kontroversen im Offizierkorps der Bundeswehr zwischen der kleineren *Reformer*-Fraktion und der größeren, aber in sich nicht homogenen Fraktion der sogenannten *Traditionalisten* hingewiesen. Diese Kontroversen rankten sich um das zeitgemäße Bild vom Soldaten, um die Einstellung zur militärischen Tradition, aber auch um die Selbstwahrnehmung der Streitkräfte als einer zu Unrecht mit viel politischem Mißtrauen konfrontierten staatlichen Organisation und schließlich um die Frage, ob der Soldatenberuf *ein Beruf wie jeder andere*, ein *Job* sei oder ein Beruf *sui generis* mit ganz eigenen Berufsregeln, unabhängig von den Werten und Normen der zivilen Gesellschaft (vgl. auch Kapitel 5.5). An diesen Streitlinien entlang hat es in den fünfziger und sechziger Jahren erbitterte Auseinandersetzungen gegeben, die gegen Ende der sechziger Jahre von Baudissins Konzept nur noch wenig übrig gelassen zu haben schienen. Von einem konservativen General wird der Ausspruch überliefert, es sei an der Zeit, die "Maske der Inneren Führung" abzulegen.

Die Art und Weise dieser Auseinandersetzungen – sie werden heute in den offiziellen und offiziösen Rückblicken auf jene Jahre verständlicherweise gerne etwas heruntergespielt – erinnert ein wenig an einen ideologischen Religionskrieg. Obwohl es nämlich im Truppenalltag um ziemlich handfeste Regeln und Normen ging, war der Streit um die Innere Führung *ein* Ausdruck der Orientierungsproblematik und -krise des Militärberufs in Deutschland unter dem Schatten des gerade überwundenen Nationalsozialismus und mit dem Ausblick auf eine nukleare Konfrontation in Europa. Auch in anderen Ländern gab es Orientierungsprobleme der Streitkräfte[1], aber hierzulande waren sie über das Kontinuitäts-/Diskontinuitätsproblem Wehrmacht/Bundeswehr besonders stark aufgeladen.

Sieht man einmal von der persönlichen Komponente ab, die in ihren Auswirkungen jedoch nicht unterschätzt werden darf (Karriere-Rivalitäten zwischen Individuen und ‚Seilschaften' verschlucken in jeder Groß-Organisation eine Menge Energien), dann sind vor allem die folgenden Widerstände gegen die Reform-Konzeption der Inneren Führung dingfest zu machen:

Mißtrauen gegen die Innere Führung aus soldatischer Perspektive
-   *Traditionsverständnis:* Das Selbst- und Traditionsverständnis einer Mehrheit der Offiziere der ersten Bundeswehr-Generation verbot es, die Idealisierungen von Reichswehr und Wehrmacht und den dort gepflegten Professionalismus derart hartnäckig in Frage zu stellen, wie Baudissins Konzept es verlangte.
-   *Antikommunismus:* Die stark angestiegenen Bedrohungsgefühle im Kalten Krieg legten es nahe, anti-bolschewistische Expertisen aus fast allen Quellen heranzuziehen, auch solchen, aus denen nicht unbedingt die Milch der demokratischen Denkungsart sprudelte. Dadurch konnten sich viele ‚Ostkämpfer' entlastet fühlen und den Antikommunismus als das Wesentliche, die Unterschiede zwischen der Wehrmacht und der Bundeswehr als sekundär interpretieren.
-   *Unklar Visionäres:* Gegen das Visionäre der Konzeption sträubten sich jene pragmatisch eingestellten Soldaten, die mit der Umsetzung der Anforderungen

---

[1] Man denke etwa an die Ergebnisse militärsoziologischer Forschung über den Wandel des Militärberufs (Charles Moskos: "professional to occupational"; Michel Martin: "warriors to managers").

an den ,neuen Soldaten' nicht recht vorankamen und deshalb auf bewährte Mittel der Ausbildung und Erziehung zurückgriffen.

- *Technokratie*: Ebenso widersetzten sich jene Offiziere, für die die Bundeswehr vor allem als technische Organisation faszinierend war und die mit umfassenden geistig-politischen Entwürfen nichts anzufangen wußten.
- *Erfolg bei Politikern*: Der positive Widerhall, den das Konzept bei den beiden großen Parteien CDU/CSU und SPD und in der öffentlichen Debatte während der fünfziger Jahre fand, mochte zudem bei manchen Soldaten Mißtrauen wecken: Wenn Nicht-Fachleute von solchen Rezepten so angetan sind, mögen sie sich gedacht haben, dann können sie doch nichts taugen.

Der interne und von einer Reihe publizistischer Beobachter der Bundeswehr[2] mit Aufsätzen, Pamphleten und anderen Veröffentlichungen angeheizte Streit um die Innere Führung ist nach einem eigentümlichen Muster verlaufen. In den Jahren der Aufbau- und Konsolidierungsphase der Bundeswehr, 1956 bis 1969, behielt die Innere Führung in der Außendarstellung der Streitkräfte und in politischen Debatten über sie einen hohen rhetorischen Stellenwert. Zugleich jedoch stagnierten die Umsetzung und Weiterentwicklung der Konzeption innerhalb der Streitkräfte, und sie zog Unwillen und Unverständnis seitens vieler Offiziere auf sich.

Die Zeit zwischen 1969 und 1974, Jahre, in denen sich auch in der zivilen Gesellschaft der Bundesrepublik vieles veränderte, brachten unter dem tatkräftigen Verteidigungsminister Helmut Schmidt (SPD) eine große Zahl miteinander verknüpfter Organisationsreformen der Bundeswehr. Dabei wurden viele traditionalistischen Vorstellungen und ihre Vertreter ins Abseits gestellt, allerdings ohne daß die Innere Führung, wie Baudissin sie propagiert hatte, nun ganz zum Zuge kommen konnte. Das Betriebsklima in der Bundeswehr wurde weltanschaulich um einige Grade kühler geschaltet, es wurde mehr pragmatisch-technokratisch, effizienz- und leistungsbezogen. Die Organisationssoziologen wissen, daß derartige Reformen sich auf die Spannkraft der Organisation ungemein entschlackend auswirken. Aber sie haben auch herausgefunden, daß der dynamisierende Effekt solcher Reformen nicht allzu lange anhält.

Die folgenden fünfzehn Jahre haben zwar keine Renaissance früherer Traditionalismen gesehen, wohl aber das Interesse an Innerer Führung sinken lassen. In der Bundeswehr-internen Debatte über das richtige ,Bild vom Soldaten' blieb sie eher marginal. Diese Debatte war nun sehr viel stärker von Veränderungen im Umfeld der Bundeswehr beeinflußt. Stichworte sind hier: Friedensbewegung, alternative Sicherheitspolitik, Verblassen des Ost-West-Konflikts (Näheres dazu

---

[2] Öffentliche Kritiker der Inneren Führung aus traditionalistischer Perspektive waren etwa Winfried Martini, Heinz Karst (ein früherer Mitstreiter von Baudissin), und Hans-Georg von Studnitz.

in Kapitel 10). Und nach 1990 hat sich die Situation wiederum verändert, wobei die neue Auftragslage der Bundeswehr ein ganz grundsätzliches Überdenken und eine gründliche Weiterentwicklung der Inneren Führung nötig machen, sie aber auch mit neuer Attraktivität versehen.

7.4 Probleme der Umsetzung

1957 wurde vom Verteidigungsministerium das *Handbuch Innere Führung* herausgegeben mit dem Ziel, zur Klärung der Begriffe beizutragen und den Vorgesetzten bei der Umsetzung des Konzepts zu helfen; es umfaßt neun Hauptkapitel:

- Der Eid: Von der letzten Instanz
- Situation und Leitbild: Staatsbürger in Uniform
- Soldatische Tradition: In der Gegenwart
- Der 20. Juli 1944: Gedanken zum Widerstand
- Leitsätze für Menschenführer: Erziehung des Soldaten
- Erläuterung der Leitsätze: Verantwortung weitergeben
- Gruppenselbstarbeit: Vertrauen schenken
- Truppen-Information: Gegenteil von Propaganda
- Truppen-Betreuung und Freizeitpflege: Sorge um den Menschen.

Populär war das *Handbuch* in der Bundeswehr nie. Der erste Teil schnitt ihr den Rückzug auf die Traditionen von Reichswehr und Wehrmacht ab, ließ von letzterer nicht viel mehr gelten als den persönlichen Anstand vieler Soldaten und den Widerstand gegen Hitler. Der zweite Teil präsentierte in erster Linie Grundsätze der Soldaten-Erziehung, die darauf hinausliefen, den Soldaten als mündigen Bürger und jungen Erwachsenen zu behandeln und ihn sowohl fachlich-kognitiv als auch gesinnungsmäßig auszubilden.

Das war von Anfang an eine Überforderung, und zwar gleich in doppelter Hinsicht. *Weder* gab es eine leicht zu vermittelnde ‚moderne Erziehungslehre‘, die den Offizieren und Unteroffizieren der Bundeswehr hätte angeboten werden können, damit sie ihrem Ausbildungs- und Erziehungsauftrag anders als mit den überkommenen Mitteln gerecht werden konnten. *Noch* durften sie darauf rechnen, daß eine größere Zahl von Wehrpflichtigen wirklich jene politisch vorgebildeten und interessierten, verantwortlich denkenden, mündigen Staatsbürger waren. Im Gegenteil: empirische Umfragen bestätigten damals immer wieder neu, daß die Bevölkerung von den militärischen Schutzfunktionen der Bundeswehr einen zwiespältigen Eindruck hatte, daß sie aber – ausgerechnet! – ganz gerne sah, wenn den jungen Männern "beim Bund die Hammelbeine mal ordentlich langgezogen wurden".

Einige Institutionen innerhalb und neben der Bundeswehr haben die Aufgabe, das Konzept der Inneren Führung und seine Umsetzung in der Bundeswehr zu beobachten sowie bei seiner Weiterentwicklung mitzuwirken:

- Die *Schule der Bundeswehr für Innere Führung* in Koblenz (seit 1956) bietet hauptsächlich Lehrgänge für Angehörige der Bundeswehr an, aber auch im Rahmen der Öffentlichkeitsarbeit der Bundeswehr für ‚Multiplikatoren' aus der zivilen Gesellschaft. 1981 wurde sie umbenannt in *Zentrum Innere Führung*. Es versteht sich als eine Art Weiterbildungsakademie.
- Der *Beirat für Innere Führung* (seit 1958) setzt sich aus Persönlichkeiten des öffentlichen Lebens zusammen und hat die Aufgabe, den Verteidigungsminister in Fragen der Inneren Führung durch Abgabe von Stellungnahmen zu beraten.
- Der *Wehrbeauftragte des Deutschen Bundestages.*

7.5 Zentrale Dienstvorschrift für Innere Führung

Im Februar 1993 wurde vom Bundesminister der Verteidigung eine neue *Zentrale Dienstvorschrift für Innere Führung* erlassen. Sie löste eine ältere Dienstvorschrift ab, die wiederum das *Handbuch Innere Führung* ersetzt hatte. Tatsächlich handelt es sich bei dieser Zentralen Dienstvorschrift (abgekürzt ZDv) 10/1 um eine Neuerung. Mit der für den Truppenalltag formal verbindlichen ZDv 10/1 ist den Soldaten eine umfangreiche Ausarbeitung an die Hand gegeben, in der es gleichermaßen um die Grundlagen der Inneren Führung geht (Kapitel 1), um die Ziele und Grundsätze (Kapitel 2) und schließlich auch um Leitsätze für die Praxis (Kapitel 3).

Auszüge aus der ZDv 10/1 vom Februar 1993
Kapitel 1: Grundlagen
110. In einem demokratischen Staat haben auch die Streitkräfte besondere Verpflichtungen gegenüber dem Bürger. Dazu gehören die Bereitschaft zur Kommunikation mit dem Bürger über Fragen, die die Sicherheitspolitik und die Streitkräfte betreffen, die Toleranz gegenüber öffentlicher Kritik und die Offenheit gegenüber gesellschaftlichen Entwicklungen.
Die Bundeswehr ist im Rahmen ihres Auftrages für gesellschaftliche Entwicklungen offen, akzeptiert den weltanschaulichen und politischen Pluralismus unter ihren Angehörigen und setzt sich damit auseinander.

Wegen der Besonderheit des militärischen Dienstes können Entwicklungen in der Gesellschaft nicht ohne sorgfältige Prüfung in die Bundeswehr übernommen werden. Andererseits sind die Erfordernisse des militärischen Dienstes kein Maßstab für die Gesellschaft.

Die Streitkräfte müssen sich überzeugend gegenüber Politik und Öffentlichkeit darstellen und vertreten können.

Kapitel 2: Ziele und Grundsätze

201. Die Konzeption der Inneren Führung bindet die Streitkräfte bei der Auftragserfüllung an die Werte des Grundgesetzes. Sie hat die Aufgabe, die Spannungen auszugleichen und ertragen zu helfen, die sich aus den individuellen Rechten des freien Bürgers einerseits und den militärischen Pflichten andererseits ergeben.

202. Ziele der Inneren Führung sind,

– unter Berücksichtigung ethischer Aspekte politische und rechtliche Begründungen für den soldatischen Dienst zu vermitteln und den Sinn des militärischen Auftrags einsichtig und verständlich zu machen,

– die Integration der Bundeswehr und des Soldaten in Staat und Gesellschaft zu fördern sowie Verständnis für die Aufgaben der Bundeswehr im Bündnis und in Systemen gegenseitiger kollektiver Sicherheit zu wecken,

– die Bereitschaft des Soldaten zur gewissenhaften Pflichterfüllung, zur Übernahme von Verantwortung und zur Zusammenarbeit zu stärken und die Disziplin und den Zusammenhalt der Truppe zu bewahren,

– die innere Ordnung der Streitkräfte menschenwürdig, an der Rechtsordnung orientiert und in der Auftragserfüllung effizient zu gestalten.

203. Diese Ziele werden im Leitbild des Staatsbürgers in Uniform verdeutlicht, das idealtypisch die Forderungen an den Soldaten der Bundeswehr beschreibt:

– eine freie Persönlichkeit zu sein,

– als verantwortlicher Staatsbürger zu handeln,

– sich für den Auftrag einsatzbereit zu halten.

205. Die Streitkräfte unterliegen dem Primat der Politik. Primat der Politik bedeutet, daß die Streitkräfte von parlamentarisch verantwortlichen Politikern geführt werden, einer besonders ausgestalteten parlamentarischen Kontrolle unterliegen, einer durchlaufenden hierarchischen Ordnung und dem Prinzip von Befehl und Gehorsam unterworfen sind.

212. Die Gestaltung der inneren Ordnung der Streitkräfte vollzieht sich in einem Spannungsfeld konkurrierender Ziele und Prinzipien. So sind gegeneinander abzuwägen:

– die funktionale Effizienz gegenüber den individuellen Rechten oder Ansprüchen der Soldaten,

– die hierarchische Ordnung gegenüber der Beteiligung der Soldaten,

– das Durchsetzen von Disziplin gegenüber der Förderung von Mündigkeit und Eigenverantwortung der Soldaten,

- die ungeteilte Führungsverantwortung des Vorgesetzten gegenüber kooperativem Verhalten mit entsprechender Delegation von Verantwortung.

Die innere Ordnung der Streitkräfte soll auf diesen Zielfeldern Ausgewogenheit anstreben und keinem Ziel einseitig Vorrang einräumen.

Die Sprache von militärischen Vorschriften ist in der Regel knapp und so gehalten, daß sie Ambivalenzen glattbügelt. Das ist ja auch grundsätzlich sinnvoll, weil das Verhalten der Soldaten vereinheitlicht werden soll. Deshalb ist es schon besonders bemerkenswert, daß die ZDv 10/1 an manchen Stellen genau das Gegenteil tut, nämlich Ambivalenzen betont. Zwar wird vom Vorgesetzten gefordert, sie behutsam auszugleichen; aber die Spannungen zwischen bestimmten Werten und Zielen werden eben nicht ignoriert, sondern es wird angestrebt, die Soldaten so zu erziehen, daß sie sie auszuhalten lernen.

7.6 Der Wehrbeauftragte des Deutschen Bundestages

Als Hilfsorgan des Bundestages mit der Aufgabe, zum Schutz der Grundrechte der Soldaten beizutragen und die Umsetzung der Grundsätze der Inneren Führung in der Bundeswehr zu überwachen, wurde 1956, hauptsächlich auf Initiative der SPD, das Amt des Wehrbeauftragten eingerichtet. Der Inhaber dieses Amtes steht einer kleinen, vom Verteidigungsministerium unabhängigen Dienststelle vor, die vor allem damit beschäftigt ist, Eingaben an den Wehrbeauftragten zu bearbeiten. Das skandinavische Modell des *ombudsman* hat hier Pate gestanden – eine Anlaufstelle für Petitionen und Beschwerden. Jeder Angehörige der Bundeswehr kann sich an den Wehrbeauftragten wenden, und zwar (was besonders wichtig ist) direkt. Der Wehrbeauftragte kann diesen Eingaben nachgehen und, sofern er dabei auf Verletzungen der Grundrechte von Soldaten oder auf Verstöße gegen die Grundsätze der Inneren Führung trifft, wird er auf deren Abstellung hinwirken. Der Wehrbeauftragte hat die Befugnis, ohne vorherige Anmeldung Truppenbesuche vorzunehmen; die Streitkräfte sind verpflichtet, ihn über alle relevanten und von ihm aufgegriffenen Vorgänge rückhaltlos zu informieren.

Einmal pro Jahr legt der Wehrbeauftragte dem Deutschen Bundestag einen Jahresbericht vor. Sie sind alle als Bundestags-Drucksachen veröffentlicht worden. Die gesammelten Jahresberichte von 1959 bis heute stellen eine wahre Fundgrube für jeden dar, der sich mit dem 'Innenleben' der Bundeswehr und dem dabei entstehenden 'Knirschen' befassen möchte. Dabei muß allerdings in Rechnung gestellt werden, daß sich alle vom Wehrbeauftragten aufgegriffenen Sachverhalte schwerpunktmäßig auf der 'dunkleren Seite' des Bundeswehr-Alltags befinden und mithin nur einen seiner Aspekte repräsentieren. Aber z. B. Probleme im Führungsverhalten von Vorgesetzten, die es in Streitkräften immer wieder gibt, werden in den Jahresberichten aufgegriffen, und die korrigierenden Maßnahmen, die sich aus der Tätigkeit des Wehrbeauftragten ergeben haben, werden aufgeführt, so daß man eine Art inner-organisatorischen Aufklärungs-Effekt der Berichte unterstellen kann. Hier zwei Beispiele:

Verletzung der Menschenwürde
Fallbeispiel 1: Ein Oberfeldwebel befahl als Militärkraftlehrer einem Fahrschüler aus ‚Erziehungsgründen‘, ein übersehenes Verkehrszeichen mit einem Stück Papier zu putzen. Der Obergefreite kletterte dabei an dem wackelnden Schilderpfahl hoch und begann unter den Augen von Passanten mit dieser symbolischen Reinigung. Ein solches Bloßstellen in der Öffentlichkeit demütigt den Soldaten und fördert nicht sein Vertrauen zu den Vorgesetzten. Es ist unstreitig mit dem Konzept der Inneren Führung nicht in Einklang zu bringen. Gegen den Oberfeldwebel wurde ein disziplinargerichtliches Verfahren eingeleitet.

Fallbeispiel 2: Ein als Zugführer eingesetzter Leutnant bezeichnete im und außer Dienst Soldaten seines Zuges regelmäßig mit Ausdrücken wie ‚Maden, Schneeschafe, Blödmannsgehilfe, Dösels, Harfensänger, Kröten, Schnarchnasen, Viecher‘. Er kam ferner seiner Pflicht zur Dienstaufsicht nicht in ausreichender Weise nach, als Gruppenführer anläßlich eines Stubendurchgangs Soldaten des Zuges befahlen, mit wedelnden Armen über den Flur des Kompaniegebäudes zu laufen und zu rufen: "Ich bin eine Elfe, ich bin eine Elfe!" Einzelne Soldaten mußten auf einen Stuhl steigen, sich dort drehen und diesen Ausruf tätigen. Nachdem ihm sein Stellvertreter, ein Oberfeldwebel, einen Streich gespielt hatte, begab sich der Leutnant mit diesem in ein angrenzendes Wäldchen und befahl ihm niederzuknien. Dann hielt er ihm seine Pistole P1 an den Kopf und warf ihm danach eine Schlinge um den Hals. Dabei äußerte er: "Das hat man früher mit Verrätern und Saboteuren gemacht!"
Quelle: Jahresbericht 1998 (40. Bericht) : Unterrichtung durch die Wehrbeauftragte. Deutscher Bundestag, 14. Wahlperiode, Drucksache 14/500 vom 16. 3. 1999, S. 16 und S. 43.

Das zweite Fallbeispiel ist besonders aufschlußreich. Zunächst einmal sieht die darin geschilderte Sachlage nicht sehr dramatisch aus, eher ein bißchen komisch. Jedoch verflüchtigt sich dieser Eindruck rasch angesichts der simulierten Hinrichtung. Und dann erkennt man mit einem Mal, daß es von der scheinbar harmlosen Beschimpfung der Soldaten bis zur "Schlinge um den Hals" ja nur ein kleiner Schritt ist, daß der anrüchige Spaß umstandslos in tödlichen Ernst umschlagen kann. Das Truppendienstgericht, das sich mit dem Fall zu beschäftigen hatte, erkannte auf Entlassung des Offiziers aus der Bundeswehr. Diese Entscheidung ist hart, aber angemessen. Man kann im Interesse der Durchsetzung von Grundsätzen der Inneren Führung nur hoffen, daß auch die Vorgesetzten dieses Offiziers Gelegenheit bekommen haben, über die Mängel ihrer Dienstaufsicht nachzudenken und sie abzustellen.

In der Fach-Literatur wird das Amt des Wehrbeauftragten auch oft als *Frühwarnsystem* für inner-organisatorische Konflikte in der Bundeswehr bezeichnet. Das ist gewiß nicht ganz falsch, denn wenn sich aus einer bestimmten Ecke der Organisation oder wegen eines bestimmten Problems Eingaben und Beschwerden häufen, dann liegt die Vermutung nahe, daß sich dadurch mehr als nur subjektiver Unwille hörbar macht. Jedoch ist die Rolle des Wehrbeauftragten als Hilfsorgan des Bundestages im Grunde anders angelegt, nicht als inner-organisatorische Warn- und Konfliktbearbeitungsinstitution, sondern als Instrument der parlamentarisch-demokratischen Kontrolle der Streitkräfte. Beides kann, muß sich aber nicht in die Quere kommen. Ein Beispiel für eine Verbindung beider Aspekte ist die Aufmerksamkeit, die in den letzten Jahresberichten des Wehrbeauftragten rechtsextremistischen und fremdenfeindlichen Vorfällen in der Bundeswehr gewidmet wird.

Der Bundestag selbst hat sich in der Vergangenheit allerdings kaum intensiv mit den Berichten des Wehrbeauftragten beschäftigt. Das ist bedauerlich. Dafür sind diese Berichte aber in der interessierten Öffentlichkeit fast immer aufmerksam rezipiert worden.

Einige der Amtsinhaber haben aufgrund ihrer Persönlichkeit dem Amt ein spezifisches Profil aufprägen können, z. B. die Wehrbeauftragten Hellmuth Heye (CDU, 1961-1964) oder Karl W. Berkhan (SPD, 1975-1985). Im Frühjahr 1995 ist zum ersten Mal eine Frau in das Amt gewählt worden, Claire Marienfeld (CDU). Ihr Nachfolger ist seit dem Frühjahr 2000 der frühere SPD-Abgeordnete Dr. Willfried Penner.

7.7 Neue Herausforderungen

Zwar hat es in den letzten zehn Jahren immer einmal wieder kritische bis hochkritische Anmerkungen über mangelhafte Umsetzung und Verwässerung der Grundsätze der Inneren Führung gegeben.[3] Demgegenüber ist aber doch festzuhalten, daß sowohl die außen-gerichteten als auch die binnen-bezogenen Aspekte der Inneren Führung weitgehend zu Selbstverständlichkeiten geworden und

---

[3] Vgl. Detlef Bald: Militär und Gesellschaft 1945-1990. Die Bundeswehr der Bonner Republik. Baden-Baden (Nomos) 1994, S. 53-88. Die Anhänger der Verwässerungs-These weisen vor allem auf Veränderungen im Ausbildungssystem für Bundeswehr-Offiziere hin, etwa: Martin Kutz: Realitätsflucht und Aggression im deutschen Militär. Baden-Baden (Nomos) 1990.

ideologisch kaum noch umstritten sind. Wie spektakulär das eigentlich in einer weiter ausgreifenden und vergleichenden Perspektive ist, wird erst richtig deutlich, wenn in Gesprächen mit Offizieren anderer Streitkräfte über Theorie und Praxis der Inneren Führung in der Bundeswehr deren tiefe Verwunderung und ungläubiges Staunen offenbar werden. Ja, kann das denn überhaupt funktionieren?, lautet die am meisten gehörte spontane Ausgangsfrage. Das ist doch alles viel zu zivilistisch gedacht. Und das ausgerechnet bei den Deutschen! Und jedenfalls würde es in ihren eigenen Streitkräften niemals funktionieren. (Das haben ja auch die skeptischen Traditionalisten in der Bundeswehr gedacht. Es funktioniert aber gar nicht schlecht.)

Mit dem Ende des Ost-West-Konflikts hat sich nicht nur die Sicherheits-Lage Deutschlands stark verändert, es sind auch ganz neue Anforderungen an die Streitkräfte formuliert worden. Da ist es nur logisch, daß auch die Innere Führung vor neue Herausforderungen gestellt ist. Es geht dabei in erster Linie um die neuen militärischen Aufgaben der Bundeswehr und um Veränderungen im Verhältnis zwischen der zivilen Gesellschaft und den Streitkräften.

Eine folgenreiche, noch längst nicht abgeschlossene Veränderung in diesem Verhältnis ergibt sich aus dem, was die Soziologen den *Wertewandel* in den (post)modernen Gesellschaften nennen. Damit ist ein Wandel im Verständnis der Rolle des Individuums in der Gruppe und der Gesellschaft verbunden, der, sehr verkürzt gesagt, auf eine höhere Selbstbezogenheit des Individuums hinausläuft. In der Arbeitswelt hat man auf diesen Wandel durch die Ausweitung von Partizipation reagiert, und auch die Bundeswehr ist dieser Entwicklung gefolgt. Das im Januar 1991 verabschiedete und im April 1997 neugefaßte *Soldatenbeteiligungsgesetz* und die darauf beruhende *Zentrale Dienstvorschrift ZDv 10/2 "Beteiligung der Soldaten durch Vertrauenspersonen"* kann man als Pilotprojekt zur Ausweitung inner-organisatorischer Partizipation in den Streitkräften bezeichnen. Die Vertrauenspersonen, die es in allen Einheiten der Streitkräfte bis hinunter auf die Kompanie-Ebene gibt und die in einem streng formalen Verfahren gewählt werden, sollen die Vermittler zwischen den Disziplinarvorgesetzten und ihrer jeweiligen Wählergruppe sein. Sie werden bei Entscheidungen zum Dienstbetrieb, in Personalangelegenheiten, in Disziplinarangelegenheiten und in solchen der Betreuung und Fürsorge angehört. Ferner haben sie ein Vorschlagsrecht in diesen Angelegenheiten und nicht zuletzt auch ein paar Mitbestimmungsrechte. Freilich sind all dem enge (und in der ZDv genau umrissene) Grenzen gesetzt. Jedoch ist nicht dies, sondern der Sachverhalt, daß eine dem Befehl/Gehorsam-Schema entgegenstehende Entscheidungs-Beeinflussungs-Struktur in die Organisation eingebaut wurde, von entscheidender Bedeutung, auch für die Lebendigkeit der Inneren Führung unter gewandelten Bedingungen.

Häufig wird sowohl von Anhängern wie von Kritikern der Inneren Führung beklagt, daß es an einer in sich geschlossenen und systematischen Ausarbeitung der Inneren Führung als Führungs- und Organisations-Lehre mangele. Dies, scheint mir, beruht auf einem Mißverständnis. Zwar könnte man, mit einer leichten hagiographischen Anstrengung, die Gedanken und Vorstellungen des Grafen Baudissin so interpretieren, als wären sie ein in sich geschlossener theoretischer Entwurf. Das läge jedoch nicht in der Absicht von Baudissin selbst. Auch deshalb nicht, weil er ein solches System-Bastel-Denken überhaupt nicht mochte. Und was andere, die auf eine solche Systematisierung aus denk-stilistischen Gründen mehr Gewicht legten, auf diesem Feld unternommen und schriftlich vorlegt haben, überzeugt nicht recht.

Nun ist solche konzeptionelle Offenheit oder, etwas schärfer formuliert, sind diese etwas vagen Konturen der Inneren Führung nicht unbedingt als konzeptionelle Schwäche anzusehen. Man wird im Gegenteil sogar sagen können, daß gerade der Verzicht Baudissins und seiner Mitstreiter auf die Ausarbeitung einer umfassenden normativen Führungslehre von Streitkräften in der Demokratie die Möglichkeit erleichtert hat, jetzt flexibler auf die neuen sozialen und militärischen Herausforderungen zu reagieren. Die folgenden Überlegungen stammen von einem Mitarbeiter des *Zentrums Innere Führung* der Bundeswehr, in dem die Weiterentwicklung der Konzeption betrieben wird. Sie vermitteln einen angemessenen Eindruck von dem Umfang der neuen Herausforderungen für die Innere Führung.

Die entscheidenden neuen Herausforderungen für die Innere Führung
Wertewandel:
Ständige Auswirkungen auf die Innere Führung kommen auch aus dem Bereich der Gesellschaft. Eine offene Armee bleibt von den *Veränderungen in der Gesellschaft* und dem damit verbundenen Wertewandel nicht unberührt. Ob es die Aufwertung des Individuums in der Gesellschaft, die gestiegene Bedeutung der Frau, veränderte Maßstäbe der Jugend oder Veränderungen in der Bevölkerungsstruktur durch Ausländer oder Ostdeutsche sind, die Bundeswehr wird zwangsläufig die Veränderungen in der Gesellschaft widerspiegeln. Für Führung, Ausbildung und Nachwuchswerbung müssen deshalb die Maßstäbe, die in der Bevölkerung und besonders in der Jugend gelten, realistisch bewertet und berücksichtigt werden...
Verändertes "Kriegsbild":
Nur wenig hat sich in den letzten Jahren so grundlegend verändert wie das Kriegsbild, wobei darunter nicht nur das militärische Szenario, sondern auch die jeweiligen politischen, wirtschaftlichen, technischen und gesellschaftlichen Gegebenheiten zu verstehen sind. War das Kriegsbild in der Zeit des Kalten Krieges durch die Szenarien des globalen, atomaren Krieges geprägt, so ist es heute facettenreicher geworden. Der neue Auftrag beinhaltet zusätzlich zur Landes- und Bündnisvertei-

digung auch die Aufgabe, dem Weltfrieden und der internationalen Sicherheit im Einklang mit der Charta der Vereinten Nationen zu dienen und schließt humanitäre Aktionen mit ein. Damit hat sich der Einsatz von Deutschland weg verlagert, die Soldaten werden mit Lebensverhältnissen und Wertvorstellungen konfrontiert, die dem eigenen Verständnis zutiefst widersprechen können. Zusätzlich wird sich das Gefechtsfeld und damit das Bild des Soldaten wandeln. Es werden zukünftige technologische Entwicklungen vor allem im Bereich der Informationstechnologien völlig neuartige Kriegsformen hervorbringen (‚information warfare', ‚cyberwar')...Für die Innere Führung ist es unerläßlich, Änderungen im Kriegsbild zu analysieren und die Konzeption gegebenenfalls den geänderten Rahmenbedingungen anzupassen.

Einbindung in multinationale Verbände:
Einer entscheidenden Herausforderung der Zukunft hat sich die Innere Führung mit der verstärkten Einordnung *in multinationale Strukturen* zu stellen. Obwohl Truppenteile der Bundeswehr bereits seit einigen Jahrzehnten im NATO-Rahmen Teil multinationaler Verbände sind und beim Euro-Korps, beim Deutsch-Niederländischen Korps und bei LANDJUT multinationale Zusammenarbeit auf der Ebene der Hauptquartiere bereits stattfindet, gibt es echte Multinationalität außerhalb eines Einsatzes bisher nur bei der deutsch-französischen Brigade und beim fliegenden Frühwarnsystem der NATO-Luftstreitkräfte sowie den NATO-Verbänden der Marine... Auf den deutschen Soldaten kommt die Notwendigkeit zu, sich in eine militärische Hierarchie einzuordnen, die aufgrund ihrer Internationalität sehr heterogen ist und deren Mitglieder unterschiedliche Führungskulturen und andere Rechte und Pflichten des Soldaten kennen, als wir es gewohnt sind. Hier ist die Innere Führung gefordert, sich mit den Vorstellungen, Erwartungen und Einstellungen anderer Nationen auseinanderzusetzen und zunächst Lösungsmöglichkeiten für ein ‚Zusammenleben mit Unterschieden' zu finden...

Wehrstruktur/Wehrform
Obwohl die allgemeine Wehrpflicht im Sinne der Konzeption der Inneren Führung positiv zu werten ist, da sie die Integration in die Gesellschaft am nachhaltigsten fördert, ist die Innere Führung nicht an eine bestimmte Wehrform gebunden. Für den Fall einer Änderung der Wehrform gilt es deshalb auch hier frühzeitig zu prüfen, welcher Kernbestand der Inneren Führung erhalten bleiben und wie er abgesichert werden muß.

Quelle: Oskar Hoffmann: Innere Führung '97. Eine Konzeption zwischen Bewährung und Herausforderung. Koblenz: Zentrum für Innere Führung 1997.

8. Wehrpflicht, Kriegsdienstverweigerung, Zivildienst

Für viele Jugendliche war und ist die Bundeswehr allein schon wegen der auf die meisten jungen Männer zukommenden Alternative Wehrpflicht / Zivildienst ein ‚heißes' Thema.[1] Kein Wunder also, daß die Frage nach dem Rekrutierungs-System der Streitkräfte und seinen Veränderungen beträchtlicher Aufmerksamkeit gewiß sein kann. Seit dem Ende des Ost-West-Konflikts haben sich auch schon früher (z. B. vom damaligen Verteidigungsminister Helmut Schmidt) in die Öffentlichkeit gebrachte Vorstellungen über die Abschaffung der Wehrpflicht in Deutschland verdichtet. Daß, wie manche Kritiker der Wehrpflicht meinen, die „Wehrpflicht ausgedient" habe[2], das wird zwar immer wahrscheinlicher, hat aber bis zum Ende der neunziger Jahre in Deutschland nicht zu einer Veränderung des Rekrutierungs-Systems der Bundeswehr geführt.

8.1 Zu den Begriffen

Im politischen Diskurs und in der Fachliteratur gleichermaßen (beides ist ja nicht klar gegeneinander abgegrenzt) stößt man auch auf andere als die hier in der Kapitelüberschrift verwendeten Begriffe:

- *allgemeine Wehrpflicht*: aber so allgemein ist sie, wie wir sehen werden, gar nicht; und sie bezieht sich sowieso, wie es das Grundgesetz vorschreibt, nur auf Männer.
- *Wehrdienstverweigerung*: wer diesen Begriff benutzt, möchte in der Regel indirekt darauf hinweisen, daß die Verweigerer dadurch, daß sie ihre Anti-Kriegs-Einstellung so hervorkehren, den Wehrpflichtigen ebenso indirekt unterstellen, sie hätten eine saloppere Einstellung zu Fragen von Krieg und Frieden. Das Grundgesetz spricht jedoch von Kriegsdienstverweigerung, weshalb es bei diesem Begriff bleiben sollte.
- *(Wehr-)Ersatzdienst* oder *ziviler Ersatzdienst*: Betonung der Normalität von Wehrpflicht und des Ausnahmestatus der Kriegsdienstverweigerung als eines gewissermaßen nachgeordneten und etwas luxuriösem Rechts.

---

[1] Es gibt freilich auch die Option, sich dieser Alternative ganz zu entziehen.
[2] Vgl. Jürgen Groß, Dieter S. Lutz (Hg.): Wehrpflicht ausgedient. Baden-Baden (Nomos) 1998.

– *Friedensdienst*: aus umgekehrter Sicht eine indirekte Spitze gegen die Wehrpflicht (= Kriegsdienst) samt Reklamierung eines moralisch höheren Status der Kriegsdienstverweigerung.

– *Friedensdienst mit und ohne Waffen*: als in den frühen siebziger Jahren Kriegsdienstverweigerung und Zivildienst ihr *image* aus den fünfziger und sechziger Jahren, nichts anderes als Drückebergerei zu sein, abgeworfen hatten, setzte sich eine Zeitlang in der kompromiß-bereiten Sprache des moderaten Protestantismus dieser Doppelbegriff zur Kennzeichnung von Wehrdienst und Zivildienst durch. Ein klassischer Fall von hohem Pathos, aber immerhin sozusagen moralisch neutral.

– *Allgemeine Dienstpflicht*: das ist jetzt kein Ersatz-Begriff, sondern ein zusätzlicher. Er taucht immer wieder in Debatten über die Abschaffung der Wehrpflicht auf und sieht eine Konstruktion vor, wonach alle (alle?) jungen Menschen für eine bestimmte Periode zu einem für die Gesellschaft nützlichen Dienst verpflichtet werden sollten, wobei mehrere Arbeitsfelder zur Auswahl stehen könnten, z.B. auch ein Entwicklungsdienst in der Dritten Welt o.ä. Daß in Deutschland die allgemeine Dienstpflicht eingeführt wird, ist politisch ganz und gar unwahrscheinlich und übrigens auch rechtlich ausgeschlossen (wegen internationaler vertraglicher Bindungen).

Alle diese Begriff und von ihnen bezeichneten Konzepte wurden und werden häufig mit einem eigentümlichen politisch-moralischen Tremolo debattiert. Das liegt offenbar an der ebenso ehrwürdigen wie nicht so recht in die moderne/postmoderne soziale Atmosphäre passenden Begriffs-Komponente *Dienst*. Dieses Wort wird in solchen Debatten nicht so sehr in seiner nüchternen Version („dienstlich", „Dienstzeit" usw. als Kennzeichnung arbeitsweltlicher Bezüge und Vorgänge), vielmehr als Ausdruck einer spezifischen, die selbstbezogenen Interessen und ggf. auch den Horizont des Individuums übersteigenden Hingabe an eine ‚größere Aufgabe'(‚Staatsdiener', ‚Minnedienst' – dies allerdings schon etwas ironisch) verwendet.

Darüber kann man lange nachdenken; es zeigt sich einmal mehr, daß auch feine und feinste Abstufungen sozialer und politischer Sinndeutungen mittels genauer Betrachtung des Sprachgebrauchs aufgespürt werden können.

8.2 Die Bundeswehr als (halbe) Wehrpflicht-Armee

Eigentlich ist die Bundeswehr keine Wehrpflicht-Armee. Der schweizer Militärsoziologe Karl W. Haltiner unterscheidet drei Typen von Wehrpflichtmodellen, die sich deutlich nach der Wehrpflichtigenrate unterscheiden, das heißt nach dem Anteil der Wehrpflichtigen am Streitkräftebestand. Für den Zeitraum von den

siebziger Jahren bis zur Gegenwart erfüllen in Europa eigentlich nur die Streitkräfte von Finnland, Griechenland, der Türkei und der Schweiz seine Kriterien
einer Wehrpflicht-Armee, denn sie stützen sich zu zwei Dritteln ihres Bestandes
auf Wehrpflichtige. Jene Streitkräfte, deren Angehörige seit längerem mehrheit-
lich Freiwillige sind, obwohl sie für die Rekrutierung ihres Personal auf eine
allgemeine Wehrpflicht zurückgreifen können, nennt Haltiner *Pseudowehrpflicht-
Armeen*. Auch die Bundeswehr rechnet er dieser Kategorie zu (zusammen mit den
Streitkräften Frankreichs und Dänemarks). Der mittlere Typ sind Streitkräfte,
deren Personal aus weniger als zwei Dritteln, aber zu mehr als der Hälfte aus
Wehrpflichtigen besteht (Italien, Norwegen, Österreich, Portugal, Spanien,
Schweden).[3]

Im Grunde kann man die für die politische Kultur der Bundesrepublik
Deutschland scheinbar so wichtige Debatte über die Abschaffung (klüger: die
Aussetzung) oder Beibehaltung der allgemeinen Wehrpflicht erheblich niedriger
hängen. Allerdings – ganz unwichtig und nur um organisations-technische Details
zentriert ist sie auch wieder nicht. Das liegt an der Geschichte der Wiederbewaffnung.

Als die Überlegungen zur Aufstellung westdeutscher Streitkräfte als Beitrag
für die westliche Gegenwehr gegen die als Bedrohung wahrgenommene Sowjetunion konkretere Formen anzunehmen begannen, war zunächst noch umstritten,
ob es besser sei, diese Streitkräfte als Freiwilligen- oder als Wehrpflicht-Armee
aufzubauen. Die politische Auseinandersetzung darüber dauerte bis in den Sommer 1956. Die ersten Wehrpflichtigen rückten am 1. April 1957 in die Kasernen
der Bundeswehr ein.

Es liegt auf der Hand, daß die Befürworter der Wehrpflicht damals die enge
Affinität von Wehrpflicht und Demokratie besonders nachdrücklich betonten.
Das ging nur in selektiver Wahrnehmung der Vergangenheit. In der deutschen
militärischen Geschichte bot sich der Rückgriff auf die militärischen Reformen
von Scharnhorst und Gneisenau als positives Beispiel an; gleichzeitig wurde die
Demokratie-Distanz der Reichswehr in der Weimarer Republik nicht zuletzt auf
deren Konstruktion als Berufsarmee zurückgeführt. Die Nationalsozialisten führten dann die Wehrpflicht wieder ein, aber Hinweise darauf störten nur die damaligen Elogen auf den demokratischen Gehalt der Wehrpflicht.

*Argumente für und gegen die allgemeine Wehrpflicht aus den fünfziger
Jahren*
Pro:
- gerechtere Lastenverteilung;
- der Einzelne kann sein Engagement für Staat und Gesellschaft zeigen;

---

[3] Karl Haltiner: Europas Wehrsysteme im Umbruch. In: Neue Zürcher Zeitung vom 26. 8. 1997.

- ein hoher Anteil an Wehrpflichtigen schafft größere Nähe zwischen Streitkräften und ziviler Gesellschaft;
- die Wehrpflicht ist das legitime Kind der Demokratie;
- eine Wehrpflichtarmee ist besonders für die Verteidigung geeignet;
- die Streitkräfte sind bei der Nachwuchs-Rekrutierung vom Arbeitsmarkt unabhängiger;
- mit Wehrpflichtigen wird eine militärische Führung eventuelle Putsch-Pläne kaum verwirklichen können,
- das Erlebnis der Wehrpflicht kann positive erzieherische Wirkungen auf den Einzelnen haben;
- Wehrpflicht spart Personalkosten;
- die NATO-Forderung nach 500.000 Soldaten läßt sich nur über die Wehrpflicht einlösen;
- die Wehrpflicht läßt über die Jahre ein großes Potential an Reservisten aufwachsen;
- mit der Wehrpflicht gibt es in den Streitkräften genügend Soldaten bei den Mannschaftsdienstgraden;
- die Wehrpflicht hält das Durchschnittsalter der Soldaten angemessen niedrig; die Streitkräfte haben keine Probleme mit der Überalterung ihres Personalbestandes;
- so wie die Wehrpflichtigen in den Streitkräften immer wieder neu ,zivilen Geist' hineinholen, so vertiefen die Reservisten in der zivilen Gesellschaft das allgemeine Verständnis für die Belange der Streitkräfte.

Contra:
- Wehrpflichtige lassen sich nicht so intensiv ausbilden wie längerdienende Freiwillige;
- insbesondere bei den technisch komplexen Waffen und Geräten sind Wehrpflichtige kaum zu verwenden, weil sie nicht lange genug zur Verfügung stehen;
- Freiwilligen-Streitkräfte entwickeln ein stärkeres Zusammengehörigkeitsgefühl, was sie für den Ernstfall brauchbarer macht;
- eine Freiwilligen-Armee belastet insgesamt die Wirtschaft weniger als eine Wehrpflicht-Armee.

Quelle: Franz W. Seidler, Helmut Reindl: Die Wehrpflicht. München (G. Olzog) 1971, S. 52-54 (von mir ergänzt und leicht abgeändert)

Man kann diese Argumente pro und contra Wehrpflicht lange und ausgiebig hin- und herwenden, ihre Implikationen für das Profil der Streitkräfte und für das demokratische Gemeinwesen bedenken – zu einer eindeutigen, in sich stimmigen und logischen Antwort wird man nicht kommen. Was soviel heißt wie: man muß sich sehr genau die Umstände ansehen, unter denen die Wehrpflicht in einer Gesellschaft eingeführt oder abgeschafft wird, man muß die jeweilige politische Kultur untersuchen, um herauszufinden, ob die aufgezählten Gründe stichhaltig sind oder nicht.

Im Rückblick auf die damaligen innenpolitischen Auseinandersetzungen und die Lage des geteilten Deutschland im Ost-West-Konflikt wird verständlich, daß die allgemeine Wehrpflicht vor allem auch aus nicht-militärischen Gründen so hoch angesehen war. Der *Staatsbürger in Uniform* sollte wissen und demonstrieren, daß die westlichen Werte verteidigungswürdig sind. Am überzeugendsten kann man das, wenn man diese Aufgabe nicht an irgendwelche Spezialisten abgibt, sondern als Gemeinschaftsaufgabe akzeptiert. Dabei spielt es dann keine Rolle, ob die einzelnen Argumente wirklich so überzeugend sind. Das sind sie nämlich nicht, wie man später in dem Streit über eine mögliche Änderung des Rekrutierungs-Systems der Bundeswehr erfahren sollte.

Bis zur Vereinigung Deutschlands 1990 galt das Wehrpflichtgesetz nicht für diejenigen jungen Männer, die ihren ständigen Wohnsitz in Berlin (West) hatten, eine Folge des Viermächtestatus von Berlin. Nicht wenige Wehrpflichtige oder Jugendliche kurz vor dem wehrpflichtigen Alter haben seinerzeit diese Passage des Gesetzes genauestens studiert.

Die Dauer des Grundwehrdienstes hat seit 1957 mehrfach gewechselt, wobei *nie* einfach militärische, vielmehr *immer und primär* finanzielle oder legitimatorische Gründe ausschlaggebend waren. Hier existiert offenbar ein beträchtlicher organisations-interner Spielraum. Zwar kamen von der militärischen Führung in der Regel kritische Kommentare, wenn wieder einmal die Dauer des Wehrdienstes verkürzt werden sollte. Aber ob sie nun wie in den frühen sechziger Jahren achtzehn Monate umfaßte oder am Ende der neunziger Jahre zehn Monate (und eine weitere Verkürzung steht ins Haus) – unter militär-professionellen Gründen scheint das letztlich kein Problem zu sein.

Das ist doch ein wenig irritierend. Da die berufliche Vorbereitungszeit in der modernen Arbeitswelt sich eher verlängert hat, die Tätigkeit des Soldaten auch immer umfangreicher und vielseitiger geworden ist, vor allem wegen ihrer technischen Komponenten, liegt der Schluß nahe, daß die Wehrpflicht insgesamt vorrangig andere als militärische Funktionen erfüllt.

Dieser Eindruck verfestigt sich, wenn man sich die Bundeswehr genauer ansieht. Sie ist nämlich in der Tat keine genuine Wehrpflichtigen-Armee. Der Anteil der Wehrpflichtigen an der gesamten Personalstärke der Bundeswehr hat im Lauf ihrer Geschichte nur selten mehr als 50 % ausgemacht. Insbesondere in den mit komplizierten technischen Geräten ausgestatteten Waffen- oder Truppengattungen und in den militärischen Stäben sinkt dieser Anteil drastisch.

8.3 Demographische und andere Zwänge

In allen westlichen Ländern, am wenigsten in den USA, gibt es starke haushaltspolitische Zwänge zu weiteren Einsparungen öffentlicher Mittel. Der Trend zur

Reduzierung des Volumens öffentlicher Einnahmen (Steuern) und Ausgaben und vor allem zur Verringerung der öffentlichen Verschuldung hält an. Neben den Ausgaben in dem Bereich, der in Deutschland *Sozialstaat* (im angelsächsischen Sprachgebrauch *welfare state* heißt), zählen die Aufwendungen für den Unterhalt der Streitkräfte zu den dicksten Brocken in den jährlichen Regierungs-Etats. Da läßt es sich nicht vermeiden, vor allem unter dem Vorzeichen einer abgeschmolzenen äußeren Bedrohung, daß andere Interessengruppen begehrliche Blicke auf den Verteidigungs-Haushalt werfen.

Das Bundesministerium der Verteidigung hatte 1995 darauf gebaut, daß der Etat des Ressorts nach den tiefen Einschnitten der Jahre zuvor bei rund 48 Milliarden DM zuzüglich Personalverstärkungsmittel verstetigt und ab 1998 wieder ansteigen würde. Zwischenzeitlich hat es einen Regierungswechsel gegeben (Herbst 1998). Die Mittel, die der Bundeswehr zur Verfügung gestellt werden, sollten zunächst wegen der zusätzlichen Aufgaben der Bundeswehr in Bosnien und Kosovo leicht ansteigen; jedoch wurde davon abgesehen. Der Etat betrug im Jahr 1999 rund 47 Milliarden DM, Ende 1999 sind für das Jahr 2000 Kürzungen bis auf 45,3 Milliarden DM und bis zum Jahr 2003 eine schrittweise Senkung bis auf 43,7 Milliarden DM vorgesehen.[4]

Es gibt im Grunde nur zwei Möglichkeiten für die Bundeswehr, mit diesen Kürzungen zurecht zu kommen. *Entweder* wird die Personalstärke gesenkt, womit die allgemeine Wehrpflicht noch ein bißchen mehr in die Schußlinie der Kritik gerät. *Oder* es wird bei den Sachkosten eingespart, was unter Umständen die Einsatzfähigkeit erheblich verringert.

Es gibt jedoch einen weiteren schwerwiegenden Faktor, der das Personal-Konzept der Bundeswehr als einer auch auf der Wehrpflicht beruhenden Streitmacht in Bedrängnis bringen kann, die Zahl der in Zukunft verfügbaren Wehrpflichtigen. Eine diesbezügliche Rechnung aus der Mitte der neunziger Jahre sah so aus:

Zu wenig Wehrpflichtige?
Um das verabschiedete Personalstrukturmodell 370 – d. h. eine Bundeswehr mit 370.000 Soldaten – in den Jahren ab 1995 realisieren zu können, hat die Bundeswehr einen jährlichen Ergänzungsbedarf von 186.000 Rekruten. Dieser ist aus durchschnittlichen Jahrgangsstärken von 375.000 erfaßten Wehrpflichtigen zu decken. Von diesen 375.000 erfaßten Wehrpflichtigen sind üblicherweise 78 % wehrdienstfähig. In anderen Worten: 22 % eines jeden Jahrgangs sind nicht wehrdienstfähig, leisten also keinerlei Dienst... Es zeichnet sich ab, daß es gelingen könnte, durch Heranziehung bisher Untauglicher für spezifische Funktionen (z. B. in der Instandsetzung) den Anteil der Nichtdienstleistenden um 2-3 % zu reduzieren. Schlüsselt man die Wehrdienstfähigkeit weiter auf, so zeigt sich, daß im langjährigen Mittel ca. 6 % tatsächlich nicht dienen, weil es sich um Wehrdienstaus-

---

[4] Neue Zürcher Zeitung vom 27. August 1999.

nahmen handelt bzw. administrative Einberufungshindernisse einem aktiven Dienst entgegenstehen. Es verbleiben also 74 % eines Jahrgangs, die einen Dienst ableisten. Hierzu zählen aber auch die bundeswehrexternen Dienstleistungen bei Zivil- und Katastrophenschutz, Polizei und Bundesgrenzschutz in einer Größenordnung von ca. 6 %. Stellt man außerdem in Rechnung, daß seit einigen Jahren die Rate der Wehrdienstverweigerer knapp 30 % beträgt (mit weiter steigender Tendenz), dann bleiben für die Bundeswehr ganze 38 % eines Jahrgangs übrig (von denen 5 % freiwillig zum Status der Längerdiener gehören, während 33 % nur ihren Grundwehrdienst ableisten.

Quelle: Hans Rühle: Welche Armee für Deutschland? In: Europa-Archiv, 49. Jg. 1994, Folge 6, S. 164-165.

Diese gar nicht einmal detaillierte Modellrechnung aus einer Zeit, als es noch darum ging, die im KSE-Vertrag als Obergrenze vorgeschriebene Zahl von 370.000 Soldaten zu erreichen, kam auf einen Personalumfang von 320.000 Soldaten. Tatsächlich ist der Personalumfang schon unter dem CDU-Verteidigungsminister Volker Rühe auf ca. 340.000 Soldaten abgesunken, und sein Nachfolger von der SPD, Rudolf Scharping, hat für das Jahr 2000 einen Rückgang auf 321.000 Soldaten geplant. Weitere Kürzungen wurden Mitte 2000 beschlossen (Näheres siehe Schlußkapitel).

Die Modellrechnung von Hans Rühle beruht auf einer bestimmten durchschnittlichen Jahrgangsstärke. Diese Prämisse ist aber fragwürdig. Denn obwohl man die Bevölkerungsentwicklung nicht ganz genau vorhersagen kann, Einwanderung und Einbürgerung sind hier z. B. flexible Größen, so bekommt man von den Demographen doch einige Prognosen vorgelegt, die aufmerken lassen. In den nächsten drei Jahrzehnten wird der Anteil der unter 20jährigen etwa um ein Drittel zurückgehen, der Anteil der über 60jährigen wird sich fast verdoppeln. Die Bevölkerung Deutschlands wird von gegenwärtig ca. 80 Millionen auf ca. 70 Millionen im Jahr 2030 geschrumpft sein, wobei der Wanderungsüberschuß durch den Zuzug von Aussiedlern und Ausländern schon in Rechnung gestellt ist.[5]

Das bleibt auch für die Streitkräfte nicht ohne Folgen. Gesamtgesellschaftliche Prioritäten verlagern sich mit der Altersschichtung. Öffentliche Mittel werden weiter knapper. Schon auf mittlere Sicht wird die Bundeswehr ihren Ergänzungsbedarf an Wehrpflichtigen nicht mehr decken können. Wenn der politische Wille vorhanden ist, die Wehrpflicht in Deutschland beizubehalten, dann erhebt sich die Frage, wie lange diesem demographischen Druck standgehalten werden kann.

---

[5] Vgl. Ekkehart Lippert: Die Bundeswehr in der demographischen Revolution. In: Europäische Sicherheit, 42. Jg. 1993. H. 7, S. 365.

8.4 Kriegsdienstverweigerung und Pazifismus

„Niemand darf gegen sein Gewissen zum Kriegsdienst mit der Waffe gezwungen werden." Artikel 4, Abs. 3 GG ist sozusagen der Fels, auf dem alle Regelungen zur Kriegsdienstverweigerung (KDV) in unserem Lande beruhen. Er kam 1949 ins Grundgesetz, weniger wegen der Antizipation eines neuerlichen deutschen Militarismus als vielmehr in Erinnerung an den Nationalsozialismus und wegen der Befürchtung, deutsche Staatsbürger könnten u. U. gegen ihren Willen in die Streitkräfte fremder Staaten eingezogen werden.

Unumstritten war diese Regelung nicht. Theodor Heuß etwa befürchtete einen „Massenverschleiß des Gewissens", und Abgeordnete der CDU/CSU stellten während der zweiten Lesung dieses Artikels im Parlamentarischen Rat den Antrag, ihn ersatzlos zu streichen. Das ging aber nicht durch. Seither hat es jedoch in der Bundesrepublik, jedenfalls bis in die siebziger Jahre hinein, einen Streit darüber gegeben, ob diese in der Tat außerordentlich liberale und im Blick auf andere westliche Demokratien geradezu avantgardistische Regelung sinnvoll, praktikabel, sachangemessen oder im Gegenteil eher staatsfeindlich und die Verteidigungskraft zersetzend sei.

„Das Nähere regelt ein Bundesgesetz", heißt es nach dem oben zitierten Satz in Artikel 4, Abs. 3 GG. Bevor ein solches erlassen wurde, fügte der Gesetzgeber mit der Grundgesetz-Änderung vom 19. März 1956 den Artikel 12 (später : 12 a) (Wehr- und Dienstpflicht) ins Grundgesetz ein. Dort wird im Absatz 2 auf die Kriegsdienstverweigerung so Bezug genommen: „Wer aus Gewissensgründen den Kriegsdienst mit der Waffe verweigert, kann zu einem Ersatzdienst verpflichtet werden. Die Dauer des Ersatzdienstes darf die Dauer des Wehrdienstes nicht übersteigen." Im Wehrpflichtgesetz vom 21. Juli 1956 wird im § 25 ausgeführt: „Wer sich aus Gewissensgründen der Beteiligung an jeder Waffenanwendung zwischen den Staaten widersetzt und deshalb den Kriegsdienst mit der Waffe verweigert, hat statt des Wehrdienstes einen zivilen Ersatzdienst außerhalb der Bundeswehr zu leisten." Das 1949 in Artikel 4 GG angekündigte Bundesgesetz wird am 13. Januar 1960 verkündet. Es heißt *Gesetz über den zivilen Ersatzdienst*. Dieses Gesetz wird im Laufe der Jahre einige Male ergänzt und geändert, wobei 1973 die Umbenennung von *ziviler Ersatzdienst* in *Zivildienst* erfolgt.

Seit den achtziger Jahren ist das Anerkennungsverfahren für Wehrpflichtige, die den Kriegsdienst verweigern möchten, so angelegt, daß in den allermeisten Fällen eine eingehende Prüfung der Gewissensgründe unterbleibt. Bis dahin gab es für diese schwierige Aufgabe besondere Kommissionen, die aus Zivil- und Militärpersonen zusammengesetzt waren. Aber wie sollte die ‚Echtheit' von Gewissensgründen dargelegt und geprüft werden? Das geltende Anerkennungsverfahren macht um diese Frage außer in Ausnahmefällen mit Recht einen weiten Bogen.

Kriegsdienstverweigerer sind ihrem Selbstverständnis nach Pazifisten. Sie lehnen physische Gewalt und besonders den Krieg als Mittel zur Durchsetzung von Interessen ab. Der Gedanke der Gewaltlosigkeit ist sehr alt und hat in vielen Religionen und philosophischen Lehren der Menschheit Resonanz gefunden. In der Staatenwelt des 19. Jahrhunderts stößt man auf erste Versuche, diesen Gedanken zur Grundlage einer politischen Strömung zu machen.

Der organisierte Pazifismus hat sich *Friedensbewegung* genannt. Friedensbewegungen gehören in den Strauß sozialer Reformbewegungen, welche die Entstehung und Entwicklung der bürgerlichen Gesellschaft bis heute begleitet und beeinflußt haben. 1814 wurde in den USA die *Massachusetts Peace Society* gegründet; binnen kurzem folgten weitere Gründungen in den Ostküstenstaaten der USA, in England und mit ein paar Jahren Verspätung auch auf dem europäischen Kontinent.

In Deutschland, das hängt mit der spezifischen Entwicklung zum Nationalstaat zusammen, hat sich der organisierte Pazifismus noch etwas später konstituiert. Zu seinen prägenden Gestalten zählen vor allem Bertha von Suttner (1843-1914), Alfred H. Fried (1864-1921) und Ludwig Quidde (1858-1941). Nach gesellschaftlicher Ächtung im Kaiserreich und besonders im Ersten Weltkrieg folgte für den Pazifismus eine Phase des Aufschwungs und der Anerkennung (wenn auch nur in oppositionellen Kreisen) während der Weimarer Republik. Dabei kam es jedoch zu inner-organisatorischen Querelen, die den organisierten Pazifismus nachhaltig schwächten. Als die Vorzeichen des Untergangs der Weimarer Republik immer bedrohlicher wurden, hatte sich die deutsche Friedensbewegung über inhaltliche und organisatorische Fragen so heillos zerstritten, daß sie gänzlich im Abseits stand. Im Dritten Reich war der Pazifismus verboten.

Nach dem Krieg erfolgte die Wiederbegründung pazifistischer Verbände, darunter der *Deutschen Friedensgesellschaft* und einiger anderer. Die *Internationale der Kriegsdienstgegner* als deutscher Zweig der *War Resisters' International* trat neu auf. Beide Gruppen vereinigten sich 1974 zur *Deutschen Friedensgesellschaft – Vereinigte Kriegsdienstgegner* (DFG-VK). Hauptanliegen des organisierten Pazifismus in der Bundesrepublik waren nach 1956 die Organisation und Beratung der Kriegsdienstverweigerer, der politische Kampf gegen Wiederbewaffnung und Bundeswehr (etwa in der maßgeblich von ihnen getragenen *Ostermarsch-Bewegung* in den sechziger Jahren) und die Propagierung von Abrüstung, besonders der atomaren Abrüstung.

Die siebziger und achtziger Jahre waren für den organisierten Pazifismus in der Bundesrepublik insofern sehr erfolgreich, als ihre politischen Ziele populärer und im Rahmen der ‚neuen' Friedensbewegung in oft sehr massenwirksamen Aktionen öffentlich gemacht wurden. In der sozialwissenschaftlichen Literatur wird zwischen der traditionellen und der neuen Friedensbewegung (die seit 1977/78 aktiv ist) vor allem deshalb unterschieden, weil letztere nicht so sehr das

Grundprinzip der Gewaltlosigkeit auf ihre Banner geschrieben hat, vielmehr in erster Linie gegen die nuklearen Waffensysteme und die Sicherheitspolitik der NATO Front machte (Näheres dazu in Kapitel 10). Auch haben sich in der neuen Friedensbewegung zu den herkömmlichen pazifistischen Gruppen andere gesellt, die aus dem breiten Spektrum der ,neuen sozialen Bewegungen' kommen.[6]

8.5 Entwicklung der Kriegsdienstverweigerung in Deutschland

Vor diesem Hintergrund muß man auch den Anstieg nicht nur der Zahlen von Kriegsdienstverweigerern sehen, sondern vor allem auch die steigende gesellschaftliche Respektierung des Rechts auf Kriegsdienstverweigerung und der Zivildienstleistenden. Nicht nur hat es, nach einigen Jahren, in denen (aus heutiger Sicht: überraschend) wenig vom Recht auf KDV Gebrauch gemacht worden ist, seit den späten 60er Jahren eine dramatische Vermehrung der Anträge auf KDV gegeben. Auch das gesellschaftliche Ansehen von Kriegsdienstverweigerern hat sich erheblich verändert. Zunächst galten sie als Außenseiter, nicht gerade verachtet, aber doch als Menschen, die wegen ihrer religiös fundierten Einstellung zur Gewalt und Krieg in die Nähe von Sektierern gerückt wurden, denen man mit einer Mischung aus Hochachtung und innerer Distanz begegnet. Daß es auch andere als *religiöse* Gewissensgründe gegen die Ableistung des Wehrdienstes geben könnte, blieb zunächst einmal so gut wie verborgen. Selbstverständlich wurde dezidierte politische Kritik am Kurs der Bundesrepublik und speziell an ihrer Sicherheitspolitik, in der Regel kam sie ja von links, sogleich mit mal mehr, mal weniger Berechtigung unter Kommunismus-Verdacht gestellt.

Dies wandelte sich aber bald. Als die KDV-Zahlen stiegen, war das zunächst für viele in der Hauptsache ein Phänomen der Drückebergerei. Sie irrten. Dabei kann gar nicht geleugnet werden, daß es nicht wenigen Wehrpflichtigen gelang, sich auf die Felix-Krull-Manier um den Wehrdienst zu drücken. Aber das waren eben keine Kriegsdienstverweigerer oder allenfalls ein Minderheit darunter. Denn wer verweigerte, war ersatz-, in bald geltender Terminologie zivildienstpflichtig. Immer wieder haben Bundesregierung und Bundeswehr-Führung sowie die staatstragenden Parteien auf die falsche Prämisse gesetzt, daß mit dieser oder jener Änderung der Gesetzeslage der KDV-Anstieg gebremst oder sogar rückgängig gemacht werden könne.

---

[6] Vgl. als informativen Überblick: Karl Holl: Pazifismus in Deutschland. Frankfurt/M. (Suhrkamp) 1988.

Tabelle 1: *Zahl der Anträge auf Kriegsdienstverweigerung nach Kalenderjahren*

Jahr:	1958	1959	1960	1961	1962	1963	1964
Gesamtzahl:	2.447	3.257	5.439	3.804	4.489	3.311	2.777

Jahr:	1965	1966	1967	1968	1969	1970	1971
Gesamtzahl:	3.437	4.431	5.963	11.952	14.420	19.363	27.657

Jahr:	1972	1973	1974	1975	1976	1977	1978
Gesamtzahl:	33.792	35.192	34.150	32.565	40.618	69.969	39.698

Jahr:	1979	1980	1981	1982	1983	1984	1985
Gesamtzahl:	45.454	54.193	58.051	59.776	68.334	43.875	53.907

Jahr:	1986	1987	1988	1989	1990	1991	1992
Gesamtzahl:	58.693	62.817	77.048	77.398	74.309	150.722	133.856

Jahr:	1993	1994	1995	1996	1997	1998	1999.
Gesamtzahl:	130.041	125.694	160.493	156.681	155.239	171.657	173.347

Gesamtzahl seit 1958:	2.491.316

Quellen: *"Daten und Fakten zur Entwicklung von Kriegsdienstverweigerung und Zivildienst", Hrsg: Bundesamt für Zivildienst, 1998, S.10; IAP-Dienst, Sept 1999 u. März 2000*

Betrachtet man diese Zahlen näher, fallen neben dem zumeist kontinuierlichen Anstieg vor allem auch die Auf- und Absprünge auf: 1967/68; 1976/77/78; 1983/84; 1990/91 und 1994/95. Der erste in dieser Reihe war besonders wichtig, denn hier vollzog sich im Kontext der antiautoritären Studentenbewegung eine Art Politisierung der Gewissensentscheidung gegen die Wehrpflicht. Sie wurde gegen den hinhaltenden Widerstand des konservativeren Teils des politischen Establishment durchgesetzt und bewirkte, daß der Kriegsdienstverweigerer nicht mehr als Außenseiter erschien, sondern als sozialpolitisch erwünschter Normalfall. 1991 ist es vor allem der Golfkrieg, der die KDV-Antragszahlen hochschnellen läßt.

Im Jahr 1998 gab es 171.657 Anträge auf Kriegsdienstverweigerung und im Jahr 1999 noch ein paar mehr: insgesamt 174.343. Manche Beobachter finden das alarmierend, aber sie können eigentlich nicht genau sagen, warum sie das tun.

KDV-Antrags-Begründungen

Abgesehen von aktuellen Kriegsgeschehnissen (Golfkrieg, Jugoslawien, Somalia), die häufig die Gewissensentscheidungen beeinflußt haben, sind die Antragsbegründungen (seit 1984) im wesentlichen gleich geblieben.

Die Anträge werden zu einem erheblichen Teil mit religiösen, aber auch politischen oder aus der eigenen Lebensentwicklung entstandenen Erwägungen begründet. Als wesentlich für die Bildung der Gewissensentscheidung werden bezeichnet:
- Erziehung durch Eltern und Großeltern
- Berichte von Angehörigen über Kriegserlebnisse
- Erziehung in der Schule
- Gewalterlebnisse
- Tod von Verwandten und Freunden
- Diskussionen in Gruppen, im Freundeskreis, mit Bundeswehrangehörigen, Zivildienstleistenden, Verwandten
- Beschäftigung mit dem Krieg und dem Nationalsozialismus durch Literatur, Film, Medien, KZ-Besuch
- Soziales Engagement
- Auslandskontakte

Die Antragsteller aus den neuen Bundesländern führen daneben zum Teil politische Gründe an, die sich aus der Geschichte, den Lebensumständen und den Erfahrungen in der ehemaligen DDR ergeben.

Nach wie vor können neun von zehn Antragstellern als Kriegsdienstverweigerer anerkannt werden.

Quelle: Bundesamt für den Zivildienst: Daten und Fakten zur Entwicklung von Kriegsdienstverweigerung und Zivildienst, Köln 1998, 6. Auflage, S. 7.

In der folgenden Passage scheint ein auch methodisch aufschlußreiches Phänomen auf. In den Umfragedaten zur Bundeswehr kommt diese in den letzten Jahren zumeist sehr gut weg. Ein großer Teil der Bevölkerung, auch unter den Jugendlichen, hält sie für wichtig oder gar sehr wichtig und nur sehr wenige für unwichtig. Jedoch schließt diese Zustimmung nicht unbedingt ein eigenes Engagement mit ein. *Die Bundeswehr ist schon ganz prächtig, aber andere sollen Soldaten werden*, so könnte man diese Haltung zusammenfassen.

Neuer Rekord bei der Wehrdienstverweigerung
Nur allzugern verweisen die politische und militärische Führung auf die hohe *Zustimmungsquote* zur Bundeswehr auch in der Jugend. Diese Zustimmungsquote ist in der Tat erfreulich. Doch es gibt neben der Frage der *verbalen Zustimmung* noch eine *andere Meßlatte* für die Frage der ganz praktischen Einstellung der Jugend zur Bundeswehr – das ist die *Quote der Wehrdienstverweigerung*. Diese aber zeigt eine andere und eindeutige Tendenz: Der Anteil der Wehrdienstverweigerer steigt stetig weiter an. Die Zahlen für das erste Halbjahr 1999 lassen für dieses Jahr einen *neuen Höchststand* mit etwa *177.000 –180.000* Anträgen erwarten... Die Zahl der Wehrdienstverweigerer pro Jahr hat die Zahl der Wehrdienstleistenden erreicht und jetzt sogar übertroffen: *137.000 Zivildienstleistende* stehen *135.000 Grundwehrdienstleistenden* – im kommenden Jahr *129.000* – gegenüber.
Quelle: IAP-Dienst Sicherheitspolitik, Nr. 9/1999, S. 5.

8.6 Zivildienst

Für die Organisation des Zivildienstes ist ein 1973 errichtetes *Bundesamt für den Zivildienst* in Köln zuständig. Zunächst im Geschäftsbereich des Bundesministeriums für Arbeit und Sozialordnung angesiedelt, gehört es heute zum Bundesministerium für Familie, Senioren und Jugend. Im herkömmlichen staatsbezogenen Denken ist der Wehrdienst hoch angesehen, wohingegen eine Dienstleistung an der Gesellschaft, die auf der Ablehnung der Wehrpflicht gründet, nur als Ersatz gilt. In vielen Staaten wird diese Option entweder überhaupt nicht oder nur sehr restriktiv eingeräumt. Da ist die Bundesrepublik Deutschland vergleichsweise sehr liberal. Aber auch hier gilt im Verhältnis von Wehrdienst und Zivildienst der Primat des ersteren. So hat es das Bundesverfassungsgericht in seinem Urteil vom 13. April 1978 festgestellt. In der Praxis wirkt sich dies aus, betont sichtbar gemacht, in der unterschiedlichen Dauer von Grundwehrdienst (seit Dez. 1995:10 Monate, demnächst 9 Monate) und Zivildienst (seit Dez. 1995: 13, demnächst 11 Monate).

Tabelle 2: *Im Jahresdurchschnitt im Dienst befindliche Zivildienstleistende*

Jahr	Zivildienstleistende
1971	6.147
1972	8.762
1973	10.640
1974	13.643
1975	15.105
1976	16.254
1977	18.316
1978	25.513
1979	26.294
1980	31.872
1981	33.079
1982	33.574
1983	36.093
1984	38.130
1985	47.351
1986	60.473
1987	70.533
1988	76.398
1989	89.188
1990	89.051
1991	79.091
1992	99.330
1993	115.402
1994	127.566
1995	130.080
1996	130.105
1997	136.989
1998	137.629
1999	138.364

Quelle: Bundesamt für den Zivildienst

Soziale Hochschätzung des Zivildienstes
Der Zivildienst ist längst eine eigenständige gesellschaftliche Einrichtung geworden; gäbe es nicht die billigen und willigen ‚Zivis‘, dann gäbe es keine ausreichen-
de Betreuung der Schwerstbehinderten, dann bräche möglicherweise der Kranken-
und Rettungstransport zusammen, dann wüchsen die Kosten im Sozial- und Gesundheitswesen ins Unermeßliche. Es gibt heute wohl kaum einen Bundesbürger,
der nicht einen Zivildienstleistenden persönlich kennt; kaum eine Familie, die
nicht irgendwann einmal vom Zivildienst profitiert hat, ob der Vater nun nach einem Verkehrsunfall im Unfallwagen von einem Zivi befördert wurde oder die
Oma von ihm das Essen auf Rädern bekommt. Ist früher die Mehrheit der Bundesbürger dem Kriegsdienstverweigerer und seiner pazifistischen Einstellung mit
Mißtrauen begegnet, ist er heute eine allseits geachtete Person, die eine anerkannt
schwere und sinnvolle Arbeit leistet.
Quelle: Klaus Pokatzky, „Abschied vom Heldentum“. Die ZEIT v. 30.September
1988.

Das hier von einem Journalisten konstatierte (und auch ein bißchen beförderte)
Umschwenken der öffentlichen Meinung läßt sich in der Tat seit langem beobachten. Der Zivildienstleistende gehört als soziale Figur genauso in die Reihe
zentraler Erscheinungen der politischen Kultur Deutschlands wie der Wehrpflichtige. Insofern besteht zwischen dem einen und dem anderen auch keine
Null-Summen-Situation – der soziale Aufstieg des Zivildienstleistenden ging
nicht auf Kosten der Wehrpflichtigen. Es dürfte nach allem, was bisher aufgeführt
wurde, keine große Überraschung mehr sein, wenn eine statistische Untersuchung
über die soziale Herkunft von Wehrdienstleistenden und Zivildienstleistenden zu
dem Ergebnis gelangt, daß Wehrdienstleistende mehr aus den unteren und Zivildienstleistende mehr aus den gehobenen Schichten kommen.
    Das deutet allerdings auf ein soziales Problem hin. Ein anderes ergibt sich aus
der öffentlichen Wahrnehmung der *sozialen Nützlichkeit* von Wehr- und Zivildienst, und es könnte sogar verfassungspolitische und verfassungsrechtliche Brisanz bekommen. Denn es scheint ja heute so zu sein, daß der Zivildienst in seinen
vielfältigen Facetten für das alltägliche Funktionieren der zivilen Gesellschaft
erheblich wichtiger geworden ist, als es die Wehrpflicht für das Funktionieren
und für die Aufgabenerfüllung der Bundeswehr ist. Stimmt diese Behauptung,
dann muß der gesamte Begründungszusammenhang für die Wehrpflicht und sein
nachrangiges Substitut, den Zivildienst als Ersatzdienst, umformuliert werden.

Zivildienst und Umweltverbände
Nach Auffassung von Helmut Röscheisen, Generalsekretär des *Deutschen Natur-*
schutzrings (DNR), stellen die 1.200 Zivildienstleistenden „das Rückgrat der ehrenamtlichen Arbeit der Verbände“ dar. Auf einer gemeinsamen Pressekonferenz
mit dem *Deutschen Naturschutzbund (NABU)* und dem *BUND-Freunde der Erde*
in Berlin forderte Röscheisen, daß „die anstehende Wehrreform und eine eventu-

elle Verkürzung des Zivildienstes nicht zu Lasten der ehrenamtlichen Arbeit von über fünf Millionen im Umweltschutz engagierter Menschen gehen" dürfe. Zivildienstleistende erfüllten eine Katalysatorfunktion...Je nach Struktur eines Verbandes würden bis zu 25 Prozent der administrativen Aufgaben von Zivildienstleistenden übernommen....Diese Arbeit könne schon jetzt aufgrund der Verkürzung des Zivildienstes auf elf Monate kaum geleistet werden. Die Einarbeitungszeit stünde in keinem sinnvollen Verhältnis zur Dauer des Einsatzes.
Quelle: Frankfurter Allgemeine Zeitung v. 17. Juni 2000.

8.7 Wertewandel und neues Kriegsbild

In diesem Unterkapitel sollen ein paar der drängenden Probleme aufgegriffen werden, die das Thema Wehrpflicht/Zivildienst in Deutschland zu einem leise vor sich hinschwelenden Dauerbrenner gemacht haben. Das Schwierige daran ist, daß es hier keine einfachen Lösungen gibt. Es sind eben politische Probleme.

a) Problem der Gesellschaft: Gerechtigkeit bei der Verteilung von ‚Dienstaufgaben‘, die das Individuum für die Gesellschaft erbringen soll
Hier geht es, vereinfacht ausgedrückt, darum, daß jenes alte Status- und Funktionsdenken, das der Wehrpflicht ein deutlich abgesetztes, höheres Sozialprestige einräumt, weitgehend verblaßt ist. Wer einen jungen Mann heute fragt „Ham'Se gedient?" und es nicht ironisch meint, vielmehr seine Wertschätzung des Befragten von einer bejahenden Antwort abhängig macht, ist ein soziales Fossil.

Ferner ist es fragwürdig, den jungen Gesellschaftsmitgliedern Pflichten in so ungleicher Weise aufzubürden (man denke an die jungen Frauen, an die zahlreichen Wehrdienst-Ausnahmen und schließlich auch an die gar nicht so wenigen, die sich um den Wehr- und den Zivildienst herumdrücken). Modellhaft vereinfacht, gibt es hier drei Optionen:

– Entweder schafft man die Solidardienste ganz ab, was für die Bundeswehr ein anderes Rekrutierungs-System bedeuten würde.
– Oder man führt eine Art wirklich allgemeine Dienstpflicht ein, wobei die Palette der Solidardienste erheblich zu erweitern wäre. Das ist aber sowohl aus rechtlichen wie aus organisatorischen Gründen kaum zu installieren.
– Oder man baut die schon vorhandenen und durchaus genutzten Ansätze für ein *freiwilliges soziales Jahr* weiter aus und überläßt es dem Nachfrageverhalten der Jugendlichen, ob sie einen solchen Solidardienst übernehmen möchten oder nicht.

Die Optionen zwei und drei erscheinen eher unwahrscheinlich. Eine allgemeine Dienstpflicht müßte hohe politische Hürden überwinden; ihre Umsetzung wäre teuer, ohne daß doch die Schlupflöcher für entschlossene Dienst-Unwillige ganz vermieden werden könnten. Statt zur ‚Versöhnung zwischen den Generationen‘ könnte eine allgemeine Dienstpflicht unversehens zu einer Vertiefung des Generationskonfliktes führen.

Und die freiwillige Option ist eigentlich gar keine Neuerung (vielleicht ist das ihre Stärke). Sie kann, wie sympathisch sie auch erscheinen mag, auf keinen Fall den Berg von Aufgaben bewältigen, die inzwischen der Institution des Zivildienstes aufgeladen wurde. Vor allem aber müßte sie von politischen Gruppen oder Parteien aufgegriffen und öffentlich propagiert werden. Es stimmt ein wenig melancholisch, daß die sozialpolitische Innovationsfähigkeit der Politiker so dicht bei Null angesiedelt zu sein scheint.

Bleibt also die erste Option. Sie hat auch hohe Kosten. Sie wird gegenwärtig von einer Mehrheit in den beiden großen Parteien SPD und CDU/CSU abgelehnt. Aber sie strahlt so etwas aus, worin man den Zeitgeist erkennt.

b) Problem der Sicherheitspolitik: Fortfall der direkten Bedrohung
Verblaßt in der zivilen Gesellschaft die Vorstellung von einer Sicherheits-Bedrohung, verlieren die Streitkräfte als Komponente staatlicher Sicherheitspolitik relativ an Wert. Mit dem Ende des Ost-West-Konflikts ist die seit 1945 vorherrschende Bedrohungsperzeption weitgehend, wenn auch wegen der fortdauernden politischen Turbulenzen in manchen Nachfolgestaaten der UdSSR und auf dem Balkan nicht restlos weggefallen. Deutschland ist kein *Frontstaat* mehr, ein Sachverhalt, der in den nächsten Schritten zur NATO- und zur EU-Osterweiterung weiter an politischer Überzeugungskraft gewinnen wird. Die neue deutsche Sicherheitspolitik (siehe Kapitel 11) hat andere Prioritäten gesetzt, ohne bisher allerdings die Wehrpflicht abzuschaffen oder auszusetzen. Ob sich die Wehrpflicht, eingerichtet als Wehrform für Zwecke der Abschreckung und Verteidigung im Ost-West-Konflikt, für die gegenwärtige und künftige Sicherheitspolitik auf die Dauer legitimieren läßt, ist fraglich.

c) Problem der Streitkräfte: Angemessene Rekrutierung
Die Bundeswehr, selbst wenn ihr Personalbestand weiter schrumpft, wird Probleme der Nachwuchswerbung behalten. Die Wehrpflicht ist ein probates, zugegeben: auch aufwendiges Mittel, um Nachwuchswerbung zu betreiben. Die Wehrpflichtigen machen bei der Bundeswehr eine Art verlängertes Praktikum. An dessen Ende können sowohl die Streitkräfte als auch die einzelnen Soldaten darüber entscheiden, ob eine Weiterverpflichtung sinnvoll und erwünscht ist. Fällt der Grundwehrdienst (viel mehr als ein intensives militärisches Praktikum kann dabei nicht herausspringen) ersatzlos fort, müßte die Bundeswehr auf dem Arbeitsmarkt rekrutieren. Das ist, wie neuere Untersuchungen aus Ländern mit

Berufsarmeen wie den USA zeigen[7], aufwendig und umständlich. Entsprechend würde auch die Personalführung der Bundeswehr erheblich schwieriger werden. Deshalb plädieren viele Bundeswehr-Angehörige für die Beibehaltung der Wehrpflicht.

d) Problem der Gesellschaft: Unabkömmlichkeit des Zivildienstes
Der überwiegende Teil der Zivildienstleistenden, nämlich ca. 50 % verrichtet Pflege- und Betreuungsdienste; ca. 13 % arbeiten bei mobilen Hilfsdiensten, ca. 8 % bei Rettungsdiensten und ca. 6 % in der individuellen Betreuung. Alle sozialen Prognosen sagen voraus, daß diese Bereiche in den nächsten Jahren eine außerordentliche Ausweitung erfahren werden. Denn es wird immer mehr alte und pflegebedürftige Menschen geben und immer weniger familien-interne Möglichkeiten zur Abdeckung dieses Bedarfs. Zugleich steigen die Pflegekosten. Zivildienstleistende sind im Pflegesektor der Gesellschaft mit die angenehmsten Kräfte, physisch und meist auch psychisch belastungsfähig und dazu noch kostengünstig. Was immer die gesamtwirtschaftliche Modelle hinauf- und herunterrechnenden Ökonomen auch sagen mögen – es sieht ganz danach aus, als könnte sich die Gesellschaft eine Alternative zum Zivildienst in seinem gegenwärtigen Umfang finanziell nicht leisten.

Zusammenfassend kann man also festhalten, daß es in Deutschland eine Art Große Koalition zwischen politischen Kräften in der zivilen Gesellschaft und in der Bundeswehr gibt, die an der Wehrpflicht prinzipiell festhalten möchten. Diese erleichtert die Rekrutierung des Nachwuchses bei der Bundeswehr und sie ermöglicht über die verfassungsrechtliche Regelung der Kriegsdienstverweigerung und des Zivildienstes die kostengünstige Aufrechterhaltung wichtiger Dienste im Sozial- und Gesundheitssystem.

Dagegen ist überhaupt nichts einzuwenden. Nur, daß die Legitimationsgrundlage für diesen Doppel-Sachverhalt fehlt. Solange aber niemand ernstlich daran Anstoß nimmt, kann es so weitergehen. Die „Reform"-Debatte im Frühjahr 2000 hinterläßt den Eindruck, daß die merkwürdige Koalition der Sicherheits- und Sozialpolitiker in Regierung und Opposition zuweilen selbst verwundert ist, daß sie mit ihrem Insistieren auf Zivildienst und Wehrpflicht durchkommen.

---

[7] USA Today vom 22. Oktober 1999 „Military recruiting costs soar".

9. Bundeswehr, Finanzen und Wirtschaft

Streitkräfte zu unterhalten, kostet viel Geld. Wo eine Menge Geld im Spiel ist, wuchern Sozial-Mythologien, also simple Erklärungsansätze, die unter der Voraussetzung, daß man ihnen kritiklos glaubt, die Komplexität der Realität mittels Ressentiments reduzieren. Hier sind ein paar davon, die in dem thematischen Zusammenhang Streitkräfte/Kosten immer wieder auftauchen:

- Streitkräfte und vor allem Rüstungsproduktion sind notwendig, um den Kapitalismus vor Krisen zu retten.
- Der Unterhalt von Streitkräften und die Art ihrer Ausrüstung wird in den kapitalistischen Ländern von einem militärisch-industriellen Komplex gesteuert, einer Art Club wie die Weisen von Zion[1], in feinem Tuch und in Uniform.
- Wenn man abrüstet, spart der Staat sofort viel Geld, womit man dann sinnvolle Dinge bezahlen kann, z.B. Krankenhäuser.

In jeder dieser Aussagen findet sich ein Körnchen Wahrheit, aber mehr auch nicht. Insgesamt sind sie genauso falsch wie die zuweilen unter den *Falken* (= unbeirrbare Befürworter von mehr Rüstung) anzutreffende Vorstellung, daß, wenn es um die Streitkräfte geht, alle wirtschaftlichen Kosten-Nutzen Überlegungen zurückstehen müssen und das Teuerste gerade gut genug sei.

Es gibt in den Sozialwissenschaften seit Jahrzehnten eine ausgiebige, indes nicht recht vom Fleck kommende Debatte über das Verhältnis von Militärausgaben und Wirtschaft.[2] Immer wieder auftauchende (und hier auch nicht beantwortete) Fragen in dieser Debatte lauten etwa:

- Wie wirken sich verschiedene Rekrutierungsformen (Wehrpflicht, Berufsarmee, Miliz) auf die Wirtschaft eines Landes aus?
- Welche Rolle spielen öffentliche Ausgaben für die Erforschung und Entwicklung neuer Rüstungstechnik (Akronym F & E; im Englischen: R & D) für

---

[1] Die sogenannten Protokolle der Weisen von Zion sind bekanntlich eine Fälschung des zaristischen Geheimdienstes und sollten die Existenz einer „jüdischen Verschwörung" zur Erlangung der Weltherrschaft glaubhaft machen.

[2] Vgl. z. B. die ausführliche Bibliographie in: Lutz Köllner: Militär und Finanzen. Zur Finanzgeschichte und Finanzsoziologie von Militärausgaben in Deutschland vom 30jährigen Krieg bis zur Gegenwart. München (Bernard & Graefe Verlag) 1982, S. 255-299.

die technologische Leistungsfähigkeit (auch der zivilen) einer modernen Gesellschaft?
– Gibt es einen ökonomischen Überschwapp (*spill over*)- Effekt bei Investitionen in Rüstungsforschung und in den Rüstungshaushalt allgemein für die zivile Gesellschaft?
– Welchen Einfluß haben Politiker, Militärs, Wirtschaftsmanager in dem Entscheidungsprozeß bei der Entwicklung neuer, hoch-komplexer und teurer Waffensysteme?
– Ist die Internationalisierung der Rüstungsproduktion ein Faktor ihrer Verbilligung oder dient sie zuvörderst anderen Zwecken?
– Schafft Rüstungsproduktion besonders interessante, nämlich hochqualifizierte und gut bezahlte Arbeitsplätze, und zwar auf Dauer?
– Ist Rüstungsproduktion nicht eigentlich etwas Unmoralisches?

9.1 Entwicklung der Militärausgaben

In diesem Unterkapitel und in den folgenden auch werden eine Menge Zahlenübersichten aufgeführt. Es ist deshalb angebracht, vorweg die keinesfalls bösartig gemeinte Warnung auszusprechen, daß solche Übersichten in der Regel ihre Mängel haben. Denn auch wenn man davon ausgehen kann, daß die dabei verwendeten Zahlen nicht bewußt manipuliert wurden (und das kommt ja auch gar nicht selten vor), so spiegeln sie letztlich eben doch die Richtung des Erkenntnis-Interesses von demjenigen, der sie zusammengestellt hat. Fast noch wichtiger ist, daß die so ‚objektiv‘ und unangreifbar aussehenden Ziffern oft auf sehr wackligen Füßen stehen. Fakten-Sicherheit wird oft da nur vorgetäuscht, wo es sich um Annäherungen, Daumen-Peilungen, Schätzungen handelt. Die Statistik ist ein schwieriges Handwerk; da passieren Fehler. Und schließlich: gerade bei Vergleichen von Zahlen mit Sachverhalten aus verschiedenen Gesellschaften schleichen sich häufig Fehler ein, weil die gezählte Grundeinheit pro Zeitperiode in der einen Gesellschaft nur teilweise mit der in einer anderen übereinstimmt.

Nach dieser Einschwörung auf besondere Achtsamkeit werfen wir zunächst einen Blick auf die Tabelle 3 „Ausgaben für die äußere Sicherheit der Bundesrepublik Deutschland von 1950 bis 2000“.

Tabelle 3: *Ausgaben für die äußere Sicherheit der Bundesrepublik Deutschland von 1950 bis 2000*

Jahr	Ausgaben für Verteidigung/ für die Bundeswehr	Militärausgaben nach Nato-Kriterien	Berlinausgaben	Ausgaben für Sicherheit: Militärausgaben und Berlinhilfe
1950	4.394	4.500	520	5.020
1951	7.915	8.200	550	8.750
1952	7.432	7.800	662	8.462
1953	5.530	6.200	682	6.882
1954	5.902	6.300	833	7.133
1955	6.105	7.400	929	8.329
1956	7.329	7.200	895	8.095
1957	7.547	9.000	957	9.957
1958	8.824	9.600	1.127	10.727
1959	9.402	11.100	1.129	12.229
1960	8.219	12.100	933	13.033
1961	12.404	13.200	1.141	14.341
1962	16.786	17.200	1.660	18.860
1963	19.033	19.900	1.847	21.747
1964	18.306	19.600	1.951	21.551
1965	18.763	19.900	2.117	22.017
1966	19.130	20.300	2.347	22.647
1967	21.124	21.400	2.380	23.780
1968	18.474	19.300	2.519	21.819
1969	20.199	21.600	3.100	24.700
1970	20.832	22.600	3.200	25.700
1971	23.192	25.500	4.800	30.300
1972	24.300	28.700	5.900	34.600
1973	26.800	31.900	6.600	38.500
1974	29.900	35.600	7.400	43.000
1975	31.200	37.600	7.900	45.300
1976	32.400	38.900	9.000	47.900
1977	33.500	40.200	9.600	49.800
1978	35.400	43.000	10.100	53.100
1979	37.100	45.400	11.500	56.900
1980	39.400	48.500	12.600	61.100
1981	42.600	52.200	13.500	65.700
1982	44.400	54.200	13.900	68.100
1983	46.800	56.500	14.200	70.700
1984	47.800	57.300	14.800	72.100
1985	49.600	58.700	15.100	73.800
1986	50.600	60.100	15.400	75.500
1987	51.000	61.400	15.800	78.200
1988	52.200	61.600	16.800	78.400
1989	53.300	63.300	17.200	80.500
1990	54.200	68.376	-	-
1991	52.535	65.579	-	-
1992	52.123	65.536	-	-
1993	50.147	61.529	-	-
1994	48.481	58.957	-	-
1995	47.858	58.986	-	-

1996	48.237	58.671	-	-
1997	46.290	57.602	-	-
1998	46.679	58.142	-	-
1999	47.284	59.730	-	-
2000	45.333	59.600	-	-

Alle Zahlen in Millionen DM. Quellen: Bald 1994, S.24 ; NATO Press Release 147 v. 17.12.98/ 168 v. 17.12.96 ; NATO-Brief v. März '95 ; BGBl. 89, S.2431; 91, S.1365; 91, S.2371; 92, S.2241; 93, S.2165; 95, S.831; 95, S.1807; 96, S.2045; 97, S.3256; BMVg Erläuterungen und Vergleiche zum Regierungsentwurf des Verteidigungshaushalts 1998,1999 u. 2000.

Die erste Frage, die sich hier aufdrängt, kommt von der Irritation, daß nicht eine einzige Zahl, vielmehr bis 1989 drei (plus eine Summenzahl der Spalten drei und vier), seit 1990 immer noch zwei Zahlen pro Jahr aufgeführt sind. Warum ist das nötig? Weil schon die Festlegung, was denn alles als Militärausgaben oder Ausgaben für die äußere Sicherheit[3] gerechnet werden soll, voller Tücken ist. Zwei Rechnungsweisen stehen hier nebeneinander. Die Ausgaben für die Bundeswehr sind hauptsächlich im Einzelplan 14 des Bundeshaushalts zusammengefaßt. Sie werden in der innenpolitischen Auseinandersetzung über den Verteidigungshaushalt auch meist als Bezugsgröße genommen. Diese Ausgaben werden, weil sie nicht besonders populär sind, von der Bundesregierung nach innen lieber relativ niedrig dargestellt, auch damit die Opposition nicht weitere Abstriche daran bewirkt. Innerhalb des Nordatlantikpakts macht dieselbe Bundesregierung hingegen höhere Zahlen geltend. Die folgende Übersicht zeigt, was in der außenpolitischen Selbstdarstellung der Bundesrepublik gegenüber ihren Bündnispartnern als Verteidigungsaufwand gerechnet wird.

Diese Übersicht wird bis 1989 noch ergänzt durch die Bundes-Aufwendungen für die Berlin-Hilfe, welche als Sonderausgaben ebenfalls zu den Sicherheitsausgaben der Bundesrepublik Deutschland gerechnet wurden. Nach dem Ende des Ost-West-Konflikt sind sie natürlich ersatzlos entfallen.

Wenn die Bundeswehr erst im Jahr 1955 ins Leben gerufen wurde, wieso sind dann schon für das Jahrfünft davor Sicherheitsaufwendungen aufgeführt? Die Antwort ergibt sich aus der Konstellation des Ost-West-Konflikts dieser Jahre – damals befand er sich in seiner ‚kältesten' Phase, und die Kriegsfurcht war alles andere als gebannt. Zwar gab es keine eigenen westdeutschen Streitkräfte, aber die Bundesrepublik war ja Teil ‚des Westens', auch in sicherheitspolitischer Hinsicht. Die Bundesregierung buchte ihre damaligen Sicherheitsausgaben als *Verteidigungslasten im Zusammenhang mit dem Aufenthalt ausländischer Streitkräfte*

---

[3] Die Bundeswehr ist ein Instrument des Staates mit dem Zweck, die äußere Sicherheit von Gesellschaft und politischer Ordnung zu gewährleisten. Dennoch kann man sie nicht ganz auf diesen Zweck reduzieren. Einige der spektakulärsten Einsätze der Bundeswehr spielten sich im Innern ab und hatten mit äußerer Sicherheit nichts zu tun, z. B. der Einsatz bei den Flutkatastrophen im Februar 1962 in Hamburg und im Frühsommer 1997 an der Oder.

ab. Die (teilweise) Erstattung der Kosten für die Stationierung von Truppen verbündeter Staaten blieb bis heute ein ständiger Kostenpunkt.

Übersicht 3: *Verteidigungsetat gemäß Bundeshaushalt*

Im Einzelplan	Spezifizierung
02 (Deutscher Bundestag)	Wehrbeauftragter
05 (Auswärtiges Amt)	Verteidigungshilfe für andere Länder
	NATO-Zivilhaushalt
06 (Bundesministerium des Inneren)	Bundesgrenzschutz
33 (Versorgung)	Militärruhegehälter
35 (Verteidigungslasten im Zusammenhang mit dem Aufenthalt ausländischer Streitkräfte)	Stationierungskosten
60 (Allgemeine Finanzverwaltung)	Personalverstärkungsmittel; Devisenausgleich; EDIP; Auslandeinsätze der Bundeswehr; usw.

Quellen. Studiengruppe Militärpolitik 1974, S. 62; "Erläuterungen und Vergleiche zum Regierungsentwurf des Verteidigungshaushalts 2000", BMVg, 9.9.1999, S.25.

Ansonsten ist bei der Analyse der Tabelle im Kopf zu behalten, daß die Zahlen DM-Größen nach dem jeweils gültigen Wert ausdrücken. Daß eine DM im Jahr 2000 nicht mehr dasselbe ist wie im Jahr 1950, ist also nicht berücksichtigt worden. Das macht aber einen deutlichen Unterschied aus, wie das folgende Beispiel illustriert. Rechnet man nämlich die Jahresausgaben bei Preisen und Wechselkursen auf eine feste Bezugsgröße um, in unserem Beispiel ist es das Jahr 1990, ergeben sich ganz andere Zahlen:

Tabelle 4: *Militärausgaben der BRD nach NATO-Kriterien bei konstanten Preisen und Wechselkursen von 1990 (in Mio DM)*

Jahr	Ausgaben bei konstanten Preisen	Ausgaben bei jeweiligen Preisen
1975	60.568	37.589
1980	64.021	48.518
1985	66.139	58.650
1990	68.376	68.376
1995	49.024	58.986
1996	48.256	58.671
1997	47.077	57.602
1998	47.233	58.327
1999	47.950	59.730

Quelle: NATO Press-Release M-DPC-2 (1999) 152 v. 2.12.1999, www.nato.int/docu/pr/
1999/p99-152e.htm

Wenn man Preise und Wechselkurse nicht, wie hier im Jahr 1990, sondern viel früher, sagen wir 1960 festgezurrt hätten, würden wir erkennen, daß der Anstieg der Sicherheitsausgaben so enorm gar nicht ist, denn in den Jahr-für-Jahr-Ziffern steckt eine insgesamt kräftig ins Gewicht fallende Inflationsrate.

9. 2 Ausgaben für Personal, Betrieb und Investitionen

Die folgende Tabelle unterteilt den Verteidigungshaushalt nach bestimmten Ausgabensparten, wobei die Personalausgaben als besonders fetter Batzen auffallen.

Tabelle 5: *Verteidigungshaushalt der BRD (Einzelplan 14)*

Ausgabenbereich (Zahlen in 1000 DM)	1997	1998	1999	2000
I. Betriebsausgaben				
- Personalausgaben	24.551.849	23.968.983	23.866.349	23.598.205
- Materialerhaltung und –betrieb	4.002.876	4.137.730	4.172.932	4.222.661
- Sonstige Betriebsausgaben	7.532.046	7.465.817	7.261.456	7.158.712
Summe Betriebsausgaben:	**36.086.771**	**35.572.530**	**35.300.737**	**34.979.578**
II. Verteidigungsinvestive Ausgaben				
- Forschung, Entwicklung u. Erprobung	2.784.840	2.531.020	2.461.000	2.471.900
- Militärische Beschaffungen	5.408.430	6.377.930	7.325.485	7.908.400
- Militärische Anlagen	1.745.000	1.857.900	1.801.495	1.866.747
- Sonstige Investitionen	468.021	404.423	444.738	384.375
Summe Verteidigungsinvestive Ausgaben:	**10.406.291**	**11.171.273**	**12.032.718**	**12.631.422**
III. Globale Minderausgabe	**-202.755**	**-64.319**	**-285.000**	**-2.278.000**
Gesamt:	**46.290.307**	**46.679.484**	**47.048.455**	**45.333.000**

Quellen: *"Erläuterungen und Vergleiche zum Regierungsentwurf 1998 (1999, 2000)" des BMVg, 1997,1998, 1999.*

Streitkräfte mit altmodischen Waffen und Geräten sind nicht sehr wirkungsvoll. Und wenn man auch darüber streiten kann (und auch soll), ob aufwendige militärtechnologische Forschungsprogramme wirklich im von der Industrie und der militärischen Führung vorgeschlagenen Umfange begonnen werden und möglichst viele waffentechnische Novitäten auch beschafft werden müssen, so schlägt ein zu kräftiges Zurückfahren der Investitions- und Beschaffungsausgaben doch negativ zu Buche, nämlich als Verminderung der militärischen Kampfkraft und gegebenenfalls auch der Kooperationsfähigkeit mit verbündeten, aber besser ausgerüsteten Streitkräften. Nach Ansicht von vielen Experten und auch des derzeitigen Verteidigungsministers Scharping (SPD) ist genau dieses Defizit ein Kennzeichen der Bundeswehr im Jahr 2000. Sie sei, hat Scharping in einem Brief an die zivilen Mitarbeiter der Bundeswehr im März 2000 geschrieben, derzeit weder „vollständig bündnisfähig noch europafähig".[4]

---

[4] Frankfurter Allgemeine Zeitung v. 28. März 2000.

Übersicht 4: *Entwicklung der Anteile im Verteidigungsetat (in Mrd. DM)*

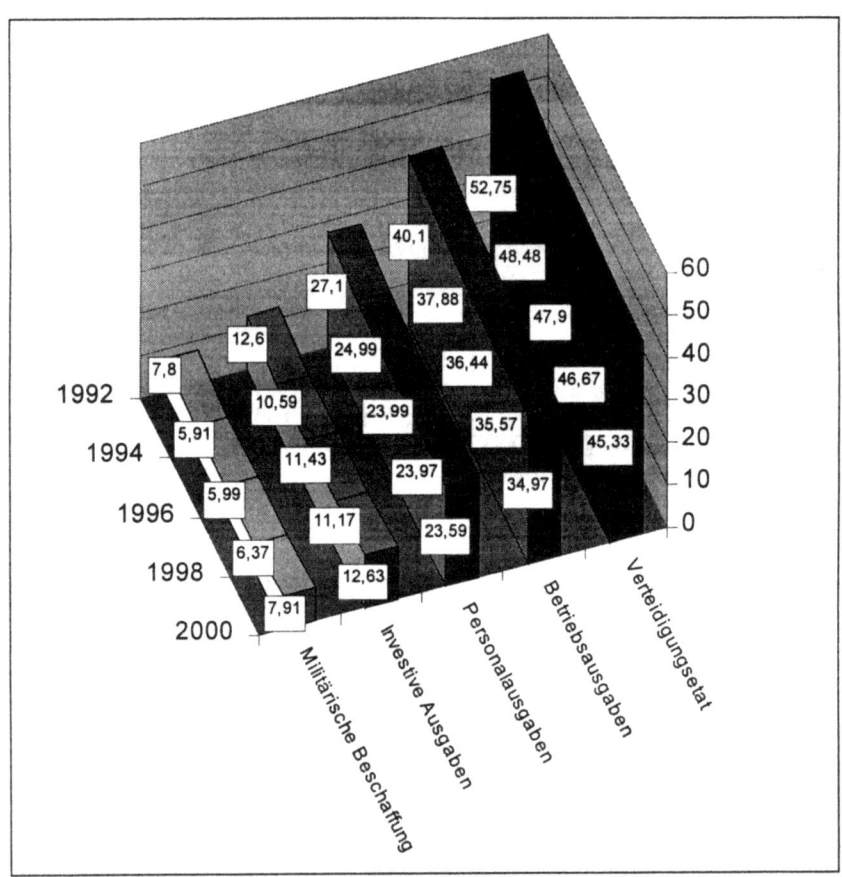

Trotz des beachtlichen Volumens von Einzelplan 14 ist nur ein verhältnismäßig kleiner Teil davon flexibel einsetzbar. Die meisten Ausgabenposten sind langfristig festgelegt und kurzfristig kaum zu beeinflussen. Je höher z. B. die Personalausgaben steigen, desto geringer ist der Betrag, der für neue Waffen und Geräte zur Verfügung steht. Das bereitet den Planern im Verteidigungsministerium regelmäßig Kopfschmerzen. Denn es sind ja gerade diese Rüstungsausgaben, von denen im militärischen Selbstverständnis die *Schlagkraft* oder *militärische Effizienz* der Truppe weitgehend abhängt.

9.3 Internationaler Vergleich

Militär- oder Sicherheitsausgaben verschiedener Staaten miteinander zu vergleichen, ist nicht ganz einfach, weil zu den schon erwähnten Schwierigkeiten noch solche der Bewertung von Währungsunterschieden und die Unterschiede nationaler Kosten und Preise (z. B. für die menschliche Arbeitszeit) hinzutreten. Innerhalb der NATO hat sich durchgesetzt, die Prozentanteile der Militärausgaben am Bruttoinlandprodukt (BPI) zu vergleichen. Dabei ergibt sich, daß die Bundesrepublik Deutschland ziemlich weit unten steht, weit hinter den USA, Großbritannien und Frankreich. Die Spitzenpositionen nehmen seit vielen Jahren Griechenland und die Türkei ein; dem sollte nicht unbedingt nachgeeifert werden.

Tabelle 6: *NATO-Militärausgaben in Prozent des Bruttoinlandprodukts (1975-1994 als Durchschnitt)*

Mitgliedstaaten	1975-1979	1980-1984	1985-1989	1990-1994	1995	1996	1997	1998	1999
Belgien	3,2	3,3	2,8	2,0	1,6	1,6	1,5	1,5	1,5
Dänemark	2,3	2,4	2,0	1,9	1,7	1,7	1,7	1,6	1,6
Deutschland	3,4	3,4	3,0	2,2	1,7	1,7	1,6	1,6	1,5
Frankreich	3,8	3,9	3,8	3,4	3,1	3,0	2,9	2,8	2,8
Griechenland	5,6	5,4	5,1	4,4	4,4	4,5	4,6	4,8	4,9
Großbritannien	4,9	5,2	4,5	3,8	3,0	3,0	2,7	2,7	2,6
Italien	2,1	2,1	2,3	2,1	1,8	1,9	2,0	2,0	2,0
Luxemburg	0,9	1,1	1,0	0,9	0,8	0,8	0,9	0,9	0,9
Niederlande	3,1	3,1	2,9	2,4	2,0	2,0	1,9	1,8	1,8
Norwegen	2,8	2,7	2,9	2,8	2,4	2,2	2,1	2,3	2,2
Polen	-	-	-	-	-	-	-	-	2,2
Portugal	3,4	3,0	2,7	2,6	2,6	2,4	2,3	2,2	2,2
Spanien	-	2,3	2,2	1,7	1,5	1,5	1,4	1,4	1,4
Tschechien	-	-	-	-	-	-	-	-	2,2
Türkei	4,4	4,0	3,3	3,8	3,9	4,1	4,1	4,4	5,7
Ungarn	-	-	-	-	-	-	-	-	1,6
NATO-Europa	k.A.	3,5	3,2	2,7	2,3	2,2	2,2	2,2	2,2
Kanada	1,9	2,0	2,1	1,9	1,5	1,4	1,2	1,2	1,2
Vereinigte Staaten	5,0	5,6	6,0	4,7	3,8	3,5	3,4	3,2	3,2
NATO-Total	k.A.	4,5	4,5	3,6	3,0	2,8	2,8	2,7	2,6

Quelle: NATO Press-Release M-DPC-2 (1999) 152 v. 2.12.1999, www.nato.int/docu/pr/1999/p99-152e.htm

Zwischen der Höhe der Militärausgaben und dem Umfang der Streitkräfte besteht ein enger Zusammenhang. Das versteht sich von selbst. Ganz so simpel, wie man spontan vermuten könnte, ist dieser Zusammenhang aber nicht. So sind die Militärausgaben der allermeisten NATO-Staaten seit 1990 zwar zurückgefahren worden, und entsprechend schrumpfte der Umfang ihrer Streitkräfte. Aber diese Parallelität ergibt sich nur innerhalb bestimmter Grenzen, wie man an der Bundeswehr erkennen kann. Ihr Umfang wird in den nächsten Jahren weiter abnehmen, ohne daß mit einem Schrumpfen des Verteidigungshaushalts zu rechnen ist.

Tabelle 7: *Verringerung der europäischen NATO-Streitkräfte und ihre Wehrsysteme (jeweilige Truppenteile in Ts.)*

Staat	1975	1980	1985	1990	1995	1996	1997	1998	1999	Wehrsystem
Belgien	103	108	107	106	47	46	45	43	43	Berufsarmee
Dänemark	34	33	29	31	27	28	25	25	25	Wehrpflicht 4-12 Mon.
Deutschland	491	490	495	545	352	339	335	333	334	Wehrpflicht 10 Mon.
Frankreich	585	575	563	550	504	501	475	449	421	10 Monate, wird ausgesetzt
Griechenland	185	186	201	201	213	212	206	202	205	Wehrpflicht 15-23 Mon.
GB	348	330	334	308	233	221	218	218	218	Berufsarmee
Italien	459	474	504	493	435	431	419	402	391	Wehrpflicht 12 Mon.
Luxemburg	1	1	1	1	1	1	1	1	1	Berufsarmee
Niederlande	107	107	103	104	67	64	57	55	55	12 Monate, ist ausgesetzt
Norwegen	38	40	36	52	38	38	33	33	33	Wehrpflicht 12-15 Mon.
Polen	-	-	-	-	-	-	-	-	187	Wehrpflicht 18-24 Mon.
Portugal	104	88	102	87	78	73	72	71	72	Wehrpflicht 4 Mon.
Spanien	-	356	314	263	210	203	197	189	155	Wehrpflicht 9 Mon.
Tschechien	-	-	-	-	-	-	-	-	53	Wehrpflicht 12 Mon.
Türkei	584	717	814	769	805	818	828	788	797	Wehrpflicht 16-18 Mon.
Ungarn	-	-	-	-	-	-	-	-	61	Wehrpflicht 12 Mon.

Quellen: NATO Press-Release M-DPC-2 (1999) 152 v. 2.12.1999, www.nato.int/docu/ pr/1999/p99-152e.htm; Informations CD des BMVg "Auftrag: Frieden", in den Folien 1-6 zum Grundwehrdienst in anderen Ländern

9.4 Die Bundeswehr als Wirtschaftsfaktor

Der Unterhalt der Bundeswehr kostet Geld, viel Geld. Das muß von den Steuerzahlern aufgebracht werden. Schon solange es Staaten oder staatsähnliche Organisationen gibt, die Streitkräfte zum Schutz der Gesellschaft und ihrer Ordnung unterhalten, hört man auch deren Bevölkerung klagen, die Kosten für das Militär drückten enorm und sollten gesenkt werden. Auf der anderen Seite läßt sich schwerlich übersehen, daß eine Reihe Wirtschaftszweige von den Streitkräften durchaus profitieren. Das ist nicht nur die ,Rüstungsindustrie' im engeren oder weiteren Sinne, sondern es sind z. B. auch mittlere und kleinere Unternehmen und Handwerksbetriebe in einer Garnison. Die Streitkräfte benötigen für ihren täglichen Betrieb ja nicht nur Waffen und andere Militaria, sondern auch viele andere Güter, die auch im Zivilbereich Verwendung finden, Lastwagen z. B. oder Erdbeermarmelade.

Rüstungsindustrie im engeren Wortsinne ist vor allem auf vier Investitions-güter-Branchen konzentriert:

- Luft- und Raumfahrt,
- Maschinenbau,
- Elektronik, Feinmechanik, Optik,
- Fahrzeug- und Schiffbau.

Der Anteil der Rüstungsaufträge an allen der in diesen Branchen verbuchten Aufträge ist nur in der Luftfahrtindustrie (ca. 50 %) und beim Schiffbau (ca. 20 %) beachtlich hoch. Ansonsten liegt er zwischen 1 % und 3 %.

Übersicht 5: *Die deutsche Rüstungsindustrie im Bereich Werften/Marinetechnik*

Mutterkonzern/ Holding	angegliederte Unternehmen	Geschäftsbereiche
Preussag	Howaldswerke-Deutsche-Werft AG	U212 Unterseeboote
Thyssen Werften GmbH	Blohm und Voss, Thyssen Nordseewerke	Fregatten, Korvetten u.a. Überwasserschiffe
Rheinmetall	STN Atlas Elektronik	Feuerleitsysteme, Minenjagdtechnik, Sonar, Steuerungselektronik für Torpedos

Quelle: Maillet, Fernand "Shipbuilding in Europe and throughout the world", in EDA Letter Juni 1999, S.16,17.

Während der neunziger Jahre hat sich die rüstungsindustrielle Firmen-Landschaft in Deutschland und Europa erheblich verändert. *Rüstungskonzerne,* also Firmen, die ausschließlich oder beinahe ausschließlich Rüstungsgüter produzieren, hat es in der Bundesrepublik Deutschland auch vorher nur wenige gegeben. Das unterschied die Struktur der westdeutschen Rüstungsindustrie von der mancher anderer Länder, z. B. Frankreichs oder der UdSSR. Durch Zusammenlegungen und Firmenübernahmen im nationalen und im europäischen Bereich hat sich die Zahl der Rüstungsunternehmen in Deutschland weiter reduziert. Die Übersichten 5 und 6 nehmen deshalb vergleichsweise wenig Raum ein.

Übersicht 6: *Die deutschen Rüstungsunternehmen im Bereich Panzerbau*

Mutterkonzern/ Holding	angegliederte Unternehmen	Geschäftsbereiche
DASA	MTU	Dieselmotoren
Rheinmetall DeTec	Rheinmetall Waffen u. Munition , Mauser Werke Oberndorf, MaK System, STN Atlas Elektronik (51%), Oerlikon-Contraves.	Panzewannen und Türme, Geschütze, Munition, Simulatoren, Optronik, kooperiert mit allen anderen panzerbauenden Unternehmen in Deutschland, u.a. Leopard 2 und GTK.

Mannesmann	Krauss Maffei/Wegmann	Panzerwannen und Türme, vertreten in Leopard 2, Panzerhaubitze 2000 und GTK.
Industriewerke Karlsruhe	KUKA/Henschel	Panzerwannen und Türme
MAN	Renk, MAN Nutzfahrzeuge	Panzergetriebe, LKW

Quellen: *Griephan Brief v. 18.5.98, S.4; Griephan Brief v. 22.5.99, S.4; Griephan Brief v. 27.9.99, S.1*

Auch wenn man gegenüber den Aussagen in der folgenden Tabelle 8 besonders vorsichtig sein sollte, denn sie beruhen zu weiten Teilen auf Schätzwerten, so ist doch aufschlußreich zu sehen, wie dramatisch die Zahlen der in der Rüstungsindustrie Beschäftigten in der Welt und besonders in Europa in den letzten 15 Jahren zurückgegangen sind. Die Ausnahme bilden einige Länder Asiens.

Tabelle 8: *Streitkräfte und Beschäftigung in der Rüstungsindustrie (Zahlen in 1000)*

Staaten	Rüstungs-beschäftigung 1986 od. näch-stes verfügba-res Jahr	Rüstungs-beschäftigung 1996	Streitkräfte 1986	Streitkräfte 1996
Russland	3.000 (1992)	1.200	2.602 (1992)	1.430
Ukraine	1.200 (1992)	500	600 (1992)	400
Vereinigte Staaten	3.300	2.100	2.266	1.585
China	4.000	3.200	4.109	2.935
Polen	250	80	443	249
Deutschland	280	110	495 (BRD)	337
Großbritannien	460	310	331	227
Weißrussland	150 (1992)	100	153 (1992)	90
Frankreich	340	230	556	501
Kasachstan	70 (1992)	30	44 (1992)	40
Irak	100	20	800	383
Rumänien	90	30	238	229
Iran	100	40	343	513
Südafrika	126	70	89	107
Estland	70 (1992)	40	3	5
Spanien	80	30	314	203
Ägypten	100	50	401	432
Israel	90	45	180	175
Tschechien	30 (1993)	20	100 (1993)	70
Slowakei	75 (1993)	50	44 (1993)	43
Argentinien	50	10	103	72
Brasilien	60	20	528	295
Italien	80	40	530	431
Bulgarien	30	5	190	80

Ungarn	30	5	115	64
Belgien	35	10	107	45
Schweiz	30	15	21	22
Kanada	50	30	85	65
Japan	120	100	245	236
Taiwan	50	35	424	376
Indien	240	250	1.259	1.145
Türkei	20	30	859	803
Südkorea	40	60	607	660
Nordkorea	90	120	843	1.054

Quelle: "Conversion Survey 1998" des Bonn International Center for Conversion, S. 153, 300ff.

Rüstungsreduzierung und Truppenabbau haben neben sicherheitspolitischen auch ökonomische Folgen. Diese werden unterschiedlich bewertet, je nachdem, ob man Betriebsrat einer Bremer Werft ist oder ein friedenspolitisch engagierter Lehrer im Beamtenverhältnis, Bürgermeister in einer Garnisonsstadt wie Munsterlager oder Mitglied der Vereinigung ‚Mediziner für den Frieden'. Alle diese Perspektiven haben ihre Berechtigung.

Zum Abschluß dieses Unterkapitels sollen zwei Passagen einander gegenübergestellt werden, in denen versucht wird zu begründen, warum es in Deutschland überhaupt rüstungsindustrielle Kapazitäten geben sollte. Sie fassen in der Tat die wichtigsten der in der politischen Auseinandersetzung immer wieder angeführten Argumente übersichtlich zusammen.

Warum brauchen wir eine nationale Rüstungsindustrie?
Deutschland bleibt auf eine moderne, wettbewerbsfähige und leistungsfähige wehrtechnische Industrie als Teil der Sicherheitsvorsorge angewiesen. Eine nationale Rüstungsbasis ist sicherheitspolitisch begründet. Sie verhindert ungewünschte Abhängigkeiten auf dem Rüstungssektor und ist eine zwingende Voraussetzung zur Rüstungskooperation. Ferner ist sie ein wesentliches Element der Bündnisfähigkeit Deutschlands. Die deutsche Wehrtechnik trägt somit zur Konkurrenzfähigkeit der heimischen Industrie bei, soweit sich Rüstung und zivile Technologie innovativ beeinflussen.
Quelle: Weißbuch 1994 zur Sicherheit der Bundesrepublik Deutschland und zur Lage und Zukunft der Bundeswehr. Bonn 1994. S. 108)

Die deutsche wehrtechnische Industrie hat nach einem schwierigen Anpassungsprozeß nur noch knapp 100.000 Beschäftigte. Dennoch ist es ihr im wesentlichen gelungen, ihre hohe Leistungsfähigkeit zu erhalten. Der weitere Erhalt industrieller wehrtechnischer Fähigkeiten im nationalen Bereich ist vorrangig eine Aufgabe der Unternehmensleitungen.
Rüstungswirtschaftliches Ziel ist es längerfristig, der deutschen Industrie Chancengleichheit im Prozeß der europäischen Konsolidierung zu sichern. Das erfordert

den Abbau von Wettbewerbsverzerrungen zwischen staatlich und privatwirtschaftlich geführten Industrieunternehmen, die Harmonisierung der Exportpolitik in Europa, aber auch die Öffnung des Kartellrechts für nationale und grenzüberschreitende Zusammenschlüsse.

Aufgabe des Rüstungsbereichs (*der Bundeswehr*) ist die Begleitung des laufenden Prozesses, um in Deutschland bestimmte wehrtechnische Fähigkeiten in der Forschung, Entwicklung und Fertigung von Wehrmaterial in angemessenem Umfang auf Dauer zu sichern.

Quelle: Bundesministerium der Verteidigung: Bestandsaufnahme. Die Bundeswehr an der Schwelle zum 21. Jahrhundert. Bonn 1999. S. 112-113.

9.5 Rüstungsindustrie und Rüstungsexport

Gewicht und Profil des rüstungsindustriellen Sektors in einer Volkswirtschaft lassen sich nicht immer leicht bestimmen. Manche Länder, z. B. die UdSSR und ihre Verbündeten während des Ost-West-Konflikts, haben nur vage und manipulierte Informationen darüber zugelassen. Auch in transparenteren Gesellschaften sind die veröffentlichten Zahlen oft frisiert. Das ist das eine Problem.

Das andere ist grundsätzlicher Art: Was ist eigentlich ein Rüstungsgut? In vielen Fällen ist es unmöglich, zwischen einem Rüstungsgut und einem zivilen Gut zu unterscheiden, weil es sowohl hier wie dort gebraucht werden kann. Das fängt mit dem vielgetragenen Bundeswehr-Parka an. Ein Unimog kann verwendet werden, um Arbeiter in eine Fabrik zu transportieren. Oder Soldaten zur Einschüchterung der vor ihrer Fabrik streikenden Arbeiter. Ein Satellit kann ein Telefonleitpunkt für transkontinentale Kommunikation sein oder Träger eines militärischen Aufklärungssystems.

Während des Ost-West-Konflikts waren die UdSSR und die USA mit Abstand die größten Rüstungsproduzenten und -exporteure. Sie pumpten enorme Summen in ihre eigenen Rüstungsindustrie, um in dem Rüstungswettlauf nicht das Nachsehen zu haben. Tatsächlich lagen die USA in diesem Wettlauf fast immer mit Längen vorn. Beide Länder nutzten ihr rüstungstechnologisches *know how* aber auch, um Rüstungsgüter zu exportieren. Die Spitzenprodukte blieben zunächst im eigenen Land; die Spitzenprodukte von gestern wurden an Mitglieder des eigenen Bündnisses verkauft oder abgegeben. Auslaufmodelle wurden an die der eigenen Seite nahestehende Regierungen in Ländern der Dritten Welt verkauft oder verschenkt. Auslandshilfe im Ost-West-Konflikt war gar nicht selten Militärhilfe.[5]

Mit dem Ende des Ost-West-Konflikts begann ein Schrumpfungsprozeß der Rüstungsproduktion in vielen Ländern. Rüstungsbetriebe wurden stillgelegt oder

---

[5] Dies ist eine schematische Darstellung und müßte in jedem Einzelfall präzisiert werden. Die Gemengelage von politischen (staatlichen) und wirtschaftlichen (staatlichen und nicht-staatlichen) Interessen ist auf diesem Feld besonders unübersichtlich.

orientierten sich auf die Produktion von zivilen Gütern um. Diesen Vorgang nennt man *Rüstungskonversion*. Der internationale Rüstungshandel (teils staatlich kontrolliert, teils solche Kontrollen erfolgreich umgehend) hat durch den Zusammenbruch der UdSSR und die verschiedenen kriegerischen Konflikte sowie den Aufrüstungsprozeß in Teilen Asiens durchaus floriert.

Tabelle 9: *Entwicklung des Weltwaffenhandels (Nach Preisen von 1990 in Mio. US$)*

	1994	1995	1996	1997	1998
Exporte weltweit	20.073	20.861	21.984	27.416	21.944
in die 3. Welt	11.969	14.457	16.008	20.130	14.164
in Industrieländer	8.066	6.397	5.976	7.287	7.777
aus den USA	9.844	9.580	9.712	12.404	12.342
aus Rußland	1.155	3.271	3.602	2.956	1.276
aus Frankreich	756	806	1.924	3.284	3.815
aus Großbritannien	1.494	1.708	1.800	3.238	673
aus Deutschland	2.637	1.425	1.399	686	1.064
aus der VR China	731	849	751	338	157

Quelle: SIPRI Arms Transfers Project, updated 18/20. June 1999, "The volume of transfers of major conventional Weapons, 1989-98", "The 31 leading suppliers of major conventional weapons 1994-98", in www.sipri.se/projects/armstrade/ imp_regional_88-97.html; www.sipri.se/projects/armstrade/atsup93_97.html

Die Bundesrepublik Deutschland zählt in den einschlägigen Statistiken (vom Stockholm International Peace Research Institute SIPRI oder von der amerikanischen Arms Control and Disarmament Agency ACDA) seit den siebziger Jahren zur Gruppe der Länder, deren Rüstungsexporte zwar nicht so umfangreich sind wie die der beiden ‚Spitzenreiter' UdSSR und USA, die aber doch beträchtliche Mengen exportieren. Innerhalb dieser Gruppe liegen Frankreich und Großbritannien in Europa allerdings noch weit vor der Bundesrepublik. Mit der Umsetzung des Maastrichter Vertrags ist seit 1993 die rechtliche Kompetenz für die Kontrolle der Ausfuhr von *dual-use*-Gütern auf die Europäische Union übergegangen, also für jene Güter, diesowohl militärisch als auch zivil zu verwenden sind. Weil diese Ausfuhrkontrolle nicht besonders gut funktioniert hat, denn *de facto* wurde sie nach wie vor national ausgeübt, hat die Europäische Union hat 1998 für ihre Mitglieder einen Verhaltenskodex für die Waffenausfuhr verabschiedet, mit dessen Hilfe Rüstungsexporte erstens transparenter gemacht und zweitens in mittlerer Perspektive reduziert werden sollen. Im ersten Jahresbericht finden sich für einige EU-Länder Exportzahlen, die von denen in Tabelle 8 abweichen. So habe Frankreich im Jahr 1998 Waffen im Wert von knapp 6,3 Mrd. Euro, Deutschland von 2,8 Mrd. Euro und Italien von 0,95 Mrd. Euro exportiert (Großbritannien hat Angaben verweigert).[6]

---

[6] Frankfurter Allgemeine Zeitung v. 3. Januar 2000.

Übersicht 7: *Genehmigungsweg für kommerzielle Rüstungsexporte*

```
┌─────────────────────────────────────────────────────────────────────────┐
│                                                                           │
│  ┌──────────────┐        ┌────────────────────┐                           │
│  │ Rüstungsfirma│ ─────▶ │ Genehmigungsantrag │                           │
│  └──────────────┘        └────────────────────┘                           │
│                                    │                                      │
│                                    ▼                                      │
│                   ┌────────────────────────────┐                          │
│                   │ Bundesausfuhramt / Eschborn│                          │
│                   └────────────────────────────┘                          │
│                   ┌──────────────┐  ┌────────────────────────────┐        │
│                   │ Kriegswaffen-│  │ Bei sonstigen Rüstungsgütern,│      │
│                   │ anträge stets│  │ Prüfung, ob Routinefall. Falls│     │
│                   │ weitergeleitet│ │ nicht, Weiterleiten des Antrags│    │
│                   └──────────────┘  └────────────────────────────┘        │
│                          │                  │                             │
│                          ▼                  ▼                             │
│         ┌──────────────────────────────┐  ┌──────────────────────────┐    │
│         │ Bundesministerium der Wirtschaft│▶│ Kommentare aus wirtschafts-│  │
│         └──────────────────────────────┘  │ politischer Sicht         │    │
│                          │                 └──────────────────────────┘    │
│                          ▼                                                 │
│         ┌──────────────────────────────┐  ┌──────────────────────────┐    │
│         │ Bundesministerium der Verteidigung│▶│ Kommentare aus außen- und│  │
│         │ / Auswärtiges Amt            │  │ militärpolitischer Sicht  │    │
│         └──────────────────────────────┘  └──────────────────────────┘    │
│                          │                                                 │
│                          ▼                                                 │
│         ┌──────────────────────────────┐  ┌──────────────┐                │
│         │ Bundessicherheitsrat (ständige Mitglieder:│▶│ Zustimmung│        │
│         │ Außen-, Innen-, Finanz-, Wirtschafts- und │ └──────────────┘     │
│         │ Verteidigungsminister, sowie Bundeskanzler│                      │
│         │ als Vorsitzender)            │                                   │
│         └──────────────────────────────┘                                  │
│                          │                                                 │
│                          ▼                                                 │
│         ┌──────────────────────────────┐  ┌──────────────────────────┐    │
│         │ Bundesministerium der Wirtschaft│▶│ Anweisung Genehmigung    │    │
│         └──────────────────────────────┘  │ zu erteilen               │    │
│                          │                 └──────────────────────────┘    │
│                          ▼                                                 │
│         ┌──────────────────────────────┐  ┌──────────────────────────┐    │
│         │ Bundesausfuhramt / Eschborn  │▶│ erteilt Genehmigung       │    │
│         └──────────────────────────────┘  └──────────────────────────┘    │
│                                                     │                      │
│                                                     ▼                      │
│                                          ┌──────────────┐                  │
│                                          │ Rüstungsfirma│                  │
│                                          └──────────────┘                  │
└─────────────────────────────────────────────────────────────────────────┘
```

Quellen: Wochenschau II, Nov./Dez. 1994; Griephan Brief v. 14.4.1998, S.3

Zwar stimmt es, daß Deutschland im großen und ganzen eine vergleichsweise re-
striktive Rüstungsexportpolitik betreibt, was nicht zuletzt am *Kriegswaffenkontroll-
gesetz* von 1961 (einem Ausführungsgesetz zu Artikel 26, Absatz 2 GG), an den für
diesen Bereich relevanten Ausführungen im *Außenwirtschaftsgesetz* und an den
Politischen Grundsätzen der Bundesregierung für den Export von Kriegswaffen

und sonstigen Rüstungsgütern liegt. Die zuletzt genannten Grundsätze wurden erstmals 1971 erlassen und sind seither mehrfach modifiziert worden. Auch die seit 1998 regierende sozialdemokratisch/grüne Koalition strebt eine Änderung an; Rüstungsexporte sollen enger an bestimmte politische Vorgaben gebunden werden.

Indes nützen solche formalen Hürden und ein umständliches Verfahren für die Genehmigung für kommerzielle Rüstungsexporte (siehe Übersicht 6) nur bedingt. Sie lassen sich mit legalen oder illegalen Mitteln umgehen. Und nicht immer fliegen solche Geschäfte auf wie seinerzeit die, welche deutsche Rüstungshersteller mit Lybien (Aufbau einer Giftgasfabrik) und dem Irak angebahnt hatten.

Außerdem hat die Bundesregierung selbst, wenn es ihr aus politischen Gründen opportun erschien, solche Hürden manchmal beiseite geräumt. 1999/2000 sah auch den Streit in der Regierungskoalition über die Lieferung deutscher Panzer in die Türkei. Insbesondere die Partei der GRÜNEN hat sich mit großem Nachdruck dagegen ausgesprochen, mit der Begründung, daß diese Waffen zur internen Repression und zur Verletzung der Menschenrechte in der Türkei benutzt würden. Bei der Niederschrift dieser Zeilen ist die letzte Entscheidung noch nicht gefallen.

Ein nicht so bekannt gewordenes Beispiel für Großzügigkeit beim Rüstungsexport war die Lieferung von überzähligen Waffen und Geräten der Nationalen Volksarmee in der ersten Hälfte der neunziger Jahre.

9.6 Westeuropäische Rüstungskooperation

Gleichermaßen aus politischen, militärischen und wirtschaftlichen Gründen gibt es ein stark ausgeprägtes Interesse der NATO-Streitkräfte an der Standardisierung von Waffen und Ausrüstung. Streitkräfte unterschiedlicher Nationen, wenn sie zusammen einen militärischen Auftrag zu erfüllen haben, haben eine Menge Kommunikations-Probleme. Da liegt es ja auf der Hand zu versuchen, sie wenigstens auf diesem wichtigen Gebiet gering zu halten. Außerdem können von gemeinsam entwickelten Rüstungsgütern größere Mengen hergestellt und verkauft werden, und die Kosten für Forschung und Entwicklung verteilen sich auf viele Schultern.

In jüngster Zeit ist aber vor allem auch der politische Aspekt von Rüstungskooperation für die (meisten) Länder Europas, die in der Europäischen Union zusammengefaßt sind, in den Vordergrund getreten. Das Stichwort heißt hier *europäische Verteidigungsidentität*. In den Verträgen von Maastricht (in Kraft getreten am 1. November 1993) und Amsterdam (in Kraft getreten am 1. Mai 1999) über die Europäische Union wurden die Grundzüge einer Gemeinsamen Außen- und Sicherheitspolitik (GASP) der EU festgelegt und ferner, daß die Westeuropäische Union (WEU) zum *integralen Bestandteil der Entwicklung der Union* wird. Das hat in erster Linie sicherheitspolitische und militärstrategische

Konsequenzen, wie man an der Absicht der Regierungen der EU ablesen kann, eine *Schnelle Eingreiftruppe* der EU aufzustellen. Nach gegenwärtigen Überlegungen soll diese im Jahr 2003 aufgestellt sein.

Übersicht 8: *Die europäischen Rüstungsunternehmen im Bereich Luftfahrt-/ Flugkörpertechnik* (Fettdruck für gemeinsame Unternehmungen von EADS und BAe)

Mutterkonzern/ Holding	angegliederte Unternehmen	Geschäftsbereiche
EADS (European Aeronautic, Defence and Space Company) Deutschland/Frankreich	DASA, Aerospatiale Matra, CASA, Eurocopter, **DASA-LFK**, MTU München, Dornier, **Euromissile Dynamics Group International (66,6%)**	Kampfflugzeuge, Transportflugzeuge, Helikopter, Lenkflugkörper, Triebwerkstechnik, Raumfahrttechnik, **führende Rolle im Airbuskonsortium,** NH-Industries für Helikopter mit Agusta und Fokker.
BAe SYSTEMS Großbritannien	**Matra BAe Dynamics (50%),** Royal Ordonance, STN Atlas Elektronik (zu 49%), UKAMS, Alenia Marconi Systems **(50%), Matra Marconi Space (50%),** Thomson Marconi Sonar (49%), Saab AB (35%), Euromissile Dynamics Group **International (33%), DASA-LFK (30%)**	Kampfflugzeuge, Helikopter, Lenkflugkörper, Radar, Simulatoren, Feuerleitelektronik, Optronik, Raumfahrttechnik, Lenkflugkörper, Sonar, Heereswaffensysteme, **Beteiligung am Airbuskonsortium.**
GKN Großbritannien	Westland Helicopters	Helikopter (In Joint Venture mit Agusta)
Agusta Italien		Helikopter (in Joint Venture mit Westland Helicopters)
Dassault Aviation Frankreich		Flugzeugbau

Quellen: *www.bae.co.uk; www.daimlerchrysler.de; Griephan Brief v. 5.7.99, S.4; Griephan Brief v. 14.4.98, S.2.*

Es hat aber auch rüstungspolitische und -industrielle Konsequenzen, denn über die Steuerungsmöglichkeiten der WEU soll die westeuropäische Rüstungskooperation verstärkt werden.

Die Übersicht 8 zeigt, wie weit die Rüstungsproduktion in Europa auf dem Gebiet der Luftfahrt- und Flugkörpertechnik bereits internationalisiert worden ist.

Aufschlußreich ist auch eine Übersicht mit Rüstungsprojekten, an denen die Bundesrepublik gemeinsam mit europäischen Partnerländern beteiligt ist.

Übersicht 9: *Partnerländer der Bundesrepublik Deutschland bei Rüstungskooperationen*

Vorhaben	Partnerländer
GTK (gepanzertes Transportfahrzeug)	Großbritannien
Tiger Kampfhubschrauber	Frankreich
NH-90 Transporthubschrauber	Frankreich, Italien, Niederlande
Trigat / PARS 3 Lenkflugkörper	Frankreich
Leopard 2	Niederlande, Schweiz
Jäger 90	Großbritannien, Italien, Spanien
F 124 Fregatten	Niederlande
U 212 U-Boote	Norwegen
Tornado Jagdbomber	Großbritannien, Italien

Quellen: *Griephan Brief v. 25.10.1999, S.1; Griephan Special v. April 1998, S.4,5;*
Griephan Brief v. 14.4.1998, S.2; Maillet, Fernand "Shipbuilding in Europe
and through-out the world", in EDA Letter , June 1999, S.16,17

Das sogenannte *Star Wars*-Programm der USA in den frühen achtziger Jahren, sein offizieller Name war *Stategic Defense Initiative* (SDI), über das seinerzeit eine transatlantische Kontroverse entstand, zeigt mit aller Deutlichkeit, daß spitzentechnologische Rüstungsforschung auch (manche sagen sogar: vor allem) einen technologiepolitischen Aspekt besitzt. Es geht nicht (nur) um Rüstungsgüter, sondern (auch) um den Ausbau und die Erhaltung oder eben die Verringerung eines Vorsprungs bei der Entwicklung modernster Spitzentechnologien. Der damalige Vorstandsvorsitzende der Daimler-Benz AG formulierte auf der Münchner Konferenz für Sicherheitspolitik 1995 aus seiner Sicht die Horizonte einer Industrie, die auch aus Wettbewerbsgründen an ‚reiner‘ Rüstungsproduktion nur wenig, an der *dual-use*-Perspektive von Forschung und Entwicklung jedoch stark interessiert ist.

Wirtschaftspolitik als Sicherheitspolitik oder Sicherheitspolitik als Wirtschaftspolitik

Wer Krisen vermeiden, Entwicklungen ermöglichen, Arbeitslosigkeit bekämpfen, Migration begrenzen will, muß Wirtschaftspolitik als Sicherheitspolitik nach innen und außen begreifen. In den strategischen Abteilungen der Industrie wurden Szenarien einer ‚conflict prevention initiative‘ zur Definition dieser neuen Sicherheitspolitik erarbeitet.

Die Industrie kann für eine solche sicherheitspolitisch begründete ökonomische Offensive konkrete Angebote machen, z. B.:

-    Bau und Finanzierung von Infrastrukturprojekten wie zum Beispiel Flughäfen oder Hochgeschwindigkeitszugverbindungen in den sich entwickelnden Regionen Asiens;

- satellitengestützte Frühwarnsysteme zur Erkennung von Umweltveränderungen und zur Konfliktvorhersage inklusive einer strategischen Aufklärung;
- Projekte zur dezentralen, umweltgerechten Energieerzeugung in Regionen ohne entsprechende Infrastruktur sowie
- Kommunikationsdienste in Osteuropa unter Nutzung von Technologien der GUS-Staaten;
- Kommunikationsnetze und -dienste für die Wissensvermittlung und Ausbildung sowie für die Gesundheitsvorsorge im Sinne eines ‚virtuellen Krankenhauses‘ in nicht-entwickelten Regionen;
- Anlagen und Technologien zur Entsorgung wie zum Beispiel Demining Konzepte zur Wiederaufbereitung für Wüstenregionen;
- Entwickeln von örtlichen logistischen Ketten für die Versorgung mit industriellen und landwirtschaftlichen Gütern in bisher planwirtschaftlich geführten Regionen;
- Bau von Anlagen und Erzeugung hochwertiger Kraftstoffe und Refinanzierung durch den Verkauf zum Aufbau marktwirtschaftlicher Systeme, aber auch länderübergreifende Verkehrs- und Transportsysteme für den Güter- und Personenverkehr.

Quelle: Jürgen Schrempp: Industrielle und technische Voraussetzungen einer gemeinsamen Außen- und Sicherheitspolitik. In: Europäische Sicherheit, 44. Jg. 1995, H. 4, S. 18.

Das klingt fast schon wie ein Hochtechnologie-Konversions-Programm.

9.7 Rüstungskonversion

Man kann die Faustregel aufstellen, daß in Gesellschaften, die über längere Zeit hin in einen Krieg verwickelt waren und einen relativ großen Anteil ihrer Ressourcen für diesen Zweck benutzen mußten, nach dem Ende eines solchen Krieges Rüstungskonversion, die Umstellung der Wirtschaft von einer Kriegs- zur Friedenswirtschaft und die Umstellung von Kriegs- und Rüstungsproduktion auf Friedensproduktion, zu einem wichtigen Thema wird. Das war so nach dem Ende des Zweiten Weltkriegs in den USA. In Deutschland brauchte man sich um diesen Aspekt damals nicht so sehr zu kümmern, weil das die Siegermächte übernahmen – Demontage der Rüstungsbetriebe als sozusagen radikalste Art der Rüstungskonversion.

Nach dem Ende des Ost-West-Konflikts, der kein Krieg war (allenfalls in einer bestimmten Phase ein ‚kalter‘ Krieg), aber hohe Rüstungsaufwendungen der beteiligten Länder erforderte, stellte sich die Frage der Rüstungskonversion mit erneuter Aktualität. Inzwischen kann man, gerade auch in Deutschland, schon Zwischenbilanzen ziehen.

Konversion nach dem Abzug der US-Truppen
Rheinland-Pfalz, früher größter ‚Flugzeugträger' der NATO', hat in Sachen Strukturwandel die schlimmsten Klippen umschifft. Waren nach dem Abzug von 67 200 Alliierten über 132 000 Arbeitsplätze und eine Kaufkraft von 3,3 Mrd. DM verloren gegangen, so werden inzwischen über zwei Drittel der seit 1990 freigewordenen 500 militärischen Liegenschaften neu genutzt. Am deutlichsten sind die Erfolge rheinland-pfälzischer Konversionspolitik an den neuen Flugplätzen zu belegen. So hat sich Flugplatz Hahn im Hunsrück nach Frankfurt, Köln und München mit 840 neuen Arbeitsplätzen zum viertgrößten deutschen Frachtflughafen entwickelt.
Quelle: Das Parlament v. 8. Oktober 1999

In einem umfasserenen Sinne bezieht sich Rüstungskonversion nicht nur auf Betriebe, die Rüstungsgüter produzieren, sondern auch auf Laboratorien und Planungsbüros, in denen neue Waffensysteme und ihre Komponenten erforscht und entwickelt werden. Wenn hier andere Projekte aufliegen, beispielsweise solche, wie sie Jürgen Schrempp aufgezählt hat, dann geht es nicht nur um Arbeitsplätze, sondern auch um Wissens-Prioritäten. Während des Ost-West-Konflikts war ein hoher Anteil (natur-)wissenschaftlicher Forschung auf militärische Ziele gerichtet, und es lohnt schon zu überlegen, ob bei einer Neu-Ausrichtung dieses kreativen Potentials auf andere Probleme von Mensch und Natur nicht ein merkbarer Schub in Richtung auf deren Milderung oder gar Lösung entstehen könnte.

10. Kriegsabschreckende Streitkräfte

Am Ende eines Krieges, wie schrecklich er auch gewesen sein mag, drängen sich doch optimistische Zukunftsvorstellungen in den Vordergrund. Dazu gehört ganz gewiß auch der Gedanke, man müsse Gesellschaft, Staat und internationales System so organisieren, daß es *nie wieder* zu einem Krieg kommt. So war es auch 1945, als der von Deutschland 1939 entfesselte und 1941 globale Dimensionen annehmende *totale Krieg* mit der Niederlage der Achsenmächte beendet war.

In der Nachkriegsordnung würden, aus der Perspektive von 1945 betrachtet, die entscheidenden *Feindstaaten*[1] Deutschland und Japan keine militärisch gestützte Politik treiben dürfen. Als der Ost-West-Konflikt in die Phase des Kalten Kriegs überging, änderte sich das Bild. Im geteilten Deutschland wurden mit der Bundeswehr im Westen und der Nationalen Volksarmee im Osten gleich zwei Militär-Organisationen gegründet, beide allerdings derart fest in die jeweiligen Bündnisse integriert, daß eine ganz und gar eigenständige (souveräne) militärisch gestützte deutsche Politik ausgeschlossen blieb. Das haben die Deutschen auch akzeptiert, als sinnvoll und zukunftsweisend empfunden. In Japan wurden die Streitkräfte nach dem Krieg formal abgeschafft; an ihre Stelle traten Selbstverteidigungskräfte, unter starker amerikanischer Kontrolle. Der Name steht für ein politisches Programm.

Der Hinweis auf Japan, dessen Nachkriegsschicksal mit dem Deutschlands viele Parallelen aufweist (aber es gibt auch zahlreiche gewichtige Unterschiede), erfolgt hier nicht nur, weil auch dieses Land ein *Feindstaat* im Sinne der UNO-Charta war. Das Ende des Zweiten Weltkriegs auf dem asiatischen Kriegsschauplatz ist untrennbar mit dem Einsatz der in den USA entwickelten Atombomben in Japan über Hiroshima und Nagasaki (6. und 8. August 1945) verbunden. Damit begann, was viele Autoren das *Atomzeitalter* nennen. Dieser Begriff ist sozusagen hoch aufgehängt und soll die Dramatik dieser Erfindung akzentuieren: Nach Stein-, Bronze- und Eisenzeitalter seien die Menschen, dieses Mal sogar ausnahmslos alle Menschen auf der Erde gleichzeitig, in ein neues Zeitalter eingetreten, das ihr Verhältnis zur Natur, zur Gattung, zum Leben auf der Erde und damit auch zum Tod in wesentlichen Punkten umdefiniert.

---

[1] In der am 24. Oktober 1945 in Kraft getretenen Charta der Vereinten Nationen wird „jeder Staat, der während des zweiten Weltkriegs Feind eines Unterzeichners dieser Charta war" als *Feindstaat* bezeichnet (Art. 52, Abs. 2). Diesen gegenüber erschien der Koalition der Siegermächte ein besonderes Maß an Wachsamkeit am Platze.

Ein Exkurs in die philosophische und theologische Debatte über die Atombomben (oder, wie sie hier fortan genannt werden: Nuklearwaffen) muß an dieser Stelle ebenso unterbleiben wie die Nachzeichnung der Entwicklung von nuklearer Rüstungstechnologie und militärischer Nuklearstrategie seit 1945.[2] Als die Nuklearwaffen während des Zweiten Weltkriegs in den USA in einem enormen wissenschaftlichen und organisatorischen Kraftakt konstruiert wurden, legitimierte man diese Anstrengung damit, daß nunmehr die *absolute Waffe*, das Hilfsmittel zur Beendigung des Krieges schlechthin entstehen werde. So sah es jedenfalls einer der bekanntesten Pazifisten, Albert Einstein, und so ähnlichormulierte es auch einer der renommiertesten Militärfachleute der Zeit, Bernard Brodie, als er 1945 schrieb, bis jetzt sei es immer die Aufgabe von Streitkräften gewesen, Kriege zu gewinnen, aber von nun an würde es ihr Hauptzweck sein, Kriege zu verhindern.[3] Brodie begründete diese Aussage mit der Zerstörungsmacht der Nuklearwaffen, die in den folgenden Jahrzehnten exponentiell anwuchs.

Nach Hiroshima und Nagasaki sind Nuklearwaffen in keinem Krieg eingesetzt worden. Bislang. Dennoch hat ist auch die zweite Häfte des 20. Jahrhunderts von Kriegen geprägt worden, in denen aber mit anderen als ABC-Waffen gekämpft wurde. Es hat außerdem, vor allem in den fünfziger und sechziger Jahren, eine große Zahl von nuklearen Test-Explosionen gegeben. Was verhindert wurde, ist der *große Nuklearkrieg*, also der zwischen den antagonistischen Führungsmächten des Ost-West-Konflikts. War dies das Resultat kluger Sicherheitspolitik? Oder Zufall? Oder sogar nur unwahrscheinliches Glück?

10.1 Politische und militärische Aspekte nuklearer Sicherheitspolitik

Sicherheit ist nach der Unsterblichkeit das, was den Menschen am meisten fehlt. Vielleicht fehlt sie ihnen sogar mehr als diese, weil ein ewiges Leben im Grunde genauso unvorstellbar ist wie ein Leben nach dem Tode. Unsterblichkeit bleibt ein zwar mächtiges, aber doch abstraktes Bedürfnis.

Sicherheit hingegen, ein synthetischer Begriff mit den Elementen Gewißheit in Bezug auf die Zukunft, Geborgenheit in Bezug auf Unbilden der Natur sowie feindliche Attacken und schließlich Stabilität der Lebensverhältnisse, Sicherheit

---

[2] Eine hervorragende Studie zur Entwicklung der Nuklearstrategie ist: Lawrence Freedman: The Evolution of Nuclear Strategy. New York (St. Martin's Press) 1993, 2nd edition. Als Einführung in den allgemeinen Atomdiskurs gut geeignet sind: Michael Salewski (Hg.): Das Zeitalter der Bombe. Die Geschichte der atomaren Bedrohung von Hiroshima bis heute. München (Beck) 1995. Ferner: Michael Salewski (Hg.): Das nukleare Jahrhundert. Eine Zwischenbilanz. Stuttgart (Franz Steiner Verlag) 1998.
[3] Bernard Brodie: War and Politics. New York (Macmillan) 1973, S. 377.

in diesem umfassenden Sinne benötigen wir konkret und bekommen doch nie genügend davon.

Es ist eine der Funktionen von Politik, Sicherheit zu schaffen oder wenigstens einen Teil der Unsicherheit abzubauen. Den modernen Staat kann man auch als eine Art *Versicherheitsanstalt* vorstellen, der dem Schutz der in ihm lebenden Menschen dient. Schutz vor der Willkür anderer Menschen, vor physischer Gewalt, vor den gröbsten Auswirkungen des Elends usw. Gar nicht so selten steigen die Erwartungen an den Staat und an seine Sicherheit schaffenden Leistungen rascher und höher als seine Leistungsfähigkeit.

Für die Sicherheit im Verhältnis der Staaten untereinander sind die Diplomatie und ihr breites Arsenal von Instrumenten da, aber auch die Streitkräfte. Auch in der modernen Staatenwelt stellen die Streitkräfte ein besonders kostspieliges Instrument *nationaler Sicherheitspolitik* dar. Diese umfaßt mehr als nur die militärische Komponente. Jedoch steht diese zumeist im Vordergrund der Betrachtung, wenn von der Sicherheitspolitik eines Staates die Rede ist.

Militärische Sicherheit (erweitert)
In der Praxis der internationalen Politik spielt der Begriff der Sicherheit...eine größere Rolle als der des Friedens. In seiner allgemeinen Form bezeichnet der Begriff Sicherheit die Erwartung, daß die Struktur, Person oder Sache, die gesichert werden soll, auch in Zukunft erhalten bleibt. Wenn von Sicherheitspolitik oder „Sicherheit" als Ziel politischen Handelns die Rede ist, sollte daher eigentlich angegeben werden, was erhalten werden soll...
In der politischen Praxis wird von einer Gefahr für die nationale Sicherheit im allgemeinen erst dann gesprochen, wenn es sich um eine militärische Drohung handelt. Der Begriff Sicherheitspolitik hat auf westlicher Seite praktisch den der Militärpolitik ersetzt. Dabei gibt es jedoch eine Tendenz, den Sicherheitsbegriff auszuweiten. Die ‚Ölkrise' der frühen siebziger Jahre führte insbesondere zu der Forderung, auch *wirtschaftliche* Faktoren in den Sicherheitsbegriff einzubeziehen.
Um eine uferlose Ausdehnung des Sicherheitsbegriffs zu vermeiden, wurde von amerikanischen Theoretikern auch der Vorschlag gemacht, nur dann von einer Bedrohung der Sicherheit zu sprechen, wenn es unmittelbar um das Überleben einer Nation, eines Staates oder generell eines ‚Systems' geht.
Quelle: W. Heisenberg, Bedrohungsperzeption, Friedens- und Sicherheitsverständnis als Grundlage politischen Handelns. In: W. Heisenberg, D. S. Lutz (Hg.): Sicherheitspolitik kontrovers. Auf dem Weg in die neunziger Jahre. Bonn (Bundeszentrale für politische Bildung) 1991, 2. Aufl., S. 17.

Seitdem es die Nuklearwaffen gibt – sie stehen im Grunde auch für andere Massenvernichtungswaffen –, erscheint die Schutz- und Sicherheitsfunktion der Streitkräfte in einem merkwürdigen Zwielicht. Solche Waffen vernichten nicht einfach die feindlichen Streitkräfte, sondern sie zerstören zivile Strukturen und die natürliche Umwelt, und das in einem Maße, das weit über das hinausgeht, was es bisher in der Kriegsgeschichte gegeben hat. Die rüstungstechnologische Ent-wicklung hat in den siebziger Jahren zu Waffenarsenalen der Nuklearmächte, besonders der USA und der UdSSR, geführt, von denen ein Bruchteil genügt hätte, die Erdzivilisation so gut wie zu vernichten. Waffensysteme mit solchen Wirkungen sind *militärisch nicht handhabbar.* Zwar sind im Laufe der Jahre sehr verschiedene Arten von Nuklearwaffen gebaut worden, darunter auch solche mit gebremster Wirkung. Jedoch drohte der Einsatz auch solcher *Mini-Nukes* einen Eskalationsprozeß einzuleiten, der im Handumdrehen weltzerstörerische Konse-quenzen haben würde. Ganz zu schweigen von allen moralischen Überlegungen über die Verwerflichkeit, solche Waffen einzusetzen.

Trotzdem haben die führenden Nuklearmächte großen Wert darauf gelegt, sie quantitativ und qualitativ weiterzuentwickeln, und es hat nur ein paar nicht gerade zentrale Ansätze zur Rüstungskontrolle, d. h. zur Begrenzung oder Ausschaltung bestimmter Optionen bei dieser Weiterentwicklung gegeben.[4] Es muß also eine andere Ebene geben, auf welcher Nuklearwaffen hoch-bedeutungsvoll waren (und sind). Das kann nur die politische Ebene sein.

Aber bevor wir die politische Bedeutung von Nuklearwaffen weiter in den Blick nehmen, ist eine kurze Betrachtung über die Veränderungen des Kriegsbil-des seit dem Ende des Zweiten Weltkriegs unumgänglich, denn nur vor dem Hintergrund dieser Veränderungen läßt sich erkennen, wie Nuklearwaffen sicher-heitspolitisch instrumentalisiert werden können.

10.2 Veränderungen des Kriegsbildes

Der Zweite Weltkrieg war ein Land-, See- und Luftkrieg. Riesige Massenheere waren auf den diversen Kriegsschauplätzen eingesetzt; die beteiligten Staaten waren gezwungen, alle Bereiche des staatlichen, gesellschaftlichen und wirt-schaftlichen Lebens voll auf diesen Krieg umzustellen. In diesem Sinne war der Zweite Weltkrieg ein *totaler Krieg,* wobei es wichtig ist, im Auge zu behalten, daß Demokratien wie die USA, Großbritannien und Frankreich diese Umstellung mit anderen, ‚weicheren' Mitteln zustande bringen mußten als die Diktaturen in Deutschland, Italien, Japan und der UdSSR. Aber auch in den Demokratien ging es dabei nicht immer demokratisch und unter Beachtung der Menschenrechte zu, wie man etwa an der Behandlung der japanischen Minderheit in den USA nach dem japanischen Überfall auf Pearl Harbour studieren kann. Diese Bemerkung soll jedoch nicht von den ungleich schwerer wiegenden Verstößen gegen die Menschenrechte und von den Verbrechen ablenken, die insbesondere in den tota-

---

[4] Die wichtigsten und folgenreichsten Rüstungskontroll-Verträge während des Ost-West-Konflikts waren der sogenannte Atomwaffensperrvertrag von 1970 und SALT I (mit dem ABM-Vertrag) von 1972.

litären Diktaturen Hitlers und Stalins im Zuge der Kriegsvorbereitung und
Kriegsführung begangen wurden.

Kriege mit Massenheeren, umfangreichen Luftwaffen und Kriegsmarinen, in
denen es in großen Schlachten um die Behauptung der eigenen Kriegsziele und
die Vernichtung der gegnerischen Kriegsmaschinerie geht, werden im allgemeinen militärischen Sprachgebrauch auch *konventionelle Kriege* genannt.

Schon während des Zweiten Weltkrieges erweiterte sich das Kriegsbild, und
zwar gewissermaßen nach oben und nach unten. *Unterhalb* des konventionellen
Krieges und als Teil von ihm entwickelte sich mit dem *Partisanenkrieg* eine
Kriegsform, die in den folgenden Jahrzehnten das Gesicht der Entkolonialisie-
rungs- und nationalen Befreiungskriege bestimmte und in Anknüpfung an ältere
Muster der Kleinkriegsführung auch *Guerillakrieg* genannt wird. *Oberhalb* des
konventionellen Krieges gab es mit einem Male nach 1945, zumindest virtuell,
eine ganz neuartige Kriegsform, den *Nuklearkrieg*.

Diese drei (miteinander kombinierbaren) Kriegsbilder oder –formen unterscheiden sich in ihrer Strategie und Taktik, in ihrer räumlichen Ausdehnung,
ihren politischen Zielen und durch die eingesetzten Waffen.

Nach 1945 haben vor allem die beiden neuartigen Kriegsbilder die Phantasie
der Zeitgenossen, gleichviel ob Experten oder nur interessierte Beobachter, be-
flügelt. Eine Zeitlang liefen zwei Illusionen um:

–   Manche hofften, daß die tödliche Gewißheit von den furchtbaren Folgen eines
    allgemeinen Nuklearkrieges den ewigen Frieden in greifbare Nähe rückt.

–   Es mochte so scheinen, als wäre mit dem Guerillakrieg eine Kriegsform auf-
    getaucht, die sozusagen politisch korrekte Resultate erzwingt. So hat es, nur
    ein wenig mit intellektueller Skepsis garniert, etwa der Publizist Sebastian
    Haffner in den optimistischen sechziger Jahren in seiner Einleitung zu den
    kriegs-theoretischen Schriften Mao Tse-tungs dargestellt:

Weltfrieden durch neue Kriegsformen?
Denn Maos Krieg hat tatsächlich *eine* Art von Krieg aussichtslos und daher sinnlos
gemacht, die bis dahin besonders aussichtsvoll und daher sinnvoll schien: den Kolonialkrieg, den Eroberungs-, Unterwerfungs- und Ausbeutungskrieg der reichen,
mächtigen, technisch hochentwickelten Großmächte gegen die armen, machtlosen,
technisch zurückgebliebenen Völker. Diese Art Krieg hat seit Mao ihren Sinn verloren; denn er kann jetzt, wenn die armen Völker ihren Mao studieren, von den
Großmächten nicht mehr gewonnen werden. Äußerstenfalls kann ein sinnloser
Ausrottungskrieg an seine Stelle gesetzt werden...Auch dann wird kein Sieg mehr
erfochten und kein sinnvoller Kriegszweck mehr erreicht werden.
Eine ganze Klasse und Gruppe von Kriegen ist daher durch Mao ihres Sinnes be-
raubt und damit wahrscheinlich für die Zukunft abgeschafft worden. Indem er den
Armen und Schwachen eine Kriegstechnik an die Hand gegeben hat, die nur von

ihnen und nur in ihrem eigenen Lande anwendbar ist, sie dort aber unbesiegbar macht, hat er, nach menschlichem Ermessen, den Kolonialkrieg abgeschafft. Damit tritt Maos Kriegskonzeption neben die Atombombe, die eine andere Art Krieg sinnlos gemacht und daher nach menschlichem Ermessen abgeschafft hat: den Hegemonial- und Eitelkeitskrieg der stärksten Großmächte untereinander. Tatsächlich hat ja die Atombombe Großmacht auf ihrem äußersten Gipfel in Ohnmacht umschlagen lassen: Die Sowjetunion und die USA stehen einander heute in vollkommener Ohnmacht gegenüber, da sie nur noch um den Preis des eigenen Untergangs versuchen können, den anderen durch einen Akt der Gewalt zur Erfüllung ihres Willens zu zwingen'.

Quelle: Sebastian Haffner: Der neue Krieg. Einleitender Essay zu Mao Tse-tung: Theorie des Guerillakrieges oder Strategie der Dritten Welt. Reinbek (Rowohlt Taschenbuch Verlag) 1966, S. 33/34.

Leider haben die neuen Kriegsbilder keineswegs den Weltfrieden gebracht. Manche der Formulierungen in dieser Passage schießen über das Ziel weit hinaus, aber anderes stimmt in der Tat sehr nachdenklich. Die Erfahrungen der USA in Vietnam und der UdSSR in Afghanistan, gegenwärtig die Rußlands in Tschetschenien scheinen jedenfalls ganz auf der Linie des Haffner'schen Großmacht/Ohnmacht – Arguments zu liegen.

Inwieweit sind diese Veränderungen und Erweiterungen des Kriegsbildes für die Bundeswehr relevant geworden? Hauptsächlich dadurch, daß die westliche Bedrohungswahrnehmung im Ost-West-Konflikt und insbesondere die in der Bundesrepublik Deutschland vorherrschende Vorstellung von einem möglichen Ost-West-Krieg alle drei Kriegsbilder über- und ineinander projizierte. Im schlimmsten Fall würde der Gegner Elemente des Partisanenkriegs mit konventionell vorgetragenen Panzer- und Luftangriffen kombinieren und darüber hinaus mit dem Einsatz von Nuklearwaffen drohen und solche Drohungen gegebenenfalls auch wahr machen.

Allerdings stand im Ost-West-Konflikt spätestens seit der Mitte der fünfziger Jahre das nukleare Kriegsbild eindeutig im Vordergrund. Das liegt an der rüstungstechnologischen und der geopolitischen Asymmetrie zwischen Ost und West. Die USA besaßen während des Ost-West-Konflikts nach 1945 immer einen beträchtlichen Vorsprung bei der Entwicklung nuklearer Waffen und ihrer Trägersysteme. Selbst zu den Zeitpunkten, als es so aussah, als könnte die UdSSR hier nicht nur in erheblichem Abstand folgen, sondern sogar die Führung übernehmen (Stichwort: Sputnik-Schock), war das in Wirklichkeit nicht anders. Kein Wunder also, daß die USA versucht waren, diesen Vorteil auch militärstrategisch zur Geltung zu bringen.

Vor allem auch deshalb, weil die UdSSR und ihre Verbündeten im Warschauer Pakt auf dem europäischen Kriegsschauplatz quantitativ (Soldaten und Waffen) erheblich überlegen waren. Den Massenheeren des 1955 gegründeten Warschauer Paktes konnten die Westeuropäer und die USA auf ihrem kleinen Teilbereich der euro-asiatischen Landmasse nichts Vergleichbares entgegenstellen. Also bauten sie zum Zweck der Abschreckung sowjetischer Angriffsabsichten auf nukleare Waffensysteme, die wiederum seitens der UdSSR durch eigene Nuklearwaffen neutralisiert werden sollten. Aus dieser Konstellation speiste sich der nukleare Rüstungswettlauf.

10.3 Nukleare Abschreckung zwischen den Führungsmächten und in Europa

Militärische Abschreckung ist ein sehr altes Konzept für den Umgang zwischen politischen Akteuren, die einander mißtrauisch gegenüberstehen. Wenn ein Staat seiner Außenwelt glaubwürdig signalisieren kann, daß er militärisch stark genug ist, um jeden potentiellen Angreifer besiegen oder ihm zumindest überaus hohen Schaden zufügen zu können, dann werden diese von einem Angriff abgeschreckt.

Das läßt sich leicht nachvollziehen. Es gibt allerdings mehrere Schwierigkeiten mit der Abschreckung als einem politisch-militärischen Handlungskonzept. *Erstens* läßt sich ihre defensive Grundintention nicht von allen Zweifeln reinigen: Wer sich so stark macht, daß er potentielle Angreifer abschreckt, macht sich damit zugleich auch so stark, daß er selbst Appetit auf einen Angriff bekommen könnte. Das Leugnen jeglicher in diese Richtung zielender Absichten macht muß schon sehr viel Glaubwürdigkeit aufbringen, um mißtrauische Nachbarn zu überzeugen. Kurz, die Abschreckungspolitik des einen Staates kann von den Staaten seines Umfelds als Bedrohung interpretiert werden. *Zweitens*, und das folgt aus diesem Dilemma, führen Abschreckungs-Konstellationen leicht zu einem Rüstungswettlauf. Da es sowieso schon eine Reihe militärischer wie ziviler Faktoren gibt, die moderne Staaten dazu drängen, einen nicht zu kleinen Teil öffentlicher Ressourcen für Rüstungstechnologie, -produktion oder, falls es nicht anders geht, für Rüstungsimporte zu verwenden, wird der regionale oder im Falle des Ost-West-Konflikts sogar im Grunde globale Rüstungswettlauf durch die Abschreckung noch dynamisiert.

Die theoretischen Vorteile und einige der praktischen Probleme der Abschreckung gewinnen ein größeres Gewicht im Sonderfall der *Nuklearen Abschreckung*. Diese hat sich nach 1945 als oberste militärstrategische Verhaltensmaxime im Ost-West-Konflikt entwickelt.

In der Frühphase des Kalten Krieges besaßen die USA eine Art Nuklearwaffen-Monopol. Die UdSSR konnte allerdings relativ schnell nachziehen. Aber der technologische Vorsprung der USA blieb über den gesamten Zeitraum hinweg erhalten. Er war immer politisch nutzbar zu machen, denn im Ost-West-Konflikt galten Nuklearwaffenbesitz und technologisches *Know-how* bei Rüstungs-Spitzentechnologien als Statusmerkmal.

Im Anschluß an K.-D. Schwarz kann man die Entwicklung des amerikanisch-sowjetischen „Strategie-Schemas" ganz übersichtlich zusammenfassen.

Übersicht 10: *Nuklearstrategisches Schema USA/UdSSR*

ab ca. 1950

USA	UdSSR
-nukleares Monopol	-konventionelle Überlegenheit
-nukleare Abschreckung	-konventionelle Abschreckung
(Geiselfunktion russischer Städte)	(Geiselfunktion Westeuropas)
-Überbewertung der A-Waffen	-internationale Verurteilung nuklearer
	Rüstung
-Unterbewertung der konventionellen	-Überbewertung der Abnutzungsstrategie
Waffen	

ab ca. 1960

-Übersteigerung der nuklearen Abschrek-kung	-Aufbau einer strategischen Gegenab-schreckung
-Bomberflotte, später Raketen als wichtig-stes Trägersystem	-Primat der strategischen Raketenstreit-kräfte
-vergleichsweise wenig konventionelle Streitkräfte	-Reduzierung des Umfangs konventionel-ler Streitkräfte
-Kriegsverhinderung durch die Drohung mit massiver Vergeltung (massive retalia-tion) sowohl bei lokalen wie bei überre-gionalen Kriegsursachen	-Anerkennung der These von der Ver-meidbarkeit des Nuklearkriegs
	-bei begrenzten Kriegen Annahme ihrer nuklearen Eskalation
-beginnende Kritik an der massiven Ver-geltungsstrategie	-Kritik am *Atomfetischismus*

Mitte der 60er bis Ende der 70er Jahre

-assured destruction capability	-assured destruction capability
-strategic suffiency	-strategic parity
-counterforce and flexible response	-counterforce und *Blitzkrieg*-Option
-zahlenmäßig unterlegene, aber waffen-technologisch überlegene konventionelle Streitkräfte	-zahlenmäßig überlegene konventionelle Streitkräfte
-nukleare Rüstungskontrolle	-nukleare Rüstungskontrolle

80er Jahre

-Strategic Defense Initiative (SDI)	-Zusammenbruch der meisten strategi-schen Optionen
-Ausbau der Kriegsführungs-Fähigkeit (mehr Programm als Realität)	-Umschwenken auf Rüstungsreduzierungs-Programme
-Rüstungskontrolle erst desavouiert, dann mit neuem Schwung gestartet	

Quelle: K.D. Schwarz: Sicherheitspolitik. Analysen zur politischen und militärischen Sicherheit. Bad Honnef (Osang) 1977, 2. Aufl., S. 236, 237, 248; (von mir verän-dert und ergänzt)

Das militärische Verhältnis der beiden Weltführungs- oder (wie man in den siebziger und achtziger Jahren häufig sagte:) Supermächte zueinander bestimmte sich nicht zuletzt auch durch geographische Faktoren. Der räumliche Abstand zwischen ihnen ist sehr groß. Solange die UdSSR über keine weitreichenden Raketen verfügte, war sie für die USA z. B. keine direkte Bedrohung. In der Nuklearstrategie während des Ost-West-Konflikts hat das Adjektiv *strategisch* wegen dieser Konstellation eine spezifische Bedeutung bekommen. Es bezieht sich auf Angelegenheiten von direkter militärischer Bedeutung für die beiden Weltführungsmächte. Die weitreichenden Interkontinentalwaffen, die aus den USA in die UdSSR und aus dieser in die USA hineinwirken können, wurden *strategische* Waffen genannt (und Verhandlungen über ihre Reduzierung – Strategic Arms Limitation Talks, abgekürzt SALT – blieben immer diesen beiden Mächten vorbehalten).

Für Europa und von Europa aus betrachtet sah dieser Sachverhalt etwas anders aus. Denn hier gerät die Nuklearstrategie aus unmittelbar einleuchtenden geographischen Gründen auf eine andere Ebene, wo eine Balance zu finden viel schwerer ist. Zudem wird das Bild noch dadurch unübersichtlicher, daß mit Großbritannien und Frankreich zwei weitere Staaten über nukleare Waffen verfügen, die im militärischen Teil des Ost-West-Konflikts zwar keine eigenständige, aber doch, jedenfalls im Falle Frankreichs, eine aparte Rolle spielten.

Das Grundproblem der europäischen Sicherheitslage im Ost-West-Konflikt lag im geographischen Zuschnitt der militärischen Bündnisse. Die UdSSR und ihr strategisches Vorfeld bildeten eine geographische Einheit, wohingegen Westeuropa von den USA durch den Atlantik getrennt ist. Das sowjetische Übergewicht an konventionellen Truppen wirkt sich unmittelbar nur auf dem europäischen Schauplatz aus – natürlich zuungunsten Westeuropas.

Im militärischen Kalkül mußten die sowjetischen und im Warschauer Pakt eingebundenen anderen Ost-Streitkräfte mit ihren Einsatzgrundsätzen[5] als Bedrohung Westeuropas empfunden werden. Die sowjetischen Militär-Planer mußten ihrerseits die NATO in dem Maße als bedrohlich ansehen, in dem diese sich glaubwürdig als eine militärisch voll funktionsfähige US-westeuropäische Einheit darzustellen wußte.

Die östliche und die westliche Sichtweise von europäischer Sicherheit im Ost-West-Konflikt unterschied sich grundsätzlich in der Frage der *Ankoppelung* oder *Abkoppelung* der USA an bzw. von Westeuropa. Insbesondere die Bundesrepublik Deutschland hat die Ankoppelung zum Leitmotiv ihrer Sicherheitspolitik gemacht.

---

[5] Der entscheidende dieser Grundsätze lautete, keinen Krieg auf dem eigenen Territorium zuzulassen, sondern ihn sofort auf das Territorium des Gegners zu tragen, also nach Westeuropa. Dieser Grundsatz militärischer Offensivität darf nicht mit primären Angriffs-Absichten gleichgesetzt werden. Aber als Bedrohung wirkte er dennoch.

Ein paar nuklearstrategische Begriffserklärungen
- *SAC*: Strategic Air Command, Luftflotte mit Langstreckenbombern der USA;
- *New Look*: 1953/54 in den USA eingeführte Modifikation der Nuklearstrategie, wobei die Rolle der Nuklearwaffen als wirkungsvoller Ersatz für konventionelle Streitkräfte betont wird;
- *Massive retaliation:* massiver nuklearer Vergeltungsschlag der NATO als Antwort auf jede Art Angriff seitens der UdSSR und des Warschauer Paktes; als westliche Nuklearstrategie gültig seit dem New Look 1953/54 und offiziell erst Mitte der 60er Jahre von der *flexible response* abgelöst;
- *Flexible response:* abgestufte Antwort der NATO auf einen Angriff des warschauer Paktes; Mischung aus konventioneller, taktisch-nuklearer und strategisch-nuklearer Kriegführung mit eingebauten Chancen zur Deeskalation;
- *Assured Destruction Capability:* gesicherte Fähigkeit, auch nach einem Nuklearangriff des Gegners mittels eines Vergeltungsschlags diesem einen für ihn inakzeptablen Schaden zufügen zu können (auch *gesicherte Zweitschlagskapazität* genannt);
- *Mutually assured destruction* (MAD): beide Nuklearakteure verfügen über die gesicherte Zweitschlagskapazität;
- *Strategic suffiency:* strategische Hinlänglichkeit; Versuch, die Kosten für die und den Umfang und die Ausstattung der Streitkräfte so (knapp) zu kalkulieren, daß nukleare Abschreckung so kostengünstig wie möglich erreicht wird;
- *Strategic parity:* strategische Ausgewogenheit der militärischen Mittel, also Grundlage einer Art Stabilität; Gegenbegriff: Über- bzw. Unterlegenheit;
- *Counterforce:* Einsatzkonzept für Nuklearwaffen, mit Priorität gerichtet auf die gegnerischen Streitkräfte, militärischen Kommandozentralen usw. (Gegenbegriff: *countercity* – Städte und zivile Einrichtungen sind Ziele).

10.4 Abschreckung und Verteidigung

Abschreckung heißt, die Sicherheitspolitik so gestalten, daß jeder potentielle Angreifer wegen des für ihn untragbaren Risikos, das sein Angriff schließlich für ihn selbst bedeuten würde, von einem solchen Tun abgehalten wird.

Nukleare Abschreckung bedeutet *erstens* die enorme Erhöhung des Risikos für potentielle Angreifer. Sie bedeutet *zweitens* in der Konstellation der Bipolarität von Akteuren mit gesicherter Zweitschlagskapazität eine relative Sicherheit vor dem Krieg. Denn zu offensichtlich lohnt er sich nicht. Es ist ganz sicher, daß man mit einem Angriff nichts gewinnen kann, aber enorm viel verlieren wird. Das Schlagwort zur Kennzeichnung dieser Konstellation, die sich in der Mitte der sechziger Jahre zwischen den USA und der UdSSR zu festigen begann, lautete denn auch: Wer zuerst schießt, stirbt als Zweiter.

Zugleich muß man aber auch eine Reihe von Faktoren in den Blick nehmen, die diese relative Sicherheit wieder unterhöhlen. Der *Wettlauf* um rüstungstechnologische Innovationen hat zwar mehrere Motive, aber eines davon, gewiß nicht das unwichtigste, besteht in der Absicht, die eigene relative Sicherheit dadurch entscheidend (und einseitig) zu vergrößern, daß man Mittel und Wege findet, die Zweitschlagskapazität der anderen Seite außer Kraft zu setzen.

Und dann wirkt sich auch hier wieder die geographische Trennung des westlichen Bündnisses aus. Denn zwischen den USA und der UdSSR ist eine Balance der gesicherten Zweitschlagskapazität vorstellbar, die auf alles weitere militärische Beiwerk verzichtet. Für Europa kann das nicht gelten, denn hier macht dieses militärische Beiwerk (konventionelle Streitkräfte, Panzer, Jagdflugzeuge usw.) gewissermaßen die Substanz aus. Europäische Sicherheit im Ost-West-Konflikt war nie auf Abschreckung allein zu bauen, sondern mußte auch immer eine glaubwürdige Antwort auf die Frage parat haben, was denn geschehen würde, wenn es doch auf diesem Kontinent zu Kriegshandlungen kommen sollte.

Anders gesagt: in Europa mußte man sich in der Konstellation des Ost-West-Konflikts immer auch auf einen konventionell begrenzten Krieg, im Westen also auf Angriffshandlungen des Gegners vorbereiten, die *nicht* als Anfangsstadium eines großen und in die Bereiche der Nuklearwaffen eskalierenden Krieg gemeint und angelegt sind. Auf einen Krieg also, gegen den nicht Abschreckung, sondern für den Verteidigungsfähigkeit das angemessene Mittel ist.

Hier stoßen wir auf ein schier unlösbares konzeptionelles Problem. Denn wenn in der Ägide des Ost-West-Konflikts Sicherheit in Europa nur über Vorkehrungen zur Verteidigung gegen einen östlichen Angriff zu erhöhen war, dann trennte das die Europäer von den Amerikanern, für die es diese Verteidigungs-Notwendigkeit ja nicht gab. Zugleich förderte dieser Sachverhalt das amerikanische Interesse an einer möglichst lange haltenden Zweiteilung des Kriegsschauplatzes in einem Ost-West-Krieg. Die europäische Verteidigungs-Option förderte die amerikanische Option für einen *auf Europa* „begrenzten Krieg". Dafür brauchte man „Kriegsführungsstrategien" unterhalb der gegenseitigen nuklearen Abschreckung USA/UdSSR, denn die sollte auch während eines solchen „begrenzten Krieges" gelten können.

Wenn die Abschreckung zwischen Ost und West die Option „Nichtführbarkeit eines Krieges" optimieren sollte, dann sollte Verteidigung in westlicher Perspektive die Option „Führ- und Gewinnbarkeit eines Krieges, der vom Osten angefangen wird" optimieren.

Je mehr auf Verteidigung gesetzt wird, desto weniger bleibt von der Abschreckung, könnte man schlußfolgern. Der Umkehrschluß – also möglichst wenig Verteidigung, um die Abschreckung glaubwürdiger zu machen – trifft aber nur auf die Dyade USA/UdSSR zu.[6] Für Europa sah das anders aus. Hier mußte die Verteidigung möglichst in die Abschreckung integriert sein, und zwar *nicht etwa* so, daß man sich für bestimmte militärische Aktionen des Warschauer Paktes (z. B. einen begrenzten konventionellen Angriff) ein entsprechendes Verteidigungs-Potential zulegte. Denn damit würde im Ernstfall ein kürzerer oder gar längerer konventioneller Krieg auf dem Territorium Westeuropas geführt werden, wobei die nukleare Abschreckung nur dazu dienen würde, eine Eskalation dieses konventionellen Krieges entweder zu verhindern oder hinauszuzögern. Für Westeuropa wäre damit nicht viel gewonnen, denn der Krieg würde das Land verwüsten. *Vielmehr* mußte dieses Integration so vorgenommen werden, daß dem potentiellen Angreifer im Osten das westliche Verteidigungs-Potential stark genug erscheint, um zu verhindern, daß den östlichen Sicherheitspolitkern und Militärstrategen die Angriffs-Option auch nur ansatzweise als erfolgversprechend erscheinen könnte.

10.5 Der Auftrag der Bundeswehr im Ost-West-Konflikt

Die Bundeswehr wurde gegründet als eine Armee mit fester Einbindung in ein internationales Bündnis. Wie erinnerlich, sollten zunächst gar keine selbständigen (west-)deutschen Streitkräfte entstehen, vielmehr sollte die Europäische Verteidigungsgemeinschaft (EVG) gemischt-nationale Verbände und Kommandostrukturen aufweisen. Erst als dieses Konzept gescheitert war, kam es zur Aufstellung der Bundeswehr.

Die feste Einbindung in die Bündnisse NATO und Westeuropäische Union (WEU), von denen ersteres weitaus wichtiger ist, hat unter anderem bewirkt, daß der Auftrag der Bundeswehr in besonderem Maße bündnispolitisch beeinflußt ist. Die nationalpolitische Komponente dieses Auftrags tritt dabei ein wenig in den Hintergrund, was aber nicht zu dem Fehlschluß verleiten darf, der Auftrag der Bundeswehr sei „fremdbestimmt".

In herkömmlicher Sichtweise wird „der Auftrag" der Bundeswehr in eine eher politische und in eine eher militärische Dimension und auf diesen beiden Ebenen wieder in mehrere Elemente unterteilt.

---

[6] Deshalb bedeutete der Verzicht auf den Ausbau von ABM-Systemen (Antiraketen-Raketen) im ABM-Vertrag von 1972 in der Tat eine Erhöhung der Sicherheit zwischen den USA und der UdSSR, weil er die Abschreckung beider Seiten glaubwürdiger machte.

Politische Dimension des Auftrags der Bundeswehr
 − Im Frieden trägt die Bundeswehr als Teil der westlichen Abschreckung
   zur Kriegsverhinderung bei.
 − In Krisenzeiten und im Spannungsfall soll die Demonstration der militärischen Einsatzbereitschaft der Bundeswehr die Handlungsfreiheit
   von Bundesregierung und Bundestag sichern.
 − Nach einem Angriff auf das Territorium der Bundesrepublik Deutschland soll die Bundeswehr, gemeinsam mit den Verbündeten, die Unversehrtheit des eigenen Gebietes wahren oder, falls der Angriff bereits
   eigenes Territorium überrollt hat, wieder herstellen.

Die ersten beiden Elemente des politischen Auftrags gehören also in den Bereich
der Abschreckung, das dritte in den Bereich der Verteidigung. In den Darstellun-
gen der Bundesregierungen und auch im allgemeinen öffentlichen Bewußtsein
werden sie einfach addiert. Aber es ist klar, daß damit eine Bruchstelle überspielt
wird. Denn der eigentliche Auftrag der Bundeswehr lag immer in der Kriegsverhinderung mittels Abschreckung.

Militärische Dimensionen des Auftrags der Bundeswehr
 − Im Frieden erscheint die Glaubwürdigkeit der Abschreckung, die von
   sehr verschiedenen Faktoren beeinflußt wird, dann größer, wenn die
   Bundeswehr sich als effiziente, gut bewaffnete und gut ausgerüstete,
   schlagkräftige Streitmacht präsentieren kann. Die Professionalität der
   Bundeswehr in Bezug auf einen konventionellen Krieg schreckt einen
   potentiellen Angreifer ab, einen konventionellen Krieg zu beginnen.
 − Im Krieg, der nur als Aggression auf das eigene Territorium vorgestellt
   werden kann, hat die Bundeswehr „gemeinsam mit den in der Bundesrepublik Deutschland stationierten oder zur Verstärkung herangeführ-
   ten Streitkräften dem Angreifer so grenznah wie möglich (*Vorneverte-
   teidigung*) und unter Einsatz der der jeweiligen feindlichen Aktion angemessenen Mittel (*flexible response*) entgegenzutreten; sie hat das eigene Staatsgebiet kämpfend zu verteidigen und − soweit notwendig
   und möglich − den eingedrungenen Gegner wieder zurückzuwerfen."[7]

Diese Übersicht über den Auftrag der Bundeswehr insgesamt kann weiter unter-
gliedert werden in Spezialaufträge der einzelnen Teilstreitkräfte Heer, Luftwaffe
und Marine.

---

[7] Ulrich de Maizière: Auftrag und Struktur der Bundeswehr. In: R. Zoll, E. Lippert, T.Rössler (Hg.):
Bundeswehr und Gesellschaft. Ein Wörterbuch. Opladen (Westdeutscher Verlag) 1977, S. 29.

Bei der Betrachtung dieser Auftragsformulierung der Bundeswehr ergeben sich, unter dem Gesichtspunkt des Verhältnisses Streitkräfte/zivile Gesellschaft, eine Reihe von Nachfragen, z. B. die folgenden:

- Was heißt der Begriff Handlungsfreiheit in Krisenzeiten und im Spannungsfall?
- Wie muß man den Begriff Unversehrtheit des eigenen Gebietes, die im Krieg zu wahren oder wieder herzustellen ist, verstehen?
- Was bedeutet Vorneverteidigung?

Zwar war der Ost-West-Konflikt in Europa keineswegs krisenfrei, aber eine Krise im Sinne des Spannungsfalles hat es zum Glück nicht gegeben. *Handlungsfreiheit* unter dieser Bedingung bedeutet einfach die Fähigkeit, militärisch unterstütztem politischen Druck so entgegnen zu können, daß er seine aggressiven Ziele mittels Kriegsdrohung nicht erreicht. Die Bewahrung und Demonstration der Handlungsfreiheit ist ein Element der Abschreckung.

Schwieriger wird es mit dem Begriff der *Unversehrtheit*. Denn es handelt sich ja offensichtlich um einen Euphemismus. Ein Ost-West-Krieg in Europa, gleichviel ob konventionell geführt oder in den Bereich der Nuklearwaffen eskalierend, würde enorme Schäden verursachen. Insofern kann von Unversehrtheit keine Rede sein. Der Begriff konnte nur so aufgefaßt werden, daß das eigene Territorium unter Vermeidung größerer Schäden verteidigt und notfalls zurückerobert werden sollte.

Dafür wurde der Begriff der *Vorneverteidigung* eingeführt. Er meint, daß es Grundsatz der NATO-Strategie war, für die Sicherheit des eigenen Territoriums zu sorgen, nicht aber das Territorium des Gegners erobern zu wollen. Dieser Grundsatz der Defensivität im Militärischen ist entgegen der jahrelangen Propaganda der Staaten des Warschauer Paktes immer und für alle NATO-Mitglieder gleichermaßen verbindlich gewesen. Vorneverteidigung besagt ferner, daß die Verteidigung das Ziel hat, feindliche Streitkräfte so wenig wie möglich auf das eigene Territorium kommen zu lassen, sie so weit vorne (an der Grenze) wie möglich aufzuhalten und zurückzudrängen.

Nach den Kalküls der militärischen Experten wäre dies mit konventionellen Mitteln allein nicht zu schaffen gewesen, weshalb sich die NATO im Rahmen der Strategie der *flexible response* seit den sechziger Jahren immer auch die Option eines Einsatzes von Nuklearwaffen vorbehalten hat (*first use option*) - aber nur, um der Defensivität der eigenen Seite Nachdruck zu verleihen. Damit begab man sich indes in ein weiteres Dilemma, denn solche Waffen müßten *entweder* auf dem Gefechtsfeld eingesetzt werden, um den Vormarsch des Gegners direkt zu stoppen, aber dann würden westliche Nuklearwaffen auf westliches Territorium abgeworfen. *Oder* sie würden als demonstrative Eskalationsmaßnahme auf irgendein Ziel im Hinterland des Gegners eingesetzt werden, was das Risiko einer entsprechenden Eskalationsmaßnahme seinerseits drastisch erhöhte.

Es lag in der Logik der westdeutschen Sicherheitspolitik, daß die nukleare Komponente der Verteidigung nicht so sehr als Verteidigungs-, sondern als Abschreckungsoption wahrgenommen wurde. Die Sicherheitspolitiker und die hohen Militärs der Bundesrepublik waren jedenfalls zu zu dieser Wahrnehmungsweise entschlossen. Nur so blieb es erträglich und brachte eigentlich niemanden aus der Ruhe, daß die Bundeswehr über Jahrzehnte hinweg an Manövern und Rahmenstabsübungen teilnahm, in deren Verlauf die Bundesrepublik Stück für Stück in Schutt und strahlende Asche verwandelt wurde. Das Grauen, das mit solchen Szenarien einherging, konnte man gut verdrängen, weil alles, was hier passierte, unter die Rubrik der Kriegsverhinderung durch Abschreckung gefaßt wurde.

10.6 Die Erosion nuklearer Abschreckung in den 80er Jahren

In den achtziger Jahren haben sich wichtige Elemente des Ost-West-Konflikts verändert. Sowohl auf internationaler Ebene als auch innerhalb der beteiligten Gesellschaften fand eine Blick- und Prioritätenverschiebung statt. Außerdem begannen bestimmte rüstungstechnologische Entwicklungen auf dem Gebiet der Information, Kommunikation und Führungskontrolle die Stabilität die ost-westliche gesicherte Nuklearabschreckung in Frage zu stellen.

Sieht man einmal von den grundsätzlichen Gegnern der westdeutschen Rüstung ab[8], die sich in den sicherheitspolitischen Auseinandersetzungen in der Frühphase der Bundesrepublik mit großem, aber nachlassendem Echo zu Gehör gebracht hatten, dann waren es seit der Mitte der siebziger Jahre zunächst nur ein paar an der Sicherheitspolitik kritisch interessierte Zirkel (z. B. die Vereinigung Deutscher Wissenschaftler), die eine erst leise, bald jedoch immer deutlicher vernehmbare und in den frühen achtziger Jahren sogar manchmal ziemlich schrille Debatte über die Mängel der geltenden NATO-Strategie in Gang brachten und hielten. Bemerkenswert an dieser Debatte war, daß sie Militärexperten in Uniform und in Zivil, Politiker, militärstrategische Laien der verschiedensten Berufe, die politische Linke und die politische Rechte, Militärgegner und Anhänger der Friedensbewegung einbezogen hat. Der strategie-kritische Diskurs wirkte weit in das Bildungsbürgertum und in bürgerlich-konservative Kreise hinein.

---

[8] Man kann sie in Bezug auf ihre Grundanschauungen und Motive in zwei Gruppen unterteilen, erstens die Pazifisten, denen es um Abrüstung schlechthin ging, und zweitens die anti-westlichen Rüstungsgegner, die gegen das westliche Militärpotential aus politischen Gründen eingestellt waren. Echte und nicht nur aus taktischen Gründen vorgespielte Überschneidungen gab es zwischen diesen beiden (in sich wiederum keineswegs homogenen) Gruppen kaum.

Die öffentlichen Auseinandersetzungen über die Sicherheitspolitik der NATO erhielten ihre Dynamik durch eine rüstungstechnologische und eine nuklearstrategische Neuerung. Erstere wurde in der Öffentlichkeit *Neutronenbombe* genannt. Es handelt sich um eine atomare Waffe, deren Wirkungsweise auf spezifische Weise verändert ist. Von den drei entscheidenden Wirkungen aller Nuklearwaffen: Druckwelle, Hitzeentwicklung und radioaktive Strahlung ist bei der Neutronenbombe die dritte im Verhältnis zu den ersten beiden verstärkt. Folglich wirkt sie bei ihrem Einsatz weniger zerstörerisch auf Gebäude und überhaupt alle leblosen Dinge, aber umso zerstörerischer auf Organismen ein. Als von der NATO erörtert wurde, diese Waffe in Europa einzuführen, erhob sich ein Sturm der Entrüstung über eine derartige „perverse" Waffe.

Sie hätte gut in das NATO-Abschreckungs-Konzept für Westeuropa hineingepaßt. Daß sie in der Bundesrepublik Deutschland politisch nicht durchsetzbar erschien, jedenfalls von der sozialliberalen Koalitionsregierung unter Kanzler Helmut Schmidt, warf einen Schatten auch auf das gesamte Abschreckungskonzept der NATO.

Die zweite Neuerung war nuklearstrategischer Natur, aber auch sie machte sich deutlich an neuartigen Nuklearwaffen, den Marschflugkörpern (das sind nicht-ballistische Raketen) und den Pershing II-Raketen. Sie sollten eine Kategorie von weitreichenden Mittelstrecken der UdSSR neutralisieren, die im westlichen Sprachgebrauch SS 20 genannt wurden. Das erschien nötig, weil zwar seit den Rüstungskontrollabkommen SALT I und ABM-Vertrag zwischen den USA und der UdSSR aus dem Jahr 1972 eine Art strategische Parität auf der „Supermacht"-Ebene festgezurrt war (sie sollte sich in den achtziger Jahren allerdings auch wieder lösen, was einer der Gründe für das Einknicken der UdSSR wurde). Für Europa bedeutete das allerdings in der Abschreckungs-Logik nichts Gutes, zumal der Warschauer Pakt seine zahlenmäßige konventionelle Überlegenheit weiterhin pflegte und zugleich mit eigenen *taktischen* Nuklearwaffen, darunter eben der SS 20, das taktische Nuklearpotential der NATO in und für Europa neutralisierte.

Die Antwort der NATO auf diese Entwicklung war mehrfach unterteilt. Auf der sicherheitspolitischen Ebene wurde im Dezember 1979 der NATO-Doppelbeschluß gefaßt, der besagte, daß die UdSSR ihre auf Westeuropa gerichteten weitreichenden Mittelstreckenraketen abbauen soll, anderenfalls die NATO ebenfalls Waffensysteme dieser Kategorie in Westeuropa dislozieren werde. Auf der militärischen Ebene reagierten die USA und die Westeuropäer unterschiedlich. Die USA experimentierte mit Konzepten einer Kriegsführungsstrategie für Europa. Die Westeuropäer ließen sich auf diese Perspektive nur sehr widerwillig ein, was verständlich ist, denn der Krieg, auf den sich die Vorbereitungen richteten, würde ja in Europa geführt werden.

Das waren die beiden entscheidenden Ansatzpunkte für die Gegner der NA-TO-Strategie in den westlichen Staaten.[9] Sie konnten *erstens* auf die drastisch erhöhte Gefahr eines Nuklearkrieges in Europa hinweisen. Und *zweitens* war es den westeuropäischen NATO-Gegnern relativ leicht geworden, auf Interessenunterschiede zwischen den USA und Westeuropa bezüglich eines Ost-West-Krieges aufmerksam zu machen, die sie zu einer Art Zwei-Klassen-Sicherheit vergrößerten. Die USA, lautete die grobe Kritik, würden einen Krieg in Europa planen.

Damit aber war die gesellschaftliche Glaubwürdigkeit der Abschreckung in der Version der *flexible response* erheblich angeschlagen. Der Begriff der Glaubwürdigkeit hat eine logische und eine psychologische Dimension, und beide, vor allem aber letztere sind für das Funktionieren der Abschreckung wesentlich. Zu Beginn der achtziger Jahre wurde offenbar, daß die NATO-Strategie hier ein Problem hatte, und zwar vor allem deshalb, weil sie die Kriegsverhinderungs-Komponenten Abschreckung und Verteidigung nicht bruchlos miteinander verknüpfen konnte.

Die logische Unstimmigkeit läßt sich mit den Worten des Strategie-Kritikers Horst Afheldt so formulieren:

Logisches Problem der NATO-Abschreckungskonzeption für Europa
Zwar sieht die offizielle Sicherheitspolitik Verteidigungsfähigkeit als Voraussetzung der Abschreckung an. Doch da, wo Verteidigungsfähigkeit endet, wo sie in Selbstvernichtung übergeht, springt man zurück in den bedingungslosen Glauben an kampflose Abschreckung. Aber Krieg ist heute *möglich,* und die Frage, ob Mitteleuropa ihn bei den derzeitigen Vorbereitungen überleben kann, müßte mit *nein* beantwortet werden.
Quelle: Horst Afheldt: Defensive Verteidigung. Reinbek (Rowohlt Taschenbuch Verlag) 1983, S. 11.

Da beißt die Maus keinen Faden ab: Afheldt hat recht. Der einzige Punkt, über den man streiten könnte, ist die exakte Bedeutung der Worte „Krieg ist heute *möglich*". Die Waffentechnologische Entwicklung der späten siebziger und achtziger Jahre hat die logische Unstimmigkeit der NATO-Strategie verschärft, aber im Grunde haben alle strategie-kritischen Überlegungen von Niveau diesen Punkt seit den fünfziger Jahren aufgegriffen.

Die psychologische Glaubwürdigkeits-Lücke hat sich während der Debatten über die Neutronenwaffe und den NATO-Doppelbeschluß aufgetan und erweitert.

---

[9] Daß diese Gegner der NATO-Strategie vonseiten der UdSSR unterstützt wurden, argumentativ und einige von ihnen auch materiell, versteht sich von selbst, schließlich befinden wir uns hier im Ost-West-Konflikt. Jedoch ist diese Unterstützung nicht entscheidend für den Erosionsprozeß der nuklearen Abschreckung. Im Grunde, kann man sogar behaupten, verkalkulierte sich die UdSSR im Rüstungs- und Rüstungskontrollpoker während der ersten Hälfte der achtziger Jahre nachhaltig und folgenschwer, weil ihre Führung davon auszugehen schien, daß die politischen Erfolge der Friedensbewegungen in den NATO-Ländern erheblich größer sein würden.

Sie hängt aber auch mit der Entwicklung des Ost-West-Konflikts in seiner Ent-
spannungsphase zusammen, während der die öffentlichen westlichen Bedrohungsgefühle und –perzeptionen erheblich abgeflacht sind. Und drittens kann
man hier auch die Folgen tiefreichender innergesellschaftlicher Veränderungen
erkennen, die Soziologen unter dem Begriff des *Wertewandels* zusammengefaßt
haben.

In der Bundesrepublik Deutschland breitete sich zu Beginn der achtziger Jahre
zeitweise eine erstaunlich intensive (Atom-)Kriegsfurcht aus. Filme wie die US-
Fernsehproduktion *The Day After* und eine Menge Bücher, oft Trivialromane mit
knalliger politischer Botschaft, schürten diese Furcht. Nicht so sehr die UdSSR,
eher schon die USA, aber meistens die als hypertroph, viel zu kostspielig, unmo-
ralisch und eben hoch-riskant eingeschätzte Nuklearrüstung wurden als Ursache
der Misere identifiziert. Überhaupt wuchs in diesen Jahren in der Bundesrepublik
Deutschland ein diffuses kollektives Empfinden für die Risiken moderner Hoch-
technologie. Politische Gruppen und Parteien wie die GRÜNEN verbanden folgerichtig zivile und militärische Risiken der Nuklearindustrie zum Konzept einer
system-immanenten Selbstbedrohung der Zivilisation.

10.7 Symbolische Sicherheitspolitik?

Problemangemessen waren diese Auseinandersetzungen nur zum Teil. So ist es
aufschlußreich, sich kurz auf den Teil der Debatte einzulassen, der bei der Behandlung sicherheitspolitischer Fragen und Probleme während des Ost-West-
Konflikts in der Regel *nicht* offen geführt wurde, weil hier die Nuklearstrategie
mit einer surrealen Aura umgeben ist, was sowohl die Verfechter wie die Gegner
dieser Strategie nicht wahrnahmen oder wahrnehmen mochten. Dennoch bildet
dieser Teil der Debatte den Subtext zu den großen militärstrategischen Auseinandersetzungen über den Sinn und die Funktion von Nuklearwaffen im Ost-West-
Konflikt und, in charakteristisch begrenztem Umfange, von Nuklearwaffen überhaupt.

Man muß nämlich die politischen Abläufe auf der nuklearstrategischen Ebene
des Ost-West-Konflikts zuvörderst nicht als reale, sondern als symbolische Politik auffassen, um ihnen gerecht zu werden. Der Unterschied zwischen beiden
Arten von Politik besteht hauptsächlich darin, daß die Aktions/Reaktions-Abläufe
realer Politik direkt zielorientiert sind, so daß ihre Zweck/Mittel-Relation unmittelbar erkennbar ist. Bei symbolischer Politik sind die Aktions/Reaktions-Abläufe
hingegen indirekt zielorientiert, so daß ihre Zweck/Mittel-Relation verborgen
bleiben soll.

Symbolische Politik umfaßt also alle Politik, die bestimmte Ziele zu erreichen
nur vorgibt, entweder weil sie andere anstrebt, die nicht offengelegt werden, oder

weil sie zu kraftlos ist, um wirklich in die Nähe des proklamierten Ziels zu gelangen. Symbolische Politik ist Politik im Konjunktiv; sie tut nur so, als wäre sie reale Politik. Moderne Wahlkämpfe sind Paradebeispiele für symbolische Politik. Entwicklungshilfe ist größtenteils symbolische Politik. Sonntagsreden sind symbolische Politik. Wenn man genauer hinsieht und insbesondere auch die Wirkungsmechanismen der modernen Massenmedien in der und für die Politik ins Auge faßt, wird man gewahr, daß wir mit sehr viel mehr symbolischer Politik konfrontiert werden, als wir glauben möchten. (Dies alles wird hier ohne einen Anflug moralischer Bewertung festgehalten. Die steht auf einem anderen Blatt.) Im Ost-West-Konflikt war die Nuklearstrategie ein Musterfall symbolischer Sicherheitspolitik.

Thesen zur symbolischen Sicherheitspolitik mittels Nuklearwaffen
- Der Besitz von Nuklearwaffen ist in erster Linie ein politisches Statussymbol; die Mitgliedschaft im *Nuklear-Klub* wird von den Staaten angestrebt (einigen, nicht allen), weil sich ihre Führungen binnenpolitisch und international ein besonderes Prestige versprechen.
- Die Motive des Wettrüstens zwischen Ost und West auf dem Gebiet der militärischen Spitzentechnologien sind nicht so sehr militärischer Natur, vielmehr ebenfalls vom Status- und Prestigedenken bestimmt. Hinzu kommt, daß „Erfolge" und vorzeigbare „Fortschritte" auf diesem Gebiet die binnengesellschaftliche Loyalität zum politischen Establishment verstärken. Daß es nebenbei auch wirtschaftliche Motive einiger gesellschaftlicher Akteure gibt, versteht sich von selbst und braucht nicht extra mit der umständlichen Konstruktion eines „militärisch-industriellen Komplexes" begründet zu werden.
- Die verschiedenen Bedrohungswahrnehmungen in Ost und West, vom Beginn des Kalten Krieges 1947 bis zum Einde des Ost-West-Konflikts 1990, wurden von den entscheidenden Akteuren letztlich nicht geglaubt, vielmehr von ihnen dramatisiert, um innenpolitische Ziele durchzusetzen.
- Die militärische Dimension des Ost-West-Konflikts diente in Europa als Spielfeld für symbolische Politik und zu nichts anderem, denn die europäischen Grenzen zwischen Ost und West zu verändern (also z. B. eine Vereinigung Deutschlands unter westlichen, östlichen oder unter neutralen Vorzeichen herbeizuführen, den Aufstand in Ungarn 1956 militärisch zu unterstützen oder 1968 den Prager Frühling gegen die Intervention des Warschauer Paktes zu schützen), lag *nie* ernsthaft im Interesse der Hauptakteure, obwohl sie genau dies proklamierten.
- Der niemals abreißende Fluß von Bedrohungsanalysen, *worst-case scenarios*, von Alarmrufen über neu entdeckte heimliche militärische Aggressions-Absichten der jeweils anderen Seite war Teil einer umfassenden symbolischen Politik, deren Ziel darin bestand, durch klare Freund/Feind-Abgrenzung das jeweilige gesellschaftliche Integrationspotential zu erhöhen.
- Die Nuklearkriegsgefahr im Ost-West-Konflikt war deshalb grundsätzlich fiktiv. Denn die Regierungen der Nuklearstaaten waren sich über das enorme Eigenrisiko eines Nukleareinsatzes im Klaren, so daß sie in potentiell oder aktu-

ell kritischen Situationen trotz aller Gegensätzlichkeiten einer Eskalationstendenz hin zum Nuklearkrieg auch gemeinsam entgegenwirkten.
- Die Nuklearstrategie im Ost-West-Konflikt war eine Kriegsverhinderungs-Strategie.

Diese hier kräftig zugespitzten Thesen bedeuten allerdings keine retrospektive Nuklearkriegs-Entwarnung. Das Problem mit symbolischer Politik besteht nämlich darin, daß sie durch Umstände gezwungen werden kann, zu realer, dann mit ziemlicher Sicherheit ihre Ziele verfehlenden Politik zu werden. Deshalb muß man an dieser Stelle ein paar weitere Thesen und ein paar Fragen zur Gefährlichkeit der symbolischen Nuklearstrategie und -politik im Ost-West-Konflikt folgen lassen:

Probleme symbolischer Sicherheitspolitik mit Nuklearwaffen
- Die Mittel, die zum Zwecke symbolischer Nuklearstrategie eingesetzt wurden, waren ungeheuer hoch. Wenn diese Riesensummen für Rüstung „nur" symbolischer Politik dienten, hätte man da das Ganze nicht preiswerter haben können?
- Es gibt grundsätzlich keine Garantie dafür, daß symbolische Politik virtuell bleibt, also in unserem Falle ungefährlich. Die in den Spielregeln gegenseitiger nuklearer Abschreckung unterstellte Rationalität der Akteure und Funktionssicherheit der technischen Systeme beruht auf einer schönen Hoffnung. Insofern war die symbolische Nuklearstrategie real gefährlich, und die verschiedenen, kooperativ vorgenommenen Absprachen zur Eindämmung dieser Gefahr, die sich nach dem glücklichen Ende der Kuba-Raketen-Krise im Herbst 1962 zwischen den beiden Führungsmächten USA und UdSSR ergaben, konnten sie zwar vermindern, aber nicht aus der Welt schaffen.
- Symbolische Politik war auch deshalb ziemlich zwiespältig, weil manche der Adressaten den symbolischen Charakter dieser Politik nicht durchschauten und deshalb entweder paranoische Feindbilder in ihren Köpfen aufbauten oder Versprechungen und Ankündigungen, die nie als reale Politik gemeint waren (z. B. die *roll back policy* aus dem Wahlkampf 1951/52 von John Foster Dulles), für bare Münzen und als Grundlage eigener Aktionen nahmen.

Die eigentümliche Unschärfe in der Wahrnehmung der westlichen nuklearen Sicherheitspolitik und Nuklearstrategie im Ost-West-Konflikt rührt daher, daß weder ihre Akteure noch ihre Beobachter immer entscheiden konnten, ob es adäquater war, einzelne Elemente dieser Politik und Strategie eher im Rahmen realer oder eher im Rahmen symbolischer Politik zu interpretieren.

11. Deeskalations-Streitkräfte

Nicht mehr Verteidigung und Abschreckung, sondern die militärische Deeskalation von Konflikten ist seit 1990 die entscheidende Aufgabe der Bundeswehr. Was das bedeutet, für die organisatorische Form der Streitkräfte und für das Bild des Soldaten, wird in diesem Kapitel abgehandelt werden.

11.1 Veränderungen in der europäischen Sicherheits-Landschaft

Seit dem Fall der Mauer proklamiert niemand mehr den *internationalen Klassenkampf.* Die Länder des Warschauer Paktes und mit ihnen auch die DDR schüttelten die Herrschaftsordnungen des sowjetisch inspirierten Sozialismus ab. Ihre Gesellschaften wollten sich zu Marktwirtschaften und parlamentarischen Demokratien ausbilden. Die Ost-West-Konfrontation war überwunden. Auch sicherheitspolitisch: in der *Gemeinsamen Erklärung der 22 Staaten der NATO und der Warschauer Vertrags-Organisation,* unterzeichnet auf dem KSZE-Gipfel in Paris am 19. 11. 1990, erklärten die Regierungen dieser Staaten feierlich, daß sie sich in dem anbrechenden neuen Zeitalter europäischer Beziehungen nicht länger als Gegner betrachten, sondern neue Partnerschaften aufbauen und freundschaftliche Beziehungen entwickeln wollen.

Man kann diese *Gemeinsame Erklärung* als den Totenschein des Ost-West-Konflikts ansehen. Ihr Inhalt ist fast ausschließlich auf Europa konzentriert, aber sie hatte eine weit über den regionalen Zusammenhang hinausreichende Bedeutung. Im Punkt 2 der Erklärung findet sich der Satz: "Keine ihrer Waffen wird jemals eingesetzt werden, außer zur Selbstverteidigung oder in anderer Weise, die mit der Charta der Vereinten Nationen in Einklang steht." Gut gemeint war das. Aber nicht nur in der Poesie, sondern auch und gerade in der Politik ist "gut gemeint" sehr oft das Gegenteil von "gut gemacht". Dieser Teil der Absichtserklärung erwies sich jedenfalls leider als hohl.

Das dem Ende des Ost-West-Konflikts folgende Jahrzehnt wird nicht nur von einer ganzen Reihe blutiger Kriege auf verschiedenen Kontinenten, insbesondere in Afrika und Asien, geprägt, sondern auch von einer "Rückkehr des Krieges nach Europa". Der Zusammenhalt der Staaten UdSSR und Jugoslawien brach auseinander – mit erheblichen Konsequenzen nicht nur für die vom Krieg/Bürgerkrieg betroffenen Bevölkerungen, sondern auch für die europäische Sicherheits-Landschaft.

Die hätte, so argumentierten in Jahren 1990/91 sicherheitspolitischen Mitte-Links-Kritiker der regierunsamtlichen Sicherheitspolitik, um die KSZE herum und unter dem Banner drastischer Abrüstung in Europa organisiert werden sollen. Dazu ist es aber nicht gekommen. Die KSZE, die 1994 in OSZE (*Organisation für Sicherheit und Zusammenarbeit in Europa*) umgetauft wurde, verlor innerhalb des sicherheitspolitischen Organisationsdreiecks NATO – OSZE – GASP/WEU an Bedeutung.

Obwohl es zunächst gar nicht unbedingt danach aussah, ist die NATO zur entscheidenden Organisation europäischer Sicherheitspolitik geworden. Der Weg dahin, er ist noch nicht zu Ende, war holprig und sah nicht für alle europäischen Staaten gleichermaßen einladend aus. Am Beginn des neuen Jahrzehnts, zu einem Zeitpunkt, an dem die bis dahin ebenfalls nicht sehr wirkungsmächtige WEU vielleicht vor einem neuen Anfang steht, ist es jedenfalls die NATO, die sicherheitspolitisch und militärisch die Sicherheits-Landschaft in Europa beherrscht.

Das kann man in erster Linie an den Entscheidungen zur Öffnung der NATO für ostmittel-europäische Staaten ablesen, die nach einer kurzen Phase der Unentschlossenheit zielstrebig gefällt und etappenweise durchgeführt werden. Das größte Problem, das es hier zu bewältigen galt und gilt, ist zu verhindern, daß Rußland in eine antagonistische Rand- und Außenseiterposition abgeleitet wird. Zwar liegt das nicht in der Absicht der westlichen Länder, jedoch könnte es zu einer unbeabsichtigten Nebenfolge werden. Eine große Zahl diplomatischer, sicherheitspolitischer und nicht zuletzt auch finanzieller Bemühungen seitens der NATO-Länder sind darauf gerichtet, diesen unerwünschten Effekt nicht eintreten zu lassen.

Dennoch betrachten viele Länder Ostmitteleuropas, die der NATO schon beigetretenen oder beitrittswillig sind, ihre Integration in die NATO vor allem auch als Rückversicherung gegenüber russischem Druck. Wie weit sich die Vorstellung von der NATO als Stütz-Organisation gegen unbillige russische Forderungen bereits nach Osten und Südosten ausgebreitet hat, geht u.a. aus den mehrfach wiederholten Bitten der politischen Führung eines Staates wie Georgien hervor, in nicht allzu ferner Zukunft ebenfalls in die NATO aufgenommen zu werden.

Militärisch gesehen, sind die NATO – und innerhalb der NATO in erster Linie die USA– als einzige wirklich einigermaßen befriedigend auf die neuen Herausforderungen vorbereitet. Die militärische Intervention der NATO im Kosovo Mitte 1999 hat das einmal mehr deutlich gemacht. Es sind nicht zuletzt die Lehren aus diesem Krieg, welche die Regierungen der EU-Länder dazu drängen, eine einheitliche europäische Sicherheits- und Verteidigungspolitik zu einem zentralen Integrationsprojekt der nächsten Jahre zu machen.

11.2 Rückblick: Die Übernahme der Nationalen Volksarmee

Auch in der DDR gab es seit den sechziger Jahren die allgemeine Wehrpflicht. Es gab hingegen, außer in den letzten Monaten, keine Kriegsdienstverweigerung. Wer aus Gewissensgründen keinen Wehrdienst ableisten wollte, wurde *Bausoldat* und mußte später erhebliche soziale Diskriminierungen ertragen.

Ein Ost-West-Krieg in Europa hätte mit großer Wahrscheinlichkeit bedeutet, daß Deutsche auf Deutsche hätten schießen müssen. Offensichtlich waren in diesen Jahrzehnten die ideologisch-politischen Bindungen an das jeweilige Bündnis und die jeweilige *Wertegemeinschaft* in Ost- und Westdeutschland so stark verfestigt worden, daß die gemeinsame nationale (deutsche) Identität keine handlungsbestimmende Wirkung mehr zu entfalten versprach. Das ist eigentlich verwunderlich, denn herkömmlicherweise bildet die Nation (häufig in einer überhöhten und romantisierten Vorstellung) den höchsten politischen Wert im Offizierkorps moderner Nationalstaaten. In Deutschland nach 1945 war das anders; ein nachdrücklicher Hinweis darauf, daß diese Jahreszahl wirklich einen tiefen Bruch für Staat und Gesellschaft in Deutschland markiert.

Als der Ost-West-Konflikt vorbei und Deutschland vereinigt war, gab es eine Menge Probleme gegenseitigen Verständnisses und wechselseitiger Anpassung zwischen West- und Ostdeutschen. Nicht wenige davon werden auch im zweiten Jahrzehnt der Vereinigung weiterbestehen. Diese fand ja unter westlichen Vorzeichen statt. Das hatte zur Folge, daß viele Einrichtungen in der ehemaligen DDR, insbesondere diejenigen, welche von der SED kontrolliert waren, entweder verschwanden oder vollständig umgebaut wurden. Der Staatsapparat, das Justizsystem, die Universitäten, die Polizei – von deren Führungspersonal, oft bis weit hinunter ins mittlere Management und tiefer, blieben wenige übrig. Diese politisch-ideologische Unvereinbarkeit galt natürlich auch für die Streitkräfte. Dennoch vollzog sich die Übernahme der Nationalen Volksarmee und ihrer Soldaten durch die Bundeswehr ohne äußere Konflikte. Die Kooperation deutscher Soldaten (West) mit deutschen Soldaten (Ost) verlief alles in allem erstaunlich reibungslos. Dafür kann man eben nicht den Gleichklang nationaler Wertvorstellungen verantwortlich machen. Stattdessen muß hier *erstens* auf den schon früher einsetzenden Legitimationsverlust von DDR und Sowjet-Sozialismus und *zweitens* auf den soldatischen Professionalismus hinweisen, der Anknüpfungspunkte über nationale und "System"-Grenzen hinweg bot. Trotzdem bleibt überraschend, wie vergleichsweise reibungslos sich die Übernahme der NVA in die Bundes-

wehr vollzog. Denn sie war eben doch ein ideologisches Abenteuer, dazu eine
knifflige Organisationsaufgabe. Wegen der durch den KSE-Vertrag vorgeschrie-
benen Verkleinerung der Bundeswehr um ca. ein Viertel ihres Bestandes (ohne
NVA) innerhalb von vier Jahren tauchte sie die Streitkräfte in einen Dauerstress.[1]

Erfahrung eines NVA-Offiziers mit der Wende
Unter den Berufssoldaten und Offizieren herrschte eine Art Endzeitstimmung,
verbunden mit weitverbreiteter Lethargie. Dies hatte sicherlich auch etwas damit
zu tun, daß das Feindbild weg war. Die Leute wußten nichts mehr mit sich anzufangen, man döste in den Tag hinein, zumindest für eine gewisse Übergangszeit.
Die Lage war dann schnell gekennzeichnet durch Auflösungserscheinungen in den
gesamten Streitkräften der Volksmarine. Mangelnde Disziplin und Ordnung und
Sicherheitsrisiken entstanden, weil auch Soldaten wegliefen. Die Liegenschaften
mußten aber weiter geschützt werden, vor allem der riesige Bestand an Waffen,
Munition und Schiffen.
Der Glaube an den Fortbestand der Streitkräfte war weg. Information gab es nicht,
statt dessen reichlich Spekulation. Eine Kündigungswelle setzte ein, viele Leute
versuchten, auf dem Arbeitsmarkt ein weiteres Fortkommen zu finden. Es exi-
stierte viel Frust und wenig Perspektive. Wir fühlten uns als Soldaten verraten und
verkauft, überflüssig und nutzlos...
Die ersten Kontakte zur Bundeswehr bestanden 1989/90 mit der Beratergruppe,
die uns aufmunterte, nicht die Flinte ins Korn zu werfen. Wir wurden vorläufig ja
auch noch gebraucht... Sehr viele haben weitergearbeitet, vor allem in den rück-
wärtigen Diensten, in den Dienstleistungsbereichen. Es gab immer noch Aufgaben. Man hat abgewickelt, bis zum letzten Tag seinen Dienst getan, hat dann seinen Schlüssel unter die Matte gelegt und ist, wenn man die Entlassungspapiere in
der Hand hatte, nach Hause gegangen. So ist das gelaufen, im Großen und Ganzen
ohne allzuviel Gemurre.
Quelle: Vom Feindbild zur Armee der Einheit. Die Bundeswehr der Einheit aus
der persönlichen Sicht von zwei betroffenen Soldaten. Universität Ro-
stock, Rostocker Informationen zu Politik und Verwaltung, H. 10, S. 17-
18 (Kapitänleutnant F. Brinner).

Am Tag der Vereinigung umfaßte die NVA noch rund 90.000 Soldaten. In den
Monaten zuvor hatte ein rapider und von oben, d. h. vom letzten Minister für

---

[1] Ende 1990 waren die Gleise für eine neue europäische Sicherheitspolitik gelegt. Mehrere multinationale und binationale Verträge bestimmten u.a., daß das vereinte Deutschland souverän geworden
war (was eine freie Bündniswahl einschloß), daß die UdSSR ihre ca. 340.000 in der ehemaligen DDR
stationierten Soldaten (wozu noch ca. 200.000 Angehörige und Helfer hinzuzurechnen waren) bis
Ende 1994 abziehen und daß Deutschland im gleichen Zeitraum den Umfang der Bundeswehr auf
maximal 370.000 Soldaten begrenzen würde.

Abrüstung und Verteidigung[2], Rainer Eppelmann, beschleunigter Abbau der Organisation der ostdeutschen Streitkräfte eingesetzt. Für die Monate April bis Oktober 1990 trat überdies ein Gesetz in Kraft, das die Kriegsdienstverweigerung nicht nur ermöglichte, sondern fast schon dazu aufforderte. Kein Wunder also, daß sich die Organisation der NVA im Herbst 1990 in einem desolaten Zustand befand.

Mit dem Tag der Einheit wurden das DDR-Ministerium für Abrüstung und Verteidigung und die NVA aufgelöst. Die Soldaten der NVA, nicht aber die Angehörigen der anderen bewaffneten Organe der DDR, wurden vorläufig in die Bundeswehr übernommen. Die NVA-Einheiten wurden Zug umd Zug aufgelöst und Truppenteile der Bundeswehr aus Angehörigen der Bundeswehr und der ehemaligen NVA neu aufgestellt.

Umfang der NVA in ihrem Endstadium
Die 90.000 Soldaten der NVA teilten sich folgendermaßen auf:
- 39.000 Wehrdienstleistende;
- 1.000 Soldaten im Wartestand;
- 50.000 Längerdienende und Berufssoldaten.
Die zuletzt angeführte Kategorie umfaßt:
- 9.000 Stabsoffiziere (Dienstgrade ab Major);
- 15.000 sonstige Offiziere (Leutnant bis Hauptmann);
- 14.000 Unteroffiziere mit Portepee (Feldwebel-Dienstgrade);
- 9.000 Unteroffiziere ohne Portepee (Unteroffiziere und Stabsunteroffiziere);
- 3.000 Mannschaften (Gefreiten-Dienstgrade).
Die Dienstgrade in Klammern sind solche des Heeres der Bundeswehr und dienen hier nur zur Illustration der Unterscheidungen.

Wenn Dienstgrade vom Major an aufwärts ein ganzes Zehntel einer Streitmacht ausmachen, sind die inner-organisatorischen Balancen schon ziemlich in Unordnung: viel zu viele Häuptlinge, kaum Indianer.

Ungefähr die Hälfte der hier aufgezählten Soldaten schied auf (mehr oder weniger) eigenen Wunsch aus dem Dienstverhältnis aus. Die Bundeswehr übernahm zunächst auch ca. 50.000 Zivilbeschäftigte der NVA. Viele von ihnen waren für die nun anstehenden Organisations- und Verwaltungsmaßnahmen im Grunde sogar wichtiger als die Soldaten. Folgerichtig konnten die meisten von ihnen auch mit einer längeren Beschäftigungsdauer rechnen.

---

[2] Bis zum April 1990 lautete der Name *Ministerium für Nationale Verteidigung*. Die Umbenennung sollte Signalbedeutung haben.

Liegenschaften, Waffen und Geräte, die die Bundeswehr am 3. 10. 1990 übernahm

- 2.285 militärische Liegenschaften wie Kasernen, Depots, Truppenübungsplätze, Flugplätze – vieles davon in baufälligem Zustand;
- rund 2.300 Kampfpanzer;
- knapp 9.000 gepanzerte Kampf- und Spezialfahrzeuge;
- rund 5.000 Artillerie-, Raketen- und Flugabwehrsysteme;
- etwa 700 Kampf- und Transportflugzeuge sowie Hubschrauber;
- 192 Kriegsschiffe und andere Marinefahrzeuge;
- rund 85.000 Kraftfahrzeuge und Anhänger;
- mehr als 1,2 Millionen handfeuerwaffen;
- rund 295.000 t Munition;
- rund 4.500 t flüssiger Raketentreibstoff;

Schließlich noch jede Menge Verbrauchsmaterial, Fernmeldegeräte, ABC-Schutzmasken usw.

Quelle: Weißbuch 1994 zur Sicherheit der Bundesrepublik Deutschland und zur Lage und Zukunft der Bundeswehr. Bonn (Bundesministerium der Verteidigung) 1994, S. 16-18.

Manches von diesen Dingen wurde weiter gebraucht; vieles war unbrauchbar und wurde auf verschiedene Weise verwertet oder entsorgt. Manches, z. B. die enorme Masse von Munition, mußte (eigentlich sollte ich sagen: durfte) abrüstungsvertraglich vernichtet werden.

Für diejenigen NVA-Soldaten, die in ihrem Beruf verbleiben wollten, richtete die Bundeswehr zunächst insgesamt 30.000 auf zwei Jahre befristete Planstellen ein. Sie waren dazu gedacht, den Betroffenen einen kurzfristigen Zeit- und Sinnhorizont zu eröffnen. Insgesamt wurden aber nur rund 18.000 NVA-Soldaten als Soldaten auf Zeit für zwei Jahre (SaZ 2) übernommen, darunter rund 6.000 Offiziere, 11.200 Unteroffiziere und 800 Soldaten mit Mannschaftsdienstgraden.

In diesen zwei Jahren wurden die Bewerber dann einzeln auf Eignung, Befähigung und fachliche Leistung überprüft. Bei den Offizieren wurde zusätzlich, und zwar durch einen eigens dafür eingerichteten *Unabhängigen Ausschuß Eignungsprüfung*, die Persönlichkeit der Bewerber geprüft. Wer Mitarbeiter des Ministeriums für Staatssicherheit oder des Amts für Nationale Sicherheit der DDR, wer Politoffizier oder bei der militärischen Aufklärung der DDR gewesen war, schied von vornherein aus.

Nach Ablauf der zwei Jahre wurden endgültig in die Bundeswehr übernommen:

- rund 3.200 Offiziere;
- rund 3.500 Unteroffiziere mit Portepee;
- rund 2.400 Unteroffiziere ohne Portepee und Mannschaftsdienstgrade.

Das macht, zurückgerechnet auf die NVA-Stärke im Herbst 1990, ungefähr ein
Zehntel aus. Viel ist das nicht. Allerdings muß man in Rechnung stellen, daß
diesem Zulauf von Bewerbern auch die Forderung nach Verkleinerung der Bundeswehr um ein knappes Viertel binnen vier Jahren entgegenstand.

Man kann sich vorstellen, daß diese Vorgänge von vielen menschlichen Pro-
blemen begleitet waren. Die Berichte darüber, seien es persönliche Erinnerungen
oder die sozialwissenschaftliche Auswertung von Umfragen lassen das erkennen.
Einige der Probleme, z. B. die unterschiedliche Bezahlung für die gleiche Tätigkeiten, wären vielleicht zu vermeiden gewesen, andere nicht. Daß etwa die oberste Führung der NVA in der Bundeswehr keine Zukunft haben würde, versteht
sich von selbst.[3]

Das Bundesministerium der Verteidigung hat in seinen Selbstdarstellungen
die Übernahme der NVA immer als einen beispielhaften Erfolg für die Integration der beiden Teile Deutschlands bezeichnet. Dem ist von manchen Betroffenen
heftig und von um Neutralität und Ausgewogenheit im Urteil bemühten Beobachtern sanft widersprochen worden. Es kommt dabei auf die Perspektive an:
Alles hätte auch erheblich schwieriger werden können, denkt man an die Brisanz
des Ost-West-Konflikts und an das Feindbild, das in der NVA von der Bundeswehr geherrscht hat. Ob andere als die von den verantwortlichen Politikern und
Militär-Managern getroffenen Grundentscheidungen die Integration noch wesentlich hätten erweitern und erleichtern können, ist die Frage. Ich neige dazu, sie
zu verneinen.

11.3 Auftrag und Gestalt der Bundeswehr im Wandel

Demokratische Gesellschaften, so besagt eine nicht ganz unumstrittene, aber
doch relativ plausible These, neigen nicht dazu, Konflikte untereinander in Kriege eskalieren zu lassen. Die Schwierigkeit mit dieser optimistischen Vorstellung
liegt darin, daß man nicht genau weiß, wann genau eine bislang noch nicht demokratische Gesellschaft ein für alle Mal oder wenigstens mehr als nur ober-
flächlich demokratisch geworden ist.

Gegründet wurde die Bundeswehr, um die Verteidigung Westeuropas gegen
eine damals als durchaus real eingeschätzte politisch-militärische Bedrohung
seitens der UdSSR und ihrer Satellitenstaaten. Viele Menschen befürchteten, daß
es zu einem Krieg mitten in Europa kommen würde, und wenn es dazu kommen
sollte, würde die Bundeswehr gemeinsam mit den Verbündeten versuchen, das

---

[3] Ein Kritiker der Art und Weise der NVA-Übernahme ist Detlef Bald: Der Paradigmenwechsel der
Militärpolitik. In: Mittelweg 36, 8. Jg. Nov./Dez. 1999, S. 26-28.

angegriffene eigene Territorium zu verteidigen. Die Bundeswehr wurde also, um die Terminologie von Charles Moskos aus der *Übersicht 1* im ersten Kapitel aufzugreifen, im Zeichen der *Kriegsbereitschaft* (freilich einer defensiven) gegründet. Kriegsführungs-Erfahrungen aus dem Zweiten Weltkrieg spielten bei ihrer Aufstellung eine gestaltende Rolle.

In den sechziger und siebziger Jahren wurde der Verteidigungs-Auftrag der Bundeswehr mehr und mehr von ihrem Auftrag, zur gemeinsamen Abschreckung (strategisch-nuklear; taktisch-nuklear, konventionell) der NATO beizutragen. Die Bundesrepublik Deutschland nahm so, in sicherheitspolitischer Sichtweise, zunehmend die Züge einer *kriegsabschreckenden* Gesellschaft an. Dieser Wandel wurde vor allem durch die Veränderungen auf dem Gebiet der Rüstungstechnologie forciert. Im übrigen trugen auch kritische sicherheitspolitische und strategische Analysen über die praktische Unmöglichkeit einer erfolgreichen Verteidigung der Bundesrepublik bei einem ernsthaften Angriff aus dem Osten zu diesem Wandel bei.

Aber schon in achtziger Jahren begann die auf jener oben erwähnten Triade aufgebaute Abschreckung in der Gesellschaft an Glaubwürdigkeit zu verlieren – die Auseinandersetzungen im Kontext von NATO-Doppelbeschluß (Dezember 1979) und westlicher Nachrüstung mit weitreichenden Mittelstreckenraketen und Cruise Missiles (ab 1984) waren das am deutlichsten erkennbare Anzeichen für diese Glaubwürdigkeits- oder Vertrauens-Erosion. Diese Waffensysteme wurden wenig später wieder abgezogen, weil es im Ost-West-Verhältnis in der zweiten Hälfte der achtziger Jahre zur sogenannten Nullösung kam. Gegen Ende der achtziger Jahre, als der Ost-West-Entspannungsprozeß große Fortschritte machte, konnte sich, ja brauchte sich (zum Glück) die für das Funktionieren von nuklear gestützter Abschreckung wichtige Glaubwürdigkeit in der Gesellschaft nicht recht wiederherzustellen.

Und nach 1990 haben wir die scheinbar paradoxe Situation, daß die Bundesrepublik Deutschland im Sinne von Moskos eine *kriegsfreie* Gesellschaft geworden ist, insofern ein Krieg auf dem eigenen Territorium oder in unmittelbarer Nachbarschaft ganz und gar bzw. so gut wie unwahrscheinlich geworden ist. Zugleich aber muß sich die Bundeswehr in militärischer Hinsicht so verändern, daß sie nicht mehr in erster Linie Kriegsverhütungs-Aufgaben (durch Abschreckung) erfüllt, sondern auch wieder mehr Kriegführungs-Aufgaben übernehmen kann, wenngleich diese anders aussehen, als jemals zuvor in der deutschen Militärgeschichte. Es handelt sich also keineswegs um eine "Rückkehr" zu Kriegserfahrungen früherer Epochen, sondern um etwas Neues: Die Bundeswehr erweitert ihr Aufgaben-Spektrum um militärische Deeskalations-Funktionen.

Das Weißbuch 1994 zum gewandelten Auftrag der Bundeswehr
Mit der Teilnahme an internationalen Friedensmissionen sind teilweise neue Aufgaben entstanden. Das Einsatzspektrum der Bundeswehr wird auf der Grundlage
der Verfassung und der Charta der Vereinten Nationen von der humanitären Hilfe
in Katastrophen- und Konfliktgebieten über die Beteiligung an Einsätzen zur Friedenssicherung bis hin zum Einsatz in der internationalen Krisenbewältigung reichen...
Die Bundeswehr
– schützt Deutschland und seine Staatsbürger gegen politische Erpressung und
  äußere Gefahr;
– fördert die militärische Stabilität und die Integration Europas;
– verteidigt Deutschland und seine Verbündeten;
– dient dem Weltfrieden und der internationalen Sicherheit im Einklang mit der
  Charta der Vereinten Nationen und;
– hilft bei Katastrophen, rettet aus Notlagen und unterstützt humanitäre Aktionen.
*Quelle: Weißbuch 1994. Weißbuch zur Sicherheit der Bundesrepublik Deutschland
           und zur Lage und Zukunft der Bundeswehr, hg. v. Bundesministerium der
           Verteidigung, Bonn 1994, S. 89.*

Dieser Aufgabenkatalog klingt ein wenig uneben, aber das liegt nicht zuletzt
daran, daß der Übergang von der sicherheitspolitischen Konstellation des Ost-
West-Konflikts zu der Epoche danach sich unter großen Schwierigkeiten vollzog.
Nicht die geringste darunter ist die auch heute noch nicht überwundene Unbe-
stimmtheit der Konturen dieser "Epoche danach".

11.4 Multinationale Streitkräfte: Pilotprojekte

Daß die Streitkräfte verbündeter Staaten in Manövern und im Krieg eng miteinander kooperieren, ist nichts Neues. Jedoch kann man gegenwärtig in Europa und
darüber hinaus zwei Entwicklungen ausmachen, die über die überlieferten Formen multinationaler Streitkräfte-Kooperation hinaus tatsächlich so etwas wie
einen spezifischen *militärischen Multilateralismus* befördern. Dabei handelt es
sich *erstens* um formal neuartige bi- und multilaterale Versuche zur Zusammen-
legung von Streitkräften verschiedener Staaten und *zweitens* um die ad hoc-
Komposition multinationaler Kontingente von Streitkräften für Friedensmissionen.
     Hier geht es vor allem um die zuerst genannte Entwicklung, die in der Haupt-
sache auf Europa beschränkt und eine Konsequenz der europäischen Integration
ist. Mit dem *Vertrag über die Europäische Union* vom Februar 1992 und der

darin zumindest in groben Zügen angelegten Gemeinsamen Außen- und Sicherheitspolitik (GASP) der Europäischen Union wird indirekt auch zur Fortführung des ersten Pilotprojekts dieser Art, der deutsch-französischen Brigade ermuntert.

Deutsch-französische Brigade
Als erstes dieser neuen Gebilde wurde schon 1987 die *Deutsch-Französische Brigade* aufgestellt. Sie umfaßt z. Z. je etwa 2.700 (nationale) Soldaten. Die Positionen des Kommandeurs und seines Stellvertreters werden im Rotationsverfahren von beiden Nationen besetzt, ebenso die Offiziere des Brigadestabes.
In diesem Großverband, quasi ‚Keimzelle‘ und auch heute noch Teil des Eurokorps, wurde die Multinationalität (zwischen zwei Nationen) ‚ausprobiert‘. Sie reichte und reicht bis auf eine sehr niedrige Ebene: Versorgungsbataillon und Brigadestabskompanie sind national gemischte Truppenkörper. Diese Brigade war eine Art ‚Versuchsfeld‘, inwieweit bzw. bis zu welcher Ebene Soldaten aus mehreren Nationen kooperieren können. Fragen hinsichtlich verschiedener Sprachen, Sitten und Gebräuchen oder Rechtssystemen, aber auch bezüglich unterschiedlicher Ausrüstungen (Waffen und Gerät) oder mangelnder Kompatibilität von Führungs-, Informations- oder Fernmeldesystemen mußten beantwortet werden.
Quelle: Hans Raidel: Die Bundeswehr. Grundlagen, Rollen, Aufgaben, hg. v. d. Hanns-Seidel-Stiftung, München 1998, S. 93.

Manche von diesen Fragen sind auch heute noch nicht so ganz befriedigend beantwortet worden, weil die militärischen Kulturen der beiden Länder eben doch nicht unbeträchtlich voneinander abweichen, trotz aller politischen Nähe. Dennoch ist dieses Integrationsprojekt wegweisend. Für Sozialwissenschaftler handelt es sich darüber hinaus um ein spannend zu verfolgendes, aufschlußreiches Groß-Experiment im Rahmen einer europäischen Identitätspolitik.
Auf absehbare Zeit wird es hier allerdings keine Integrations-Durchbrüche geben. Schließlich haben militärische Verbände auch und vor allem militärische Funktionen zu erfüllen, und mit dieser Aufgabe sind multinationale Streitkräfte-Verknüpfungen, die nicht so tief in die Militärorganisation hineinreichen, leichter zu vereinbaren. Von diesen sozusagen oberflächlicher bleibenden Verknüpfungen gibt es dafür schon einige mehr: das deutsch-niederländische Korps (in Münster), das deutsch-amerikanische Korps (in Ulm), das US-German Corps (in Frankfurt/M.) und seit dem Oktober 1999 auch das polnisch-dänisch-deutsche Korps, dessen Stab in Stettin stationiert ist. Neben diesen bi- und trinationalen Verknüpfungen gibt es aber auch ein multinationales Korps in Europa, das Eurokorps. Auch bei dessen Gründung haben allgemeine politische und sicherheitspolitische Überlegungen eine primäre, genuin militärische eine nachgeordnete Rolle gespielt.

Eurokorps

Die durch Helmut Kohl und François Mitterand initiierte Bildung des Eurokorps im Jahr 1991 war als Anstoß zur Entwicklung einer Gemeinsamen Außen- und Sicherheitspolitik gedacht. Die Aufstellung eines gemeinsamen Korps war die konsequente Weiterentwicklung der symbolträchtigen deutsch-französischen Brigade. Bis heute haben sich neben Deutschland und Frankreich auch belgien, Luxemburg und Spanien mit Truppenteilen am Eurokorps beteiligt. Die sicherheitspolitischen Beweggründe liegen dabei nicht nur in der Bestärkung der militärischen Integration der europäischen Staaten. Zusätzlich lassen sich zwei Motive ausmachen: Für die kleineren Länder (Belgien, Luxemburg) ging es vornehmlich darum, eigene sicherheitspolitische Kompetenz zu behalten bzw. hinzuzugewinnen. Diese war durch massive Reduzierungsmaßnahmen in den jeweiligen Staaten gefährdet. Die integrierten Strukturen sind folglich den Reduzierungs- und Sparmaßnahmen im militärischen Bereich seit Ende des Kalten Krieges geschuldet. Für Spanien und Frankreich stellt das Eurokorps eine Möglichkeit dar, ihre Streitkräfte an die der NATO-Staaten anzunähern. Beide Länder sind bisher nur dem politischen Teil des Atlantischen Bündnisses zugehörig und haben die Absicht, sich zukünftig auch in die militärische Struktur einzubringen. Dabei gab es Anfang der neunziger Jahre Auseinandersetzungen um die Frage, in welchm Unterstellungsverhältnis die Soldaten des Eurokorps zur NATO stehen sollen. Die politische und militärische Führung der USA argwöhnte, daß aus der Bildung des Eurokorps eine selbständige militärische Komponente der WEU erwachsen sollte. Dies wurde als Einflußverlust der Amerikaner auf die europäische Sicherheitspolitik verstanden. Diese Absicht war einigen französischen Initiatoren des Korps wohl nicht ganz fremd. Das Eurokorps steht außerhalb der Militärintegration des Bündnisses, kann aber im Einsatzfall der NATO unterstellt werden.

Quelle: Heiko Biehl: Die neue Bundeswehr, hg. v. Sozialwissenschaftlichen Institut der Bundeswehr, Strausberg 1998, S. 18-19.

Spätestens im Jahr 2003 soll eine Schnelle Eingreiftruppe der Europäischen Union aufgestellt und einsatzbereit sein, die aus 50.000 bis 60.000 Soldaten bestehen wird. Diese Truppe soll binnen 60 Tagen in ein Krisengebiet verlegt werden können und dort militärisch in jeder Beziehung unabhängig von den Vereinigten Staaten und der NATO sein.

Dieser Beschluß wurde auf dem Gipfeltreffen der Europäischen Union am 11. Dezember 1999 in Helsinki gefaßt. Die europäischen Streitkräfte werden aus Einheiten und Verbänden der 15 Mitgliedsstaaten der EU bestehen. Sie sollen organisatorisch so miteinander verflochten werden, daß sie unter gemeinsamem europäischem Kommando operieren können.[4]

---

[4] Frankfurter Allgemeine Zeitung v. 22. 12. 1999.

Der Beitrag der Bundeswehr soll ungefähr ein Drittel ausmachen. Das bedeutet, daß insgesamt ungefähr 150.000 deutsche Soldaten (Infanteristen, Fallschirmjäger, Spezialeinheiten) auf diese Aufgabe vorbereitet werden müssen.[5]

11.5 Bedrohungen/Risiken

"Natürlich ist der Glaube ein Risiko – aber niemals würde ich ein Leben ohne ihn riskieren." Dieser wertvolle Ausspruch stammt von Desmond M. Tutu, und man konnte beides, das Porträt des Erzbischofs und diesen Satz auf einer fast halbseitigen Zeitungsanzeige[6] zur Kenntnis nehmen, in der sich eine schweizer Versicherungsgesellschaft als *the experts in total risk management* anpreist.

Das ist freilich nicht viel mehr als eine lukrative Sottise, Ausdruck auch für die anhaltende Konjunktur des Begriffs Risiko. In die sicherheitspolitische Diskussion ist er auch eingesickert. Dort ergänzt er meistens, ersetzt auch zuweilen den herkömmlichen Begriff der Bedrohung. Das ist auch ganz sinnvoll, denn der unter einer *Bedrohung* oder, diplomatischer ausgedrückt, einer *potentiellen Bedrohung* versteht man in unserem Kontext in der Regel die bei einem Staat oder einem anderen klar identifizierbaren und lokalisierbaren Akteur, nennen wir ihn A, wahrgenommene Absicht, eine bestehende Interessendivergenz mit einem anderen Akteur, nenen wir ihn B, zu seinen eigenen eigenen Gunsten und auf Kosten von B zu entscheiden, notfalls auch mit militärischen Mitteln. A ist für B eine Bedrohung. (In der internationalen Politik kommt es nicht selten zu der Konstellation, daß beide Akteure den jeweils anderen als Bedrohung wahrnehmen. So war es ja auch im Ost-West-Konflikt.)

Risiko ist ein Begriff, der sich weniger auf die Akteure und ihre politischen Absichten, vielmehr auf die Konstellation bezieht, in der sie agieren. Auch ohne beabsichtigte Bedrohungen ergeben sich Risiken, z. B. über die nicht beabsichtigten Nebenwirkungen politischer Entscheidungen. Solche Risiken, auch wenn sie an niemanden adressiert sind, betreffen mehr oder wenige alle.

Die "Weizsäcker-Kommission" über Risiken und Bedrohungen
Nicht-militärische Risiken
Unruhe und Not werden weiterhin große Teile der Erde erschüttern. Für die Mehrheit der Menschen bedeutet Sicherheit nicht nur die Abwesenheit militärischer Bedrohung, sondern Schutz vor existentiellen Lebensrisiken: Massenmigration als Folge von Unterentwicklung, Überbevölkerung und Hunger oder als Folge von

---

[5] Frankfurter Allgemeine Zeitung v. 15. 6. 2000.
[6] Z. B. in der Frankfurter Allgemeinen Zeitung v. 16. 6. 2000.

Krieg im Kampf um Grenzen, Ackerland oder Wasser; die pandemische Ausbreitung von Krankheiten; Umweltzerstörung, Klimawandel...
Grenzüberschreitende Kriminalität, Menschen-, Waffen- und Rauschgifthandel untergraben die innere Sicherheit...
Deutschland ist eng in das globale System gegenseitiger wirtschaftlicher Abhängigkeit verflochten. Es ist angewiesen auf die kontinuierliche Einfuhr vieler Güter, insbesondere jener Rohstoffe, die für das Funktionieren unserer Wirtschaft und damit für das normale Leben unentbehrlich sind. Störungen sind am ehesten bei der Lieferung von Erdöl vorstellbar, da die Hälfte der Weltproduktion und 60 Prozent der heute bekannten Ölvorkommen in der geopolitischen Turbulenzzone rund um den Persichen Golf konzentriert sind. Von innerstaatlichen Auseinandersetzungen wie von zwischenstaatlichen Konflikten im nahen und Mittleren Osten werden die Interessen Europas unmittelbar berührt...
Die rasante Entwicklung der Kommunikationstechnik beschwört neuartige Gefahren herauf. Sie bedrohen sowohl die private wie die staatliche Sphäre. Nach den Massenvernichtungswaffen (*weapons of mass destruction*) gewinnen im zeitalter der alle Lebensbereiche durchdringenden elektronischen Vernetzung "Massenverwirrungswaffen" (*weapons of mass disruption*) Bedeutung...
Militärische Risiken
Krisenprävention und Krisenbewältigung können von Fall zu Fall, wenn Gewalt eingedämmt oder verhindert werden muß, den Einsatz von Streitkräften erfordern...
Von außerhalb des euro-atlantischen Raums drohen ernst zu nehmende Risiken. Zwar hat sich trotz gegenteiliger Befürchtungen die Zahl der ABC-Waffen-Staaten in den vergangenen Jahrzehnten nur geringfügig erhöht...Eine direkt gegen Deutschland gerichtete Bedrohung durch Massenvernichtungswaffen besteht derzeit nicht...
Völkerrechtlichen Verboten zum Trotz werden chemische und biologische Waffen entwickelt und produziert. Nicht nur Staaten, auch terroristische Gruppen können in den Besitz hochzerstörerischer Waffen gelangen.
Quelle: Gemeinsame Sicherheit und Zukunft der Bundeswehr. Bericht der Kommission an die Bundesregierung. Berlin 2000, S. 24-26.

Das ist alles ein bißchen wolkig und im Bestreben formuliert, einer "politisch korrekten" Kritik keine Angriffspunkte zu bieten. Jedoch erkennt man in dieser Aufzählung, wie diffus die Unsicherheits-Konstellation nach dem Ende des Ost-West-Konflikts geworden ist. Die Rolle der Streitkräfte bei der Verteidigung von Gesellschaft und Staat gegen Gefahren, die sich aus dieser Konstellation heraus möglicherweise ergeben, hat sich aber eindeutig auf die Felder Konfliktprävention und Krisenmanagement im multilateralen Verbund verlagert.

Aus dem "Eckwerte"-Bericht des Generalinspekteurs vom Mai 2000
Ein umfassender, massiver konventioneller Angriff auf die NATO als Ganzes ist in absehbarer Zukunft höchst unwahrscheinlich. Die Sicherheitslage ist allerdings

durch eine große bandbreite militärischer und nichtmilitärischer Risiken unterschiedlicher Ausprägung mit schwer abschätzbarer Entwicklung gekennzeichnet. Krisenmanagement und Konfliktverhütung stellen spezifische und zusätzliche Anforderungen an militärische Fähigkeiten. Komplexe Krisenoperationen können aber hinsichtlich der Anforderungen denen der kollektiven Verteidigung durchaus vergleichbar sein. Deshalb gilt es, ein Kontinuum militärischer Fähigkeiten vorzuhalten, das allen Voraussetzungen gewachsen ist: Krisenprävention, Krisenoperationen und Krisenbewältigung bis hin zur kollektiven Verteidigung.
Quelle: Frankfurter Allgemeine Zeitung v. 24. 5. 2000.

Deeskalations-Streitkräfte benötigen in der Tat ein breites Spektrum von Fähigkeiten. Sie werden zwar nicht vorrangig im eng definierten nationalen Interesse, vielmehr primär im Interesse drangsalierter Menschen in der Krisenregion und der Aufrechterhaltung oder Wiederherstellung der internationalen Ordnung eingesetzt. Aber das bedeutet nicht, daß der von ihnen geforderte militärische Professionalismus schmalspurig werden könnte.

11.6. Beteiligung der Bundeswehr an Friedensmissionen

Friedensmissionen oder in der Terminologie der US-Streitkräfte *Military Operations other Than War* (MOOTW) umfassen eine Reihe von sehr verschiedenartigen militärischen Einsätzen. Sie haben aber auch wichtige, ja entscheidende Gemeinsamkeiten:

- Es handelt sich um Einsätze, die von einem Organ der *internationalen Gemeinschaf[7]t* formell legitimiert sein müssen, also im Regelfall von den Vereinten Nationen oder einer ihrer Regionalorganisationen.
- Zweck dieser Einsätze ist die Wiederherstellung und Stabilisierung des Friedens vor Ort. Es geht nicht um Sieg oder Niederlage, sondern um Schutz und die Überwindung von Störungen lokaler, regionaler oder globaler Ordnungsstrukturen.
- Daß nicht nationale Interessen einzelner Staaten im Vordergrund stehen, wird auch dadurch demonstriert, daß solche Einsaätze in aller Regel von gemischtnationalen Truppen vorgenommen werden.

Unterhalb dieser Gemeinsamkeiten gibt es viele verschiedene Eingreif-Variationen, von der Entsendung unbewaffneter Militärbeobachter über das tra-

---

[7] Dieser Ausdruck ist freilich ein Euphemismus. Aber er hat sich eingebürgert.

ditionelle *Peacekeeping* zur Überwachung von Waffenstillstandsabkommen (Beispiel: Zypern) und das sogenannte *robuste Peacekeeping* bis zur Anwendung organisierter Gewalt zwecks Beendigung eines Konflikts von außen (*Peace Enforcement*). Bei letzterem wird bislang meist so vorgegangen, daß die Vereinten Nationen durch entsprechende Resolutionen ihre Mitgliedsstaaten oder regionale Sicherheitsorganisationen zur Bildung einer ad hoc-Allianz ermächtigen (Beispiel: Bosnien-Herzegowina).

Die Bundeswehr hat sich an solchen Einsätzen bis 1990 nicht beteiligt. Allerdings hat es in den drei Jahrzehnten davor durchaus Auslandseinsätze der Bundeswehr gegeben. Dabei hat es sich durchgängig um Aktionen humanitärer Hilfeleistung gehandelt, die keinerlei militärische Komponente hatten – z. B. um Hilfsflüge mit Medikamenten oder anderen in Notfällen gebrauchten Gütern. Adressaten dieser Einsätze waren Länder, in denen ein Erdbeben oder Hochwasser eine Katastrophe ausgelöst hatten oder die von den Folgen einer Dürrekatastrophe heimgesucht wurden. Solche Einsätze hat es auch später immer wieder gegeben, und sie gehören auch in Zukunft zu den wichtigsten Nebenaufgaben der Bundeswehr. (Aber es versteht sich von selbst, daß es sich nur um Nebenaufgaben handeln kann und daß die Bundeswehr herangezogen wird, weil sie eben da ist. Dieselben Aufgaben könnten auch von anderen Organisationen durchgeführt werden.)

Seit dem Ende des Ost-West-Konflikts, der Vereinigung Deutschlands und der durch diese Ereignisse bewirkten Veränderung von Status und Rolle der Bundesrepublik Deutschland im internationalen System haben die deutschen Regierungen unter den Bundeskanzlern Kohl (bis 1998) und Schröder (seit 1998) ihre Zustimmung zur Beteiligung der Bundeswehr an Friedensmissionen nicht länger verweigert. Ein entscheidendes Datum wurde hier auch vom Bundesverfassungsgericht in seinem Urteil vom 12. Juli 1994 gesetzt (siehe auch Kapitel 6.4). Manche der seither erfolgten Beteiligungen an Friedensmissionen sind nicht sehr spektakulär, etwa die an der OSZE-Unterstützungsgruppe in Tschetschenien zwischen dem September 1995 und dem August 1996. Der Anteil der Bundeswehr an dieser Gruppe betrug genau: ein Stabsoffizier. Andere Einsätze wurden auch in der Öffentlichkeit beachtet und diskutiert, z. B. der Einsatz von Sanitätssoldaten in Kambodscha (1992/1993), die Beteiligung von ca. 2400 Soldaten an der Operation der Vereinten Nationen in Somalia (1992-1994), die Einsätze in Bosnien-Herzegowina (IFOR und SFOR von 1995-1998, seither SFOR-Folgeoperation).

Die Zustimmung der Öffentlichkeit zu solchen Friedensmissionen war bisher vergleichsweise hoch. Wenn die Einsatzkosten sich einmal nicht nur in DM, sondern in Menschenleben rechnen lassen müssen, könnte sich das ändern.

11.7. Bundeswehr, Medien, Öffentlichkeit

Die politische Kommunikation zwischen Regierung, Parlament und Öffentlichkeit hat sich in den letzten Jahren erheblich verändert. Das macht sich auch und mit speziellen Folgen auf dem Gebiet der Sicherheitspolitik bemerkbar. Diese Veränderungen lassen sich knapp folgendermaßen zusammenfassen:

- In allen westlichen Gesellschaft hat sich die Erfahrungs- und Verständnislücke zwischen ziviler Gesellschaft und Streitkräften verbreitert. In *kriegsfreien* Gesellschaften tendieren die Menschen dazu, den militärischen Schutz, um dessentwillen Streitkräfte primär unterhalten werden, als nicht mehr besonders wichtig anzusehen. Es entsteht eine meist keineswegs unfreundliche Distanz zu allem Militärischen. Mögen auch die Zustimmungsraten zu den Streitkräften hoch sein und bleiben, ihr Vorhandensein wird nicht mehr quasi existentiell mit der eigenen Sicherheit verknüpft.

- Eindrücke von Elend und Tod aus der großen Zahl von gewalttätigen Konflikten und Kriegen, die es auf dem Globus gibt, werden über die Massenmedien, insbesondere das Bild-und-Ton-Medium Fernsehen auf dramatische Weise in den Kommunikations-Haushalt der Medienkonsumenten eingespeist. Raum und Zeit haben hier keinerlei Verzögerungs-Effekt mehr.

- Friedensmissionen, obwohl im allgemeinen die Erwartungen, die an sie gestellt werden, nicht erfüllend, haben einen hohen moralischen Stellenwert. Wenn Nichtregierungs-Organisationen, unterstützt durch die immer wieder neuen Eindrücke von dem Schrecken und dem Elend der Menschen in einem lokalen Krieg, zur Beteiligung an Friedensmissionen aufrufen, fällt es der Regierung schon aus Gründen ihrer Wählerresonanz nicht leicht, sich dagegen taub zu stellen. Der französische Militärsoziologe Bernard Boëne nennt diese Konstellation den *Zusammenfall von Idealpolitik und Realpolitik.*

- Die Streitkräfte stellen in dieser Konstellation die Spezialisten dar, an die man die militärische Komponente humanitärer Interventionen delegieren kann. Oft treffen sie am Ort des Kriegsgeschehens erst ein, wenn schon zahlreiche zivile Hilfsorganisationen ihre Arbeit dort aufgenommen haben.

- Im Fall eines einigermaßen erfolgreichen Verlaufs solcher Friedensmissionen werden die Soldaten als Retter, Schützer und Helfer vor Ort und in der Heimat gefeiert. Aber nicht nur ausnahmsweise, sondern gar nicht selten verheddern sich die Friedenstruppen in den mannigfachen, oft gar nicht recht durchschaubaren Schwierigkeiten vor Ort und agieren oder reagieren falsch. In manchen Ländern (Kanada, Niederlande, Österreich) hat solches Fehlverhalten, das durch die Medien bekannt gemacht wurde, zu heftigen Vorwürfen an die Adresse der Streitkräfte und zu drastischen Maßregelungen geführt. Weil Friedensmissionen hoch-komplex sind, lassen sich leichtere oder auch folgenschwere Fehler der Friedenssoldaten schwer vermeiden. Sie stehen dabei unter der Aufsicht nicht nur ihrer Vorgesetzten, sondern auch der lokalen und der globalen Medien.

- Das hat zur Verunsicherung der Streitkräfte beigetragen. Im Kosovo-Krieg konnte man von Bomberpiloten hören, die sich vor ihrem Einsatz von Juristen beraten ließen.

- Eine organisatorische Konsequenz dieser Entwicklung wird sein, daß künftig Friedensmissionen noch medien-gerechter werden. Manche Autoren verwenden in diesem Zusammenhang den Begriff der *Medien-Blauhelme*[8].

Der entscheidende Punkt ist folgender: Die deutschen Streitkräfte erfreuen sich in der *Öffentlichkeit* einer hohen Beliebtheit *nicht* so sehr wegen ihrer Schutzfunktion für Deutschland, sondern weil sie sich *stellvertretend für uns alle*, die wir täglich mit dem Elend lokaler Kriege irgendwo auf der Welt auf dem Bildschirm konfrontiert werden, der hehren (und mühseligen, gefährlichen, aber auch gut bezahlten) Aufgabe widmen soll, diesem Elend ein Ende zu bereiten und Frieden zu stiften. Die Medien vermitteln dieses Idealbild gerne. Für die *Bundesregierung* bedeuten deutsche Beteiligungen an Friedensmissionen in realpolitischer Perspektive zweierlei: *erstens* erhebliche Kosten, die um so mehr ins Gewicht fallen, je weniger auch direkte oder indirekte nationale Interessen durch solche Missionen verfolgt werden[9], und *zweitens* die Untermauerung und Illustration des Anspruchs auf eine führende Rolle in der internationalen Gemeinschaft, wie er sich z. B. in dem Verlangen ausdrückt, Deutschland solle zu einem Ständigen Mitglied im Sicherheitsrat der Vereinten Nationen werden. Beides muß behutsam gegeneinander abgewogen und mit den idealpolitischen Erwartungen aus der Gesellschaft in Übereinstimmung gebracht werden. Das ist nicht immer leicht.

---

[8] Stefan Hartwig: Konflikt und Kommunikation. Berichterstattung, Medienarbeit und Propaganda in internationalen Konflikten vom Krimkrieg bis zum Kosovo. Münster (LIT-Verlag) 1999, S. 166.
[9] Die Befriedung der ethnischen Gruppen und Staaten auf dem Balkan liegt z.B. deshalb auch im nationalen Interesse Deutschlands, weil Konflikte und Kriege dort über Flüchtlingsströme unmittelbar auf unser Land zurückwirken.

Fazit: Kontinuität und Wandel: Die Reform geht weiter

Die Geschichte der Bundeswehr und die Entwicklung des zivil-militärischen Verhältnisses in der Bundesrepublik Deutschland lassen sich angemessen nur verstehen, wenn man beides als Konsequenz eines Bruchs mit der alles Militärische betonenden deutschen Geschichte vor 1945 versteht. Verursacht wurde dieser Bruch durch die Niederlage Deutschlands im von ihm entfesselten Zweiten Weltkrieg und durch den Untergang des nationalsozialistischen Totalitarismus. Danach veränderten sich politisches System und politische Kultur in Deutschland, nicht zuletzt unter nachdrücklicher Mithilfe der Besatzungsmächte, die während des Kalten Krieges zu verbündeten Bezugsgesellschaften der beiden deutschen Staaten wurden.

Die Jahre nach 1945 brachten, gewiß zum Verdruß vieler ehemaliger Soldaten, eine radikale Abwertung des Militärs in Deutschland. Für frühere Generationen in Deutschland selbstverständliche Vorstellungen wie die vom Soldaten als dem *ersten Mann im Staate* oder von den Streitkräften als *Schule der Nation* stießen nun auf Widerwillen und Ablehnung. Beides ging so weit, daß der Neuaufbau der Streitkräfte in den fünfziger Jahren auf beträchtliche Vorbehalte aus der Gesellschaft stieß.

Die Zuspitzung des Ost-West-Konflikts zum Kalten Krieg wirkte sich auch auf die beiden deutschen Staaten aus, die nun in einander feindlich gegenüberstehende politische Allianzen (oft auch *Blöcke* genannt) eingefügt wurden und von denen entsprechend Beiträge zu militärischen Konsolidierung dieser Allianzen eingefordert wurden.

In der Bundesrepublik Deutschland, gerade damit beschäftigt, die ihr übergestülpten demokratischen Werte, Normen und Institutionen auch innerlich zu akzeptieren, gründete die Skepsis gegenüber neuen deutschen Streitkräften weniger auf einer pazifistischen und anti-militärischen Grundeinstellung, vielmehr in erster Linie auf einer Art politischen Quietismus.

Aber nicht nur aus innenpolitischen, auch aus Gründen der Rücksichtnahme auf Bedenken und Verdächte seitens der Nachbarn Deutschlands war es unabdingbar, die neuen Streitkräfte, ihre Binnen-Organisation und ihre Einbindung in Staat und Gesellschaft anders als früher zu konzipieren. In erster Linie hieß dieses *anders als früher*, daß neue deutsche Streitkräfte in internationale Organisationen integriert werden sollten und damit nicht mehr als Instrument einseitig nationaler

Politik[1] benutzt werden konnten. Außerdem hieß es, daß diese Streitkräfte so weit wie möglich demokratie-kompatibel werden sollten.

Das war die Stunde der *Inneren Führung.* Sie gehörte in den fünfziger Jahren zu den innovativsten und kreativsten politischen Neuerungen der Bundesrepublik Deutschland, in ihrer Bedeutung für das demokratische Selbstverständnis der Bundesrepublik Deutschland durchaus der *Sozialen Marktwirtschaft* vergleichbar. Diese Bedeutung hat sie im Grunde bis heute nicht verloren, trotz vieler Probleme und einiger Skandale beim Aufbau und dem weiteren Ausbau der Bundeswehr.

Beides, die Bündnis-Integration und das über die Innere Führung demokratie-kompatibel gestaltete zivil-militärische Verhältnis, haben der Bundeswehr ein ganz eigenes Profil gegeben – eines, das sich auch nach dem Ende des Ost-West-Konflikt und dem Beginn einer tiefreichenden Umstrukturierung auf Selbstverständnis und Geist der deutschen Streitkräfte auswirkt.

Der Umbau der Bundeswehr, der sich nach der Vereinigung Deutschlands an-bahnte und durch das Urteil des Bundesverfassungsgerichts vom Juli 1994 seine grundgesetzliche Legitimation erhielt, ist allerdings in der Tat gründlich und könnte mit einiger Berechtigung sogar als Neuaufbau bezeichnet werden. Zwar liest man auch heute in offiziellen Dokumenten der Bundesregierung, daß grund-legender Auftrag deutscher Streitkräfte die Landesverteidigung sei. Landesvertei-digung kann dabei jedoch nur noch in einem breiten und diffusen Sinn verstanden werden. Schon während des Ost-West-Konflikts lag die Raison der Bundeswehr eindeutig in ihrem Beitrag zur Abschreckung. Landesverteidigung war schon damals allenfalls ein (wenn auch wichtiges) Element des Abschreckungsauftrags.

Mit dem Ende des Ost-West-Konflikts verlor sich der Charakter der Bundes-wehr als einer Abschreckungsstreitmacht. Landesverteidigung im traditionellen Wortsinne ist mit den Veränderungen der Sicherheits-Landschaft Europas, z. B. der Öffnung der NATO für neue Mitgliedsländer in Ostmitteleuropa, noch weiter in den Hintergrund gerückt. Der Korb mit neuen militärischen Aufgaben und Einsatzarten, allesamt Variationen der Deeskalations-Strategie, verlangt eine Neuorientierung der gesamten Militär-Organisation, ein weiter gefaßtes Bild vom Soldaten und eine Neudefinition zivil-militärischer Beziehungen, jetzt in multi-nationalen Dimensionen.

---

[1] Etwa einer Politik des territorialen Revisionismus, des Revanchismus oder einer Neuauflage früherer Hegemonialpolitik für den Kontinent. Solche Vorstellungen waren den Deutschen damals ganz fremd und blieben es bis heute, aber dem Mißtrauen der Nachbarn Deutschlands muß man schon ein gewis-ses Verständnis entgegenbringen. Daß die Furcht vor einem revanchistischen (West-)Deutschland im Kalten Krieg zu einem bevorzugten Propaganda-Topos der Kommunisten wurde, steht auf einem ganz anderen Blatt.

Soldatisches Fähigkeitsprofil 2000
Deutsche Streitkräfte müssen...

- qualitativ und quantitativ dem politischen Gestaltungsanspruch und Gewicht Deutschlands im Bündnis sowie in den regionalen und überregionalen Organisationen entsprechen,
- im Rahmen gemeinsamer Aufgabenwahrnehmung und Rollenteilung – bei gleichzeitiger Sicherstellung nationaler Souveränitätsrechte – einen substantiellen Beitrag zur Aufgabenerfüllung im Bündnis leisten und zur Friedenssicherung beitragen,
- mit eigenen Mitteln wie auch gemeinsam mit Verbündeten zur frühzeitigen Erkennung von Krisen beitragen und jederzeit eine umfassende Information der politischen und militärischen Führung sicherstellen,
- bei Ausbildung, Übungen und im Einsatz den Anforderungen von Multinationalität und streitkräftegemeinsamen Operationen gerecht werden, insbesondere im Hinblick auf die Interoperabilität von Führungsorganisationen und –mitteln,
- auch über längere Zeiträume mobil, flexibel einsetzbar, überlebens- und durchhaltefähig sein,
- die erfolgreiche Durchführung eigener sowie bündnisgemeinsamer oder europäischer Einsätze ebenso sicherstellen wie Einsätze im Rahmen von ad-hoc-Koalitionen,
- lageabhängig aufwuchsfähig sein und
- am Wiederaufbau der gesellschaftlichen Ordnung und der Infrastruktur in Krisengebieten mitwirken können.

Quelle: Der Bundesminister der Verteidigung: Die Bundeswehr – sicher ins 21. Jahrhundert. Eckpfeiler für eine Erneuerung von Grund auf, Juni 2000.

Das klingt ein bißchen so, als sollte aus Kent Clark Supermann werden. Aber einmal abgesehen davon, daß bei solchen programmatischen Ankündigungen das Klappern zum Handwerk gehört, ist die Notwendigkeit einer Erneuerung der Bundeswehr von Grund auf doch unabweisbar. Das Hauptproblem der Streitkräfte-Reform in Deutschland unterscheidet sich aber nicht im geringsten von dem der Reformen auf anderen Politikfeldern: Zaghaftigkeit, zuviel Rücksichten auf das Althergebrachte und ein Ankündigungs-Optimismus, der allein schon den Löwenanteil der für Reformen zur Verfügung stehenden geistigen und materiellen Ressourcen aufbraucht.

Mit anderen Worten: Wie schon unter der CDU/CSU/FDP-Koalition und Verteidigungsminister Rühe scheint auch seit der Regierungsübernahme durch die SPD/GRÜNE-Koalition und unter Verteidigungsminister Scharping die Reform-Rhetorik weiter entwickelt zu sein als die Reform-Intentionen oder die Möglichkeiten dazu. Vielleicht ist diese von außen vorgebrachte Kritik aber auch ein bißchen unfair, weil sich in dieser Position nur schwer ermessen läßt, welchen Aufwand an politischer Durchsetzungskraft es wirklich bedarf, um Organisationsreformen in die Tat umzusetzen, selbst wenn die Notwendigkeit dazu eigentlich von niemandem ernsthaft bestritten wird.

Jedenfalls wird der Umstellungsprozeß der Bundeswehr so bald nicht zu Ende gekommen sein, was sich nicht zuletzt an der Frage von Beibehaltung oder Aussetzung der allgemeinen Wehrpflicht erkennen läßt. Das im Sommer 2000 beschlossene Modell eines neun Monate dauernden Wehrdienstes, der flexibel abgeleistet werden kann, mit ca. 100 000 Einberufungen insgesamt, verspricht keine optimalen Resultate. Die Vermutung liegt nahe, daß es in nicht allzu ferner Zukunft erneut geändert wird, wobei der allgemeine Trend auf die Aussetzung der Wehrpflicht hinläuft.

Unproblematisch ist dieser Trend nicht, schon gar nicht unter der Perspektive des zivil-militärischen Verhältnisses in einer demokratischen Gesellschaft.

Kritiker der deutschen Sicherheitspolitik und der Bundeswehr heben hervor, daß die Streitkräfte seit 1990 zielbewußt zu Interventions-Streitkräften umgebaut werden. Damit, so befürchten sie, werde wieder an alte und eigentlich überwundene Traditionen der deutschen militärischen Vergangenheit angeknüpft. Es folgt dann häufig der Hinweis auf die Intervention der NATO im Kosovo 1999, die in ihren Augen nicht nur völkerrechtlich unerlaubt, sondern vor allem auch ein Ausdruck von Macht- und Hegemonialansprüchen gegenüber Serbien gewesen sei.

Diese Argumentation übersieht völlig, daß dieser militärische Eingriff, so verworren das ihn letztlich begründende Verhältnis der serbischen und albanischen Bevölkerung im Kosovo auch war, als Schutzmaßnahme und zur Unterbindung von massiven Repressionen der Albaner erfolgt ist. Es war ein typischer Deeskalations-Einsatz, übrigens mit beträchtlichen und über die nächsten Jahre weiter sich kumulierenden materiellen Kosten für die eingreifenden Staaten. Deutschland war Teilnehmer, aber nicht die treibende Kraft der Intervention. Eine Interventionspolitik ohne Verbündete ist und bleibt für Deutschland ausgeschlossen. Ebenso eine Intervention, die nicht die Ziele: Deeskalation, Schutz der kriegsbedrohten Menschen vor Ort und Ermöglichung eines demokratischen Wiederaufbaus verfolgt.

Insofern bedeutet der jetzt angestrebte Umbau der Bundeswehr keineswegs ein Verlassen der Grundprinzipien einer demokratischen Sicherheitspolitik, für die das Militär ganz im Sinne von Bernard Brodie eine Institution zur Verhinderung von Krieg oder eben zu seiner Deeskalation ist.

Die Veränderung gesellschaftlicher Werte und Perzeptionen in den letzten Jahrzehnten haben aber trotz der für die Bundeswehr ‚beruhigend hohen Zustimmungsrate in der Bevölkerung' die Lücke zwischen dem Erwartungs- und Erfahrungshorizont der Bürger und der Soldaten eher vergrößert. Begriffe und Konzepte wie *Wertewandel*, *Post-Materialismus* oder, auf militärischer Seite, Veränderungen des *Kriegsbildes* bezeichnen diesen Vorgang, der in den meisten NATO-Ländern zu beobachten ist. In einer demokratischen Gesellschaft darf diese Lücke nicht allzu breit werden. Die Bundeswehr verfügt mit der Inneren Führung über eine Organisations-Konzeption, die genau zur Überbrückung dieser Lücke erdacht und eingeführt wurde. Das ist ein Vorteil. Man kann ihn allerdings auch aufs Spiel setzen, wenn man die Innere Führung nicht weiterentwickelt und den neuen Herausforderungen anpaßt.

Genau dies wird eine der beiden Hauptaufgaben einer Bundeswehr-Reform sein, die wirklich eine Erneuerung von Grund auf anstrebt. Die andere besteht in der Wiederherstellung der technischen Anschlußfähigkeit deutscher (und europäischer) Streitkräfte an die von den USA vorgegebenen Standards. Aber das kostet nur Geld. Um die Demokratie-Kompatibilität der Bundeswehr zu erhalten und auszubauen, bedarf es weniger der materiellen Anstrengungen als vielmehr der konzentrierten politisch-konzeptionellen Überzeugungsarbeit, sowohl in der zivilen Gesellschaft als auch in den Streitkräften.

Literaturverzeichnis

ADENAUER, Konrad: Erinnerungen 1949-1953. Stuttgart (Deutsche Verlags-Anstalt) 1965.

ARON, Raymond: Frieden und Krieg. Eine Theorie der Staatenwelt. Frakfurt/M. (S. Fischer Verlag) 1963.

BAHRDT, Hans Paul: Die Gesellschaft und ihre Soldaten. Zur Soziologie des Militärs. München (C. H. Beck) 1987.

BALD, Detlef: Militär und Gesellschaft 1945-1990. Die Bundeswehr der Bonner Republik. Baden-Baden (Nomos) 1994.

BALD, Detlef: Der Paradigmenwechsel der Militärpolitik. In: Mittelweg 36, 8. Jg., Nov./Dez. 1999, S. 23-32.

BAUDISSIN, Wolf Graf von: Soldat für den Frieden. Entwürfe für eine zeitgemäße Bundeswehr. München (Piper) 1969.

BAUDRILLARD, Jean: La guerre du golfe n'a pas eu lieu. Paris (Editions Galilée) 1991.

BEAUREGARD, Claude und Catherine SAOUTER (Hg.):Conflits contemporains et médias. Montréal, Que. (XYZ Editeur) 1997.

BECK, Ulrich: Der feindlose Staat. Militär und Demokratie nach dem Ende des Kalten Krieges. In: Siegfried Unseld (Hg.): Politik ohne Projekt? Nachdenken über Deutschland. Frankfurt/M. (Suhrkamp) 1993, S. 106-122.

BERGHAHN, Volker R. (Hg.): Militarismus. Köln (Kiepenheuer & Witsch) 1975.

BORKENHAGEN, Franz H. U. (Hg.): Bundeswehr – Demokratie in Oliv? Streitkräfte im Wandel. Bonn (Verlag J. H. W. Dietz Nachf.) 1986.

BORKENHAGEN, Franz H. U. (Hg.): ‚Wehrkraftzersetzung'. Offiziere äußern sich zur Heilbronner Erklärung. Reinbek (Rowohlt Taschenbuch Verlag) 1984.

von BREDOW, Wilfried: Die Zukunft der Bundeswehr. Gesellschaft und Streitkräfte im Wandel. Opladen (Leske & Budrich) 1995.

COLLMER, Sabine und Paul KLEIN, Ekkehart LIPPERT, Georg-Maria MEYER: Einheit auf Befehl? Wehrpflichtige und der deutsche Einigungsprozeß. Opladen (Westdeutscher Verlag) 1994.

van CREVELD, Martin: Die Zukunft des Krieges. Stuttgart (Gerling Akademie Verlag) 1998.

DIRKS, Carl und Karl-Heinz JANSSEN: Der Krieg der Generäle. Hitler als Werkzeug der Wehrmacht. Berlin (Propyläen) 1999.

EHRENREICH, Barbara: Blutrituale. Ursprung und Geschichte der Lust am krieg. Reinbek (Rowohlt Taschenbuch Verlag) 1999.

ELIAS, Norbert: Studien über die Deutschen. Machtkämpfe und Habitusentwicklung im 19. und 20. Jahrhundert. Frankfurt/M (Suhrkamp) 1989.

ELIAS, Norbert: Humana conditio. Beobachtungen zur Entwicklung der Menschheit am 40. Jahrestag eines Kriegsendes (Mai 1985). Frankfurt/M. (Suhrkamp) 1985.

FOERSTER, Roland G. (Hg.): Die Wehrpflicht. Entstehung, Erscheinungsformen und politisch-militärische Wirkung. München (R. Oldenbourg Verlag) 1994.

FÖRSTER, Stig: Der doppelte Militarismus. Die deutsche Heeresrüstungspolitik zwischen status-quo-Sicherung und Aggression 1890-1913. Stuttgart (Franz Steiner) 1985.

FOUCAULT, Michel: Vom Licht des Krieges zur Geburt der Geschichte, hg. v. W. Seitter. Berlin (Merve Verlag) 1986.

FREEDMAN, Lawrence: The Evolution of Nuclear Strategy. New York (St. Martin's Press) 1993, 2nd edition.

GANTZEL, Klaus Jürgen und Torsten SCHWINGHAMMER: Die Kriege nach dem Zweiten Weltkrieg 1945 bis 1992. Daten und Tendenzen. Münster (LIT-Verlag) 1995.

GLEICHMANN, Peter Reinhart: Sind Menschen in der Lage, das kollektive gegenseitige Töten abzuschaffen? In: Berliner Debatte INITIAL, H. 2/1996, S. 93-101.

GROSS, Jürgen und Dieter S. LUTZ (Hg.): Wehrpflicht ausgedient. Baden-Baden (Nomos) 1998.

GRUCHMANN, Lothar: Totaler Krieg. Vom Blitzkrieg zur bedingungslosen Kapitulation. München (dtv) 1991.

HARTWIG, Stefan: Konflikt und Kommunikation. Berichterstattung, Medienarbeit und Propaganda in internationalen Konflikten vom Krimkrieg bis zum Kosovo. Münster (LIT-Verlag) 1999.

HEER, Hannes und Klaus NAUMANN (Hg.): Vernichtungskrieg: Verbrechen der Wehrmacht 1941-1944. Hamburg (Hamburger Edition) 1995.

HEISENBERG, Wolfgang und Dieter S. LUTZ (Hg.): Sicherheitspolitik kontrovers. 3 Bde., Bonn (Bundeszentrale für politische Bildung) 1990.

HEPP, Michael und Viktor OTTO (Hg.): ‚Soldaten sind Mörder'. Dokumentation einer Debatte 1931-1996. Berlin (Christoph Links Verlag) 1996.

HOFFMANN, Oskar: Deutsche Blauhelme bei UN-Missionen. Politische Hintergründe und rechtliche Aspekte. München (Verlag Bonn Aktuell) 1993.

HOLL, Karl: Pazifismus in Deutschland. Frankfurt/M. (Suhrkamp) 1988.

HONDRICH, Karl Otto: Lehrmeister Krieg. Reinbek (Rowohlt Taschenbuch Verlag) 1992.

HÜFNER, Klaus (Hg.): Die Reform der Vereinten Nationen. Die Weltorganisation zwischen Krise und Erneuerung. Opladen (Leske & Budrich) 1994.

HUNTINGTON, Samuel P.: The Third Wave. Democratization in the Late 20th Century. Norman (University of Oklahoma Press) 1991.

von ILSEMANN: Carl Gero: Die Innere Führung in den Streitkräften. Regensburg (Walhalla und Praetoria Verlag) 1981.

KAMP, Karl Heinz u.a.: Eine Zukunft für die Bundeswehr. In: Die politische Meinung, 45. Jg., Juli 2000, S. 23-34.

KEEGAN, John: Die Kultur des Krieges. Berlin (Rowohlt) 1995.

von KIRCHBACH, Hans Peter und Manfred MEYERS, Victor VOGT: Abenteuer Einheit. Zum Aufbau der Bundeswehr in den neuen Ländern. Frankfurt/M. (Report Verlag) 1992.

KLEIN, Paul (Hg.): Deutsch-französische Verteidigungskooperation. Das Beispiel der Deutsch-Französischen Brigade. Baden-Baden (Nomos Verlag) 1990.

KLEIN, Paul, Jürgen KUHLMANN und Horst ROHDE (Hg.): Soldat – ein Berufsbild im Wandel. Band 2: Offiziere. Bonn, Dortmund (Deutscher Bundeswehr-Verlag) 1993.

KNABE, Frithjof H.: Unter der Flagge des Gegners. Wertewandel und Umbruch in den Streitkräften – Von der NVA zur Bundeswehr. Opladen (Westdeutscher Verlag) 1994.

KÖLLNER, Lutz: Militär und Finanzen. Zur Finanzgeschichte und Finanzsoziologie von Militärausgaben in Deutschland. München (Bernard & Graefe Verlag) 1982.

KOOP, Volker: Abgewickelt. Auf den Spuren der Nationalen Volksarmee. Bonn (Bouvier) 1995.

KRIEGSTHEORIE UND KRIEGSGESCHICHTE. Carl von Clausewitz und Helmuth von Moltke. Hg. von Reinhard Stumpf. Frankfurt/M. (Deutscher Klassiker Verlag) 1993.

KUHLMANN, Jürgen und David R. SEGAL (Hg.): Armed Forces at the Dawn of the Third Millennium. München (SOWI) 1994.

KUNISCH, Johannes und Herfried MÜNKLER (Hg.): Die Wiedergeburt des Krieges aus dem Geist der Revolution. Studien zum bellizistischen Diskurs des ausgehenden 18. und beginnenden 19. Jahrhunderts. Berlin (Duncker & Humblot) 1999.

KUTZ, Martin: Realitätsflucht und Aggression im deutschen Militär. Baden-Baden (Nomos) 1990.

LEGAULT, Albert: The End of a Military Century? Ottawa, Ontario (International Development Research Centre) 1992.

LEPSIUS, M. Rainer: Militärwesen und zivile Gesellschaft. In: Ute FREVERT (Hg.): Militär und Gesellschaft im 19. und 20. Jahrhundert. Stuttgart (Klett-Cotta) 1997, S. 359-370.

LINNENKAMP, Hilmar und Dieter S. LUTZ (Hg.): Innere Führung. Zum Gedenken an Wolf Graf von Baudissin. Baden-Baden (Nomos) 1995.

LIPPERT, Ekkehart: Die Bundeswehr in der demographischen Revolution. In: Europäische Sicherheit, 42. Jg. 1993, H. 7.

LÖFFELHOLZ; Martin (Hg.): Krieg als Medienereignis. Grundlagen und Perspektiven der Krisenkommunikation. Opladen (Westdeutscher Verlag) 1993.

LUDENDORFF, Erich: Kriegführung und Politik. Berlin (E. S. Mittler & Sohn) 1922.

LUDENDORFF, Erich: Der totale Krieg. München (Ludendorffs Verlag) 1935.

MARTIN, Michel L.: Warriors to Managers. The French Military Establishment Since 1945. Chapel Hill (The University of North Carolina Press) 1981.

MESSERSCHMIDT, Manfred: Militärgeschichtliche Aspekte der Entwicklung des deutschen Nationalstaats. Düsseldorf (Droste) 1988.

MEYER, Georg-Maria und Sabine COLLMER: Kolonisierung oder Integration? Bundeswehr und deutsche Einheit – Eine Bestandsaufnahme. Opladen (Westdeutscher Verlag) 1993.

MILITÄRGESCHICHTLICHES FORSCHUNGSAMT (Hg.): Anfänge westdeutscher Sicherheitspolitik 1945-1956. 4 Bde.,München (R. Oldenbourg) 1990-1997.

MILITÄRGESCHICHTLICHES FORSCHUNGSAMT (Hg.): Aspekte der deutschen Wiederbewaffnung bis 1955. Boppard (H. Boldt) 1975.

MÜLLER, Klaus-Jürgen: Armee und Drittes Reich 1933-1939. Darstellung und Dokumentation. Paderborn (F. Schöningh) 1987.

MOSKOS, Charles C.: Streitkräfte in einer kriegsfreien Gesellschaft. In: S+F Sicherheit und Frieden, 8. Jg. 1990, N° 2, S. 110-112.

NOACK, Paul: Das Scheitern der Europäischen Verteidigungsgemeinschaft. Entscheidungsprozesse vor und nach dem 30. August 1954. Düsseldorf (Droste) 1977.

NYE, Jr., Joseph S.: Bound to Lead. The Changing Nature of American Power. New York (Basic Books) 1990.

PARIN, Paul: Es ist Krieg und wir gehen hin. Bei den jugoslawischen Partisanen. Berlin (Rowohlt) 1991.

RELJIC, Dušan: Killing Screens. Medien in Zeiten von Konflikten. Düsseldorf (Droste Verlag) 1998.

SALEWSKI, Michael (Hg.): Das nukleare Jahrhundert. Eine Zwischenbilanz. Stuttgart (Franz Steiner Verlag) 1998.

SALEWSKI, Michael (Hg.): Das Zeitalter der Bombe. Die Geschichte der atomaren Bedrohung von Hiroshima bis heute. München (C. H. Beck) 1995.

von SCHUBERT, Klaus Hg.): Sicherheitspolitik der Bundesrepublik Deutschland. Dokumentation 1945-1977, 2 Bände, Köln (Verlag Wissenschaft und Politik) 1978

SEIDLER, Franz W. und Helmut REINDL: Die Wehrpflicht. München (G. Olzog) 1971.

SEIFERT, Ruth: Militär – Kultur – Identität. Individualisierung, Geschlechterverhältnisse und die soziale Konstruktion des Soldaten. Bremen (Edition Temmen) 1996.

SHAW, Martin: Post-Military Society. Militarism, Demilitarization and War at the End of the 20th Century. Philadelphia (Temple University Press) 1991.

SOFSKY, Wolfgang: Traktat über die Gewalt. Frankfurt/M. (S. Fischer) 1996.

SOFSKY, Wolfgang: Der Kampf. Zur Anthropologie des Krieges. In: Berliner Debatte INITIAL, H. 6/1995, S. 61-68.

von STIETENCRON, Heinrich und Jörg RÜPKE (Hg.): Töten im Krieg. Freiburg, München (Verlag Karl Alber) 1995.

THOSS, Bruno (Hg.): Vom Kalten Krieg zur deutschen Einheit. Analysen und Zeitzeugenberichte zur deutschen Militärgeschichte 1945 bis 1995. München (R. Oldenbourg Verlag) 1995.

TREIBER, Hubert: Wie man Soldaten macht. Sozialisation in ‚kasernierter Vergesellschaftung'. Düsseldorf (Bertelsmann Universitätsverlag) 1973.

VICTORIA, Brian (Daizen) A. : Zen, Nationalismus und Krieg. Eine unheimliche Allianz. Berlin (Theseus Verlag) 1999.

VOGT, Wolfgang R. (Hg.): Militär als Gegenkultur? Streitkräfte im Wandel der Gesellschaft (I). Opladen (Leske & Budrich) 1986.

VOGT, Wolfgang R. (Hg.): Militär als Lebenswelt. Streitkräfte im Wandel der Gesellschaft (II). Opladen (Leske & Budrich) 1988.

WACHTLER, Günther (Hg.): Militär, Krieg, Gesellschaft. Texte zur Militärsoziologie. Frankfurt/M. (Campus) 1983.

WICKEL, Horst Peter: Ratgeber Wehrdienst. Reinbek (Rowohlt Taschenbuch Verlag) 2000.

YOUNG, Peter und Peter JESSER: The Media and the Military From the Crimea to Desert Strike. London (Macmillan) 1997.

ZEIT-Punkte: Wohin marschiert die Bundeswehr? Fakten, Meinungen und Dokumente zur wichtigsten politischen Debatte des Jahres 2000. Hamburg (Zeitverlag Gerd Bucerius) 2000.

ZOLL, Ralf und Ekkehart LIPPERT, Tjarck RÖSSLER (Hg.): Bundeswehr und Gesellschaft. Ein Wörterbuch. Opladen (Westdeutscher Verlag) 1977.

Zeitungen, Informationsdienste, laufende Dokumentationen und Fachblätter

antimilitarismus-information

Armed Forces and Society

Blätter für deutsche und internationale Politik

Defence Analysis

Europa-Archiv

Europäische Sicherheit

Frankfurter Allgemeine Zeitung

IAP-Dienst Sicherheitspolitik. Bielefeld (IAP Publizistische Gesellschaft für Politik und Zeitgeschehen)

Information für die Truppe. Zeitschrift für Innere Führung, hg. v. Bundesministerium der Verteidigung

Internationale Politik

Neue Zürcher Zeitung

S & F – Sicherheit und Frieden

Süddeutsche Zeitung

Die WELT

Die ZEIT

WEBSITE-Verzeichnis

1. **Bundeswehr**
   Hier finden sich 'Links' zu den folgenden Bereichen:
   Http://www.bundeswehr.de

1.1. **Frauen in der Bundeswehr**/Reaktionen nach den Urteil des Europäischen Gerichtshofes:
   www.bundeswehr.de/bundeswehr/frauen/index.html

1.2. **Bundeswehreinsätze:**
   Hier finden sich Informationen zu den Einsätzen in Ost-Timor, KFOR, SFOR und UNOMIG
   www.bundeswehr.de/im_einsatz/index.html

   Für Informationen bezüglich des **SFOR-Einsatzes** in der Zeit von 1986-1999 siehe auch:
   www.bundeswehr.de/sicherheitspolitik/sfor-einsatz/balkan-chonologie.html

1.3. **Bundesministerium der Verteidigung:**
   Organisationsstruktur und Biographien
   www.bundeswehr.de/bmvg/index.html

1.4. **Wehrpflicht**
   Ausbildung, verfassungsrechtliche Situation, Notwendigkeit
   www.bundeswehr.de/bundeswehr/grundlagen/wegweiser.html
   www.bundeswehr.de/berufe/wehrpflicht/wehrpflicht.html

1.5. **Bündnisse und Organisationen**
   Zusammenfassung der Aufgaben, Geschichte, usw
   www.bundeswehr.de/sicherheitspolitik/buendnisse/nato.html (NATO)
   www.bundeswehr.de/sicherheitspolitik/buendnisse/osce.html (OSCE)
   www.bundeswehr.de/sicherheitspolitik/buendnisse/eu.html (EU/WEU)
   www.bundeswehr.de/sicherheitspolitik/buendnisse/uno.html (UNO)

1.6. **Abrüstungsverträge**
   Zusammenfassung der Geschichte und Funktionen, usw.
   www.bundeswehr.de/sicherheitspolitik/abrüstung/vertrauensbildung.html

1.7. **Ressortbeitrag des BMVg zum Jahresbericht der Bundesregierung 1998:**
www.bundeswehr.de/sicherheitspolitk/jahresberichte1998index.html

2. **Einrichtungen**

2.1. **Universität der Bundeswehr in Hamburg**
www.unibw-hamburg.de

2.2. **Universität der Bundeswehr in München**
www.unibw-muenchen.de

2.3. **Sozialwissenschaftliches Institut (SOWI)**
www.swinstbw.de

3. **Wehrbeauftragte des Bundestages**
Allgemein
www.bundestag.de/gremien/sonstig/145einf.htm

Jahresberichte
www.bundestag.de/ftp/9000 500.htm#wehr

4. **Deutscher Bundeswehrverband**
Allgemein
www.dbwv.de/frame-profil.htm

5. **Wehrmachtaustellung**
www.geschichte.uni-hannover.de/vernichtungskrieg/default.htm

6. **Internationale Organisationen:**

6.1. **NATO:**
Startseite
www.nato.int

Deutsche NATO Delegation
www.nato.int/germany/home.html

KFOR Berichterstattung
www.kforonline.com

50 Jahre NATO
www.nato.int/nato@50/nato50.htm

6.2. OSZE
Startseite
www.osce.org

Missionen
www.osce.org/indexe-se.htm

6.3. WEU
Startseite
www.weu.int

6.4. Vereinte Nationen
Startseite
www.un.org

Deutscher Übersetzungsdienst
www.un.org/Depts/german/h2-d.htm

UN Peacekeeping Missionen
www.un.org/Depts/dpko

UN-Dokumente
www.un.org/documents

7. Kriegsdienstverweigerung
Liste von Organisationen, deren websites allg. Informationen und individuelle Tips sowie Erfahrungsberichte enthalten:

http://de.dir.yahoo.com/Gesellschaft_und_Soziales/Frieden-und-Gewaltlosigkeit/Kriegsdiensterverweigerung/Organisationen

8. . George C. Marshall European Center for Security Studies
Startseite
www.marshallcenter.org

Verzeichnis der Übersichten und Tabellen

Übersicht 1: Streitkräfte und Gesellschaft 27
Übersicht 2: Personalentwicklung der Streitkräfte 105
Übersicht 3: Verteidigungsetat gemäß Bundeshaushalt 148
Übersicht 4: Entwicklung der Anteile im Verteidigungsetat
(in Mrd. DM) 150
Übersicht 5: Die deutsche Rüstungsindustrie im Bereich
Werften/Marinetechnik 153
Übersicht 6: Die deutschen Rüstungsunternehmen im Bereich Panzerbau ... 153
Übersicht 7: Genehmigungsweg für kommerzielle Rüstungsexporte 158
Übersicht 8: Die europäischen Rüstungsunternehmen im Bereich
Luftfahrt-/ Flugkörpertechnik 160
Übersicht 9: Partnerländer der Bundesrepublik Deutschland bei
Rüstungskooperationen 161
Übersicht 10: Nuklearstrategisches Schema USA/UdSSR 171

Tabelle 1: Zahl der Anträge auf Kriegsdienstverweigerung nach
Kalenderjahren 137
Tabelle 2: Im Jahresdurchschnitt im Dienst befindliche
Zivildienstleistende 139
Tabelle 3: Ausgaben für die äußere Sicherheit der Bundesrepublik
Deutschland von 1950 bis 2000 146
Tabelle 4: Militärausgaben der Bundesrepublik Deutschland nach
NATO-Kriterien bei konstanten Preisen und Wechselkursen
von 1990 (in Mio DM) 148
Tabelle 5: Verteidigungshaushalt der Bundesrepublik Deutschland
(Einzelplan 14) 149
Tabelle 6: NATO-Militärausgaben in Prozent des
Bruttoinlandprodukts 151
Tabelle 7: Verringerung der europäischen NATO-Streitkräfte und ihre
Wehrsysteme 152
Tabelle 8: Streitkräfte und Beschäftigung in der Rüstungsindustrie 154
Tabelle 9: Entwicklung des Weltwaffenhandels 157